均线为王 之一
均线100分

均线上的舞者——著

四川人民出版社

图书在版编目（CIP）数据

均线为王之一：均线100分 / 均线上的舞者著. —成都：四川人民出版社，2020.1（2025.8重印）
ISBN 978－7－220－11594－3

Ⅰ.①均… Ⅱ.①均… Ⅲ.①股票交易－基本知识
Ⅳ.①F830.91

中国版本图书馆CIP数据核字（2019）第188784号

JUNXIAN WEI WANG ZHI YI JUNXIAN 100 FEN

均线为王之一：均线100分

均线上的舞者 著

策划组稿	何朝霞
责任编辑	薛玉茹
封面设计	象上设计
版式设计	李其飞
责任校对	林　泉
责任印制	周　奇
出版发行	四川人民出版社（成都三色路238号）
网　　址	http://www.scpph.com
E-mail	scrmcbs@sina.com
新浪微博	@四川人民出版社
微信公众号	四川人民出版社
发行部业务电话	（028）86361653　86361656
防盗版举报电话	（028）86361661
照　　排	四川胜翔数码印务设计有限公司
印　　刷	四川华龙印务有限公司
成品尺寸	185mm×260mm
印　　张	12.25
字　　数	230千
版　　次	2020年1月第1版
印　　次	2025年8月第7次印刷
印　　数	19001－21000册
书　　号	ISBN 978－7－220－11594－3
定　　价	49.00元

■版权所有·侵权必究

本书若出现印装质量问题，请与我社发行部联系调换
电话：（028）86361656

序

我作为今日财经、学股网创始人兼CEO，由于工作的原因，结识了很多股市大咖，看过很多人写的有关股市方面的书，有的对股市宏观经济看得比较透彻，有的对价值投资分析得比较到位，有的对实战把握得比较好，还有的是不参与实战交易的纯理论型或讲师型。

看了张帆老师的书，通过和张老师的深度交流，我发现他能从实践出发结合理论，有系统，有干货，有结果，这让我感到非常震撼。同时他在实战中所构建的给股票均线打分的交易系统，就好像是混沌股市中的一道曙光，让我有一种豁然开朗的感觉：原来选择强势股也可以这样简单、方便、快捷！这样简单、易学、好把握的交易系统不正是普通投资者梦寐以求的吗？

"均线为王"的交易理念主要有三条。首先，"均线是水，K线是船，船在水面上才安全"。均线代表着市场成本，只有买均线之上的股票才安全。他根据六条常用均线的角度，赋予它们不同的分数，并根据个股当日均线综合得分及个股前后几天不同均线分值变化及速度的快慢，给出该股介入的标准。其次，要选择强势股。强势股必然是敢于在建仓期拉出涨停板或大阳线的个股，买股票就要买前期出现涨停板或大阳线的个股。要注重时间成本，买在股票快速上升途中或起爆点附近，以期在最短的时间内获得最大的收益。若是介入那些建仓期没有涨停板或大阳线的个股，往往是短线变中线、中线变长线、主动变被动，这样无形中就增加了时间成本。最后，注意成交量的变化。股票上涨的动力是资金，成交量是资金的重要体现。张老师强调，主力强势建仓后会缩量回调洗盘，洗盘结束后只有5日均量线再次上穿89日均量线，并且量柱超过5日均量线的股票才有连续上涨的动力，因为每一波成交量都是资金的流动，有资金进入才会推动股价上涨。

张老师的均线 100 分交易系统，实际上是对强势股的选股程序进行了量化处理，并且简单到一目了然的程度。也就是说只要会 100 以内的加减法，根据六条均线的综合得分情况，普通投资者对股票所处的位置、强弱、优劣就会一目了然，均线 100 分交易系统让寻找强势股变得如此简单。而作为均线 100 分交易系统的受益者，我深深地感觉到能够认识张老师，并先于他人掌握均线 100 分交易系统的精髓真是我之大幸，我相信这也是能够学到这套交易系统的股民的大福。

我建议每个想要成功的投资者都看看这本书，一定会收获很多。

今日财经、学股网创始人　贺旭东

前 言

十年磨一剑，皇天不负有心人，"均线为王"系列丛书终于出版了。纵观20多年中国股市，主力傲立潮头，股价跌宕起伏，中小投资者生死沉浮。长期以来，股市存在主力是不争的事实，主力如同"变色龙"，善于变化和伪装，不时编织着一张张网，让中小投资者不由自主地往里钻。仅就股市图表形态信号而言，就有若隐若现的陷阱，在起伏跌宕的行情中，或是引诱中小投资者蠢蠢欲动，贸然而入，卷走中小投资者钱财绝不手软；或是恐吓中小投资者让其望而生畏，斩仓离场，劫取中小投资者廉价筹码不商量；或是故弄玄虚，制造扑朔迷离的市场假象……真中有假，假中见真，真真假假，虚虚实实，难分难辨，令投资者深为感叹："不识主力真面目，只缘身在股市中！"一幅幅图表形态，宛如一个个五彩的水晶球，令中小投资者迷惑丛生、束手无策。然而，越来越多的前辈高手们不断地总结经验、寻找规律，意在破译主力的操盘手段，为广大的中小投资者找到一条便捷获利的坦途。

然国内一些图书或多或少都存在一些硬伤，笔者曾经深感无奈。

硬伤之一：故弄玄虚、高深莫测、晦涩难懂，让人读起来丈二和尚摸不着头脑。本来股票就这么点东西，成交量、价格、时间、空间、趋势、形态、筹码，偏偏非要用高深莫测的语言来讲，一套战法如果要让人用三五年去研究那些高深莫测、晦涩难懂、"高端大气上档次"的名词概念，那时间成本就太高了。

硬伤之二：缺乏前置条件。好多书籍中提到的技术指标或者技术形态或者战法，都缺乏前置条件。所谓没有规矩就不成方圆，缺乏前置条件，买股就缺乏了依据，就成了无本之木无源之水，即便成功也只能是小范围、阶段性的成功，其战法只在小范围内讲得通。这样的技术战法是不能给股民带来收益的。

硬伤之三：缺乏股票上涨综合性因素的分析。股票上涨，它需要多个因素的共振。需要成交量、价格、时间、空间、形态、趋势、筹码等多个因素的配合才能达到我们想要的效果。有一点不符合，股票上涨就很难达到预期的效果，所谓千里之堤，溃于蚁穴，就是这个道理。强势股缺了哪个条件都能解读，或者说任何一个单一条件都能自圆其说解读强势股，但是股民在买入股票之前就要考虑多个因素，如果不考虑，就可能造成不可避免的损失，让股民受到经济损失和心理伤害。

硬伤之四：最主要的是没有量化、标准化的买入条件，这也是"均线为王"系列丛书均线100分战法的亮点。如果一套战法没有标准化、量化一只股票的买入标准，那么，股民读完之后，操作起来就会很难而且无从下手。好的战法一定是简单、实用、易学、高效的，学完后能让人眼前一亮、拿来就用、用了就成。

硬伤之五：没有全面顾及市场价格，忽视了长、中、短期各时期均线的重要性。有的省掉了短期均线，有的省掉了长期均线，有的甚至没有均线，而没有长期均线就不能看到趋势和压力，没有短期均线就看不透股票短期的爆发力。

中国股民中中小投资者占比大，大部分都是怀揣着资金抱着一夜暴富的梦想，在毫无任何投资经验的情况下冲入股市的，收获了苦涩和悲伤。针对这种情况，笔者特意将自己多年总结出来的简单、易学、实用、高效的操作方法奉献给还在股海挣扎的股民朋友们。

股票市场具有高收益、高风险的特性。大多数人投入股市是看中它的高收益，但却往往忽视了它的高风险。有些人在大大亏损、伤痕累累后收手退出股市；有些人却是看好股市越战越勇，正所谓"有人辞官归故里，有人星夜赶考场"，在不断的学习和总结经验教训中成长，最终遨游股市；还有一些人执着却因为学习不得法、没有引路人而一直在股市中饱受着失败亏损的煎熬。投资者要在股市中生存并获益，就必须掌握抗风险的本领，同时要善于总结经验教训，善于学习并掌握一套投资方法。

股民们为什么会亏损累累？大概有四个方面的原因：

一是不会挖掘牛股，大多数人没有挖掘牛股的能力；

二是不会抓主升浪，由于没有系统地学习过抓牛股的方法和技巧，即使偶然发现了牛股也很难享受主升浪带来的收益；

三是不会止损，由于不懂技术，看不懂主力意图，经常在股票的主跌浪到来时还死死捂住自己的股票不动，这也是投资者在熊市亏损越来越大的主要原因之一；

四是在熊市里进行频繁短线交易，有些人一天不买卖股票就浑身难受，越是亏损越是不断地买卖，企图挽回损失，岂知在没有技术又没有眼光的情况下，越是频繁的交易，越会让资金缩水。

股民买入股票时要把自己的资金当作自己的作战部队，多方观察主力的兵力部署，也要正确地判断进攻和撤退的时机，以做到收益最大化和损失最小化。没有理论的支撑不可能有靠谱的投资行为，而只能是碰大运。缺乏理论的指导，股市完全就像没有车灯的汽车在没有灯光的隧道中行驶一样，让人惶恐不安。当然，好的投资理论不是试图解释一切，而是展示这种投资方法之所以能长期赢利的本质所在，体现出内在逻辑优美简洁的特征。

笔者通过多年坚持不懈地努力，在实战中不断地摸索、总结、归纳，最终形成了一套简单、易学、实用、高效的量化战法，著书"均线为王"系列战法以飨广大中小投资者。书中用最简短、最通俗的语言将主力的操作手段顺藤摸瓜、抽丝剥茧地给揭露出来，通过给股票的移动平均线综合打分的方法为广大的中小投资者提供及时捕捉强势股的方法。

"均线为王"战法的核心和宗旨

1. 把握可以把握的形态。
2. 追随可以追随的趋势。
3. 量化可以量化的数据。
4. 交易可以交易的计划。

本书第一章、第二章和第三章详细论证了均线的起源、支撑和压力的作用。解读了"均线为王"之"均线100分"的来龙去脉，让您对"均线为王"战法有详细的了解，以及"均线100分"看盘软件的设置。

第四章到第六章分别运用大量实战案例解读了底部、上涨中继和主升浪的均线的不同特征，让初学者一目了然，让老股民茅塞顿开，恍然大悟。

第七章详细解读如何避开主力的破位洗盘，为您节省大量的时间和精力，并且快速抓到强势个股。

第八章为您呈现的是笔者十年来的心血——榜单实战选股。

"均线为王"战法简单易学，只要能分清K线的颜色和数量，以及会根据均线后面的红绿箭头给均线打分，就能在股市赢利。

愿"均线为王"系列丛书，能有助于广大中小投资者征战股市。

目 录

第一章　均线的支撑和压力 …………………………………………… 001
　一、均线的价值 …………………………………………………… 001
　二、均线的压力 …………………………………………………… 003
　三、多根均线的压力 ……………………………………………… 005
　四、180 日均线隐形压力 ………………………………………… 008
　五、20 日均线的支撑作用 ………………………………………… 011

第二章　六条均线的价值判断 ………………………………………… 019
　一、六条均线的市场意义 ………………………………………… 019
　二、六条均线的分值 ……………………………………………… 022

第三章　移动平均线的设置 …………………………………………… 031
　一、如何设置移动平均线 ………………………………………… 031
　二、如何设置均量线 ……………………………………………… 036

第四章　底部启动的均线实战 ………………………………………… 039
　一、"金银山谷"里寻宝藏，稳操胜券 …………………………… 039
　二、"黄金砖"后的印钞行情 ……………………………………… 051
　三、"三均会师"——股票的新征程 ……………………………… 056
　四、从"一文不名"到"腰缠万贯"的妖股之旅 ………………… 064

第五章　上涨中继的均线实战 ··· 079
　一、不破 5 日均线的股价狂欢 ····································· 080
　二、均线密码 ··· 088
　三、"一穿一托"的波段王者 ······································· 097

第六章　主升浪的均线实战 ··· 115
　一、"满分 100、满意 100"的次新股豪华盛筵 ········· 115
　二、"奢华而低调"的主升浪 ······································· 130

第七章　破位洗盘的均线实战 ··· 142

第八章　榜单实战选股 ··· 153
　一、龙虎榜 ··· 153
　二、涨幅榜 ··· 159
　三、跌幅榜 ··· 166
　四、振幅榜 ··· 172
　五、换手榜 ··· 178

后　记 ··· 184

均线的支撑和压力

第一章 DIYIZHANG

一、均线的价值

移动平均线作为一个大家常用的指标，是由著名的美国投资专家 Joseph E. Granville（葛兰碧，又译为格兰威尔）于 20 世纪中期提出来的，英文简称 MA，原本的意思是移动平均，由于我们将其制作成线形，所以一般称之为移动平均线，简称均线。凡是炒股的几乎每个人都用过，由于它是一个统计学指标，在证券市场中可以预测股票市场和股票价格变化趋势，因而也受到了很多人的喜爱，所以均线理论也就当之无愧地成为当今应用最普遍的技术指标之一，它帮助交易者确认现有趋势、判断将出现的趋势、发现即将反转的趋势。但是由于缺乏对均线的深入研究，真正用均线理论赚到钱的人却少之又少。

将过去某个时间段的收盘价相加然后除以对应的天数得到对应均线的一个数值，然后类推形成的点连线就成了对应的均线。比如 20 日均线，是将过去 20 个交易日的收盘价相加然后除以 20，就得到一个值；再以前一日向前倒推 20 个交易日，同样的方法计算出另外一个值，以此类推，将这些值连接起来，就形成了 20 日均线。它的重要意义在于均线反映的是一段时期内投资者买入股票的平均成本。从这一点我们知道：长期均线比短期均线更有效。短期均线用作短期买卖参考，长期均线用作长线买卖参考。根据时间长短的不同，移动平均线可分为短期、中期、长期移动平均线。一般而言，短期移动平均线指周期在10日以下的移动平均线；中期移动平均线则指周期在10日至20日间的移动平均线；长期移动平均线则指周期在20日以上的移动平均线。常用的均线有5日、10日、20日、60日、120日和250日的指标。5日、10日均线主要用来预测短期变化趋势，20日、60日均线主要用来预测中期变化趋势（参考价值非常大），120日均线（通称半年线）和250日均线（通称年线，常常被作为牛市和熊市的分界线），用来预测长期变化趋势。

笔者通过多年研究、总结发现均线有两个非常重要的作用：一个叫支撑，另一个叫压力。支撑是指股价在回落的过程中，遇到均线时，会在均线附近暂时止跌企稳，甚至反转回升的现象。

为什么均线会有这样的作用呢？打个比方，股价从底部上来，放量突破120日均线时，关注这只股票的人就会买进该股。当股价涨到一定的高度时，不少投资者就会止盈卖出，股价开始回落。当股价跌回至120日均线时，前期获利的投资者会认为股价又便宜了，再次购买。或者说在高位接盘的人不愿意止损出局，在这个位置坚决不卖出等反弹。那么就会在120日均线附近的位置形成合力，这个合力就会支撑股价不再下跌。当这个合力大于下跌的力量时，便会产生反弹。

移动平均线可以理解为一张蹦蹦床，你在一张蹦蹦床上跳，如果你跳得越高，回落的速度就会越快，重力就越大。这个力如果还在蹦蹦床的承受范围之内就仍会反弹，如果超过了承受范围，那么床就会崩塌。当股价下跌的力度大于这个合力时，股价就会破位，会破到什么程度，就要看下跌的力度有多大了。如果下跌（看空市场）的力度无限大，股灾就会到来。理解了这个，压力也很好理解了。

压力是指：股票在上涨的过程中，如果遇到均线，会在均线所代表的价位附近暂时停止上涨，甚至反转回落的现象。为什么均线能起到压力作用呢？打个比方，当股价上涨到250日均线附近时，在相对低位进场的投资者会认为这里突破有难度，所以会止盈出局。同时，前一段时间被套的投资者等到了解套的机会。那么此时，也会形成一个向下的合力，合力与上涨的力度相差无几时，股价便会停止上涨，横盘整理。合力大于上涨力度时，股价便会下跌。想突破就必须大于这个向下的合力。当这个上涨的力度无限大时，牛市便会来临。

支撑和压力是会相互转化的，它主要是从人的心理因素方面考虑的，两者的相互转化也是从心理角度方面考虑的。支撑和压力之所以能起支撑和压力作用，很大程度是由于心理因素方面的原因，这就是支撑线和压力线理论上的依据。当然，心理因素不是唯一的依据，还可以找到别的依据，如历史会重复等，但心理因素是主要的依据。

市场上的投资者无外乎三种，多头、空头和旁观者。旁观者又可分为持股的和持币的。假设股价在一个支撑区域停留了一段时间后开始向上移动，在此支撑区买入股票的多头们很肯定地认为自己对了，并对自己没有多买些而感到后悔。在支撑区卖出股票的空头们这时也认识到自己弄错了，他们希望股价再跌回他们的卖出区域时，将他们原来卖出的股票补回来。而旁观者中的持股者的心情和多头相似，持币者的心情同空头相似。无论哪一种类型的投资者，都有买入股票成为多头的愿望。

二、均线的压力

均线代表了此前一段时间所有参与这只股票的人的平均成本，比如今天的 60 日均线，是此前 60 天收盘价的平均值，可以理解为 60 天的平均成本，股价在 60 日均线上，就意味着这 60 天买进这只股票的人平均是获利的，当股价从上到下接近 60 日均线时，就意味着盈利的减少，自然会遭到这部分人的抵抗，因而有支撑作用。主要是由于市场交易者本身心理因素形成。同时也由于技术派对该点位的关注形成。

均线压力，当股价反弹至均线附近时，说明市场内某些周期的持股者很快就可以解套。因为之前已经被套很久，这时就会失去耐心，抛售股票。另一方面，低位进场博反弹的多方已有利润，开始获利回吐，股票市场供大于求，导致股价再度下跌。这就是均线的压力作用。

实战案例一 如图 1-1 所示荣科科技（股票代码 300290），在 2017 年 10 月 10 日、11 日两天分别试图上攻 120 日均线压力，结果 120 日均线附近抛盘压力太大，继续下跌，在 2017 年 12 月 12 日和 12 月 14 日分别上攻 60 日均线未果，继续回调，在 2018 年 7 月 6 日又试图突破 120 日均线压力，依然没有结果，2018 年 11 月 22 日再次试图突破 120 日均线，依然没有结果，可见均线的压力是非常非常大的。如果我们去掉均线，在 2017 年的 10 月 10 日，主力就会给我们一个试图突破的假象，这就是很多人用裸 K 线而不知道自己失败的原因。同样，市面上流行的一些战法，没有 60 日均线以上的半年线和年线，也有类似的缺点，如果说加上 120 日均线和 250 日均线，那么均线的压力，一目了然。

图1—1 荣科科技（股票代码300290）

实战案例二 如图1—2所示奥特迅（股票代码002227）在2018年9月12日试图上攻60日均线压力未果，于是回调，经过主力再次的打压吸筹，股价运行到120日均

图1—2 奥特迅（股票代码002227）

线附近抛盘压力太大,继续下跌,在2019年1月21日上攻180日均线未果,可见均线的作用非同一般。

实战案例三 如图1-3所示江南化工(股票代码002226)在2018年3月20日后曾三次试图上攻250日均线压力位,结果250日均线附近抛盘压力太大,股价继续下跌。在2018年11月19日和11月27日分别上攻180日均线未果,继续回调。可见单根均线的压力之大,及时预见均线压力,会让自己节省很多时间成本,避免买在大的均线压力辐射区。

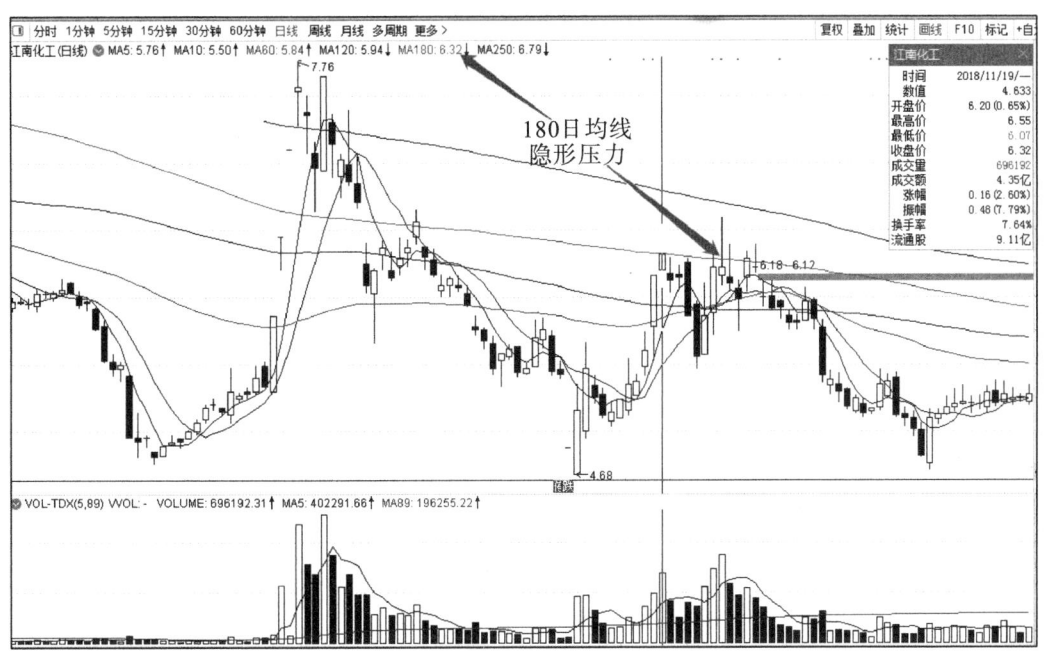

图1-3 江南化工(股票代码002226)

三、多根均线的压力

多根均线的压力,形成九死一生的"死亡谷"。"死亡谷"单从名字上来看,就很可怕。技术上"死亡谷"的出现,意味着指数即将大幅下挫。"死亡谷"的出现,表明空方已积聚了相当大的杀跌能量,这是个典型的卖出信号。据资料统计,在股价前期涨幅较大的情况下出现"死亡谷",日后股价下跌和上涨的比例是8∶2。而且一旦下跌,跌幅就很大。所以投资者看见"死亡谷"应赶快出逃。

图形特征: "死亡谷"是日K线图的三条均线交叉组成一个不包围K线的不规则三

角形。一般来说是较短天数的移动平均线向下突破较长天数的移动平均线，较长天数的移动平均线再向下突破更长天数的移动平均线。当天K线的收盘价一定低于5日均线，同时任意三条均线形成单点死叉，K线必须是跌幅大于5%的阴线，可以有上下影线。

均线趋势：5日均线、10日均线、20日均线、60日均线空头排列，综合得分小于20分。

成交量特征：量柱一定要小于5日均量线，并且89日均量线在5日均量线上方。

市场逻辑：股票收盘价一旦跌破5日均线和10日均线，短期就很难再回到强势状态。

操作策略：及时清仓，出局观望。

实战案例一 如图1-4所示上证指数（股票代码000001）从2018年1月29日创出了3587.03点的新高以后，收出了一根穿头破脚的大阴线。下跌趋势已经初步形成，在2018年1月31日，5日均线下穿了10日均线。2018年2月5日，5日均线又下穿了20日均线。笔者一直强调，5日均线走平或者掉头，无论个股还是大盘指数，都要先清仓观望。在2018年的2月7日，10日均线又下穿了20日均线。至此"死亡谷"形成。

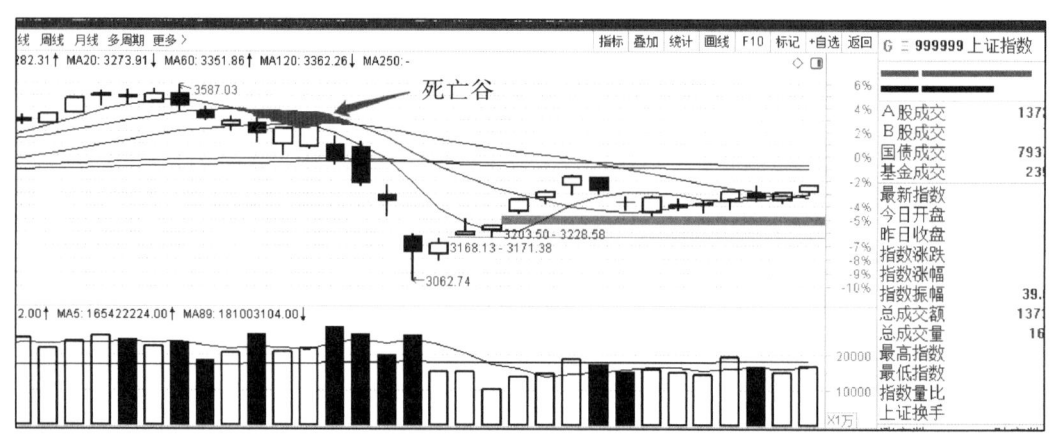

图1-4 上证指数（股票代码000001）

实战案例二 如图1-5所示洋河股份（股票代码002304）从2018年6月13日创出了新高以后，收出了一组黄昏之星的见顶形态，下跌趋势已经初步形成。在2018年6月19日，5日均线下穿了10日均线。6月22日，5日均线又下穿了20日均线。一直强调，5日均线走平或者掉头，无论个股还是大盘指数，都要先清仓观望。在6月26日，10日均线又下穿了20日均线。至此"死亡谷"形成，一波大的下跌有目共睹。

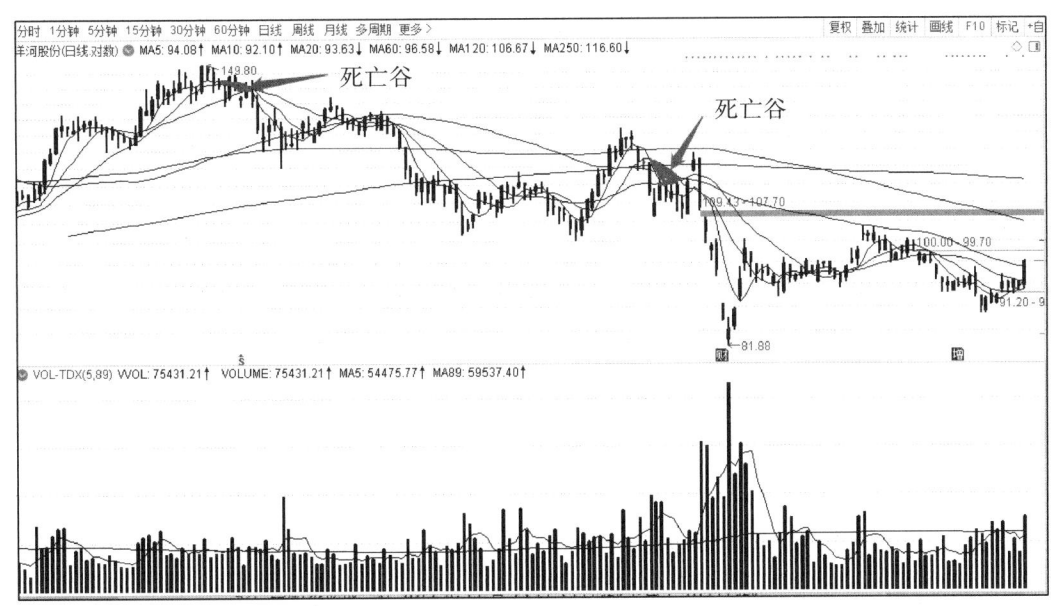

图1-5 洋河股份（股票代码002304）

实战案例三 如图1-6所示康得新（现名*ST康得 股票代码002450）从2017年11月22日创出了26.78元的新高以后，收出了一根穿头破脚的大阴线，下跌趋势已经初步形成。在2017年11月23日，5日均线下穿了10日均线，11月27日，5日均

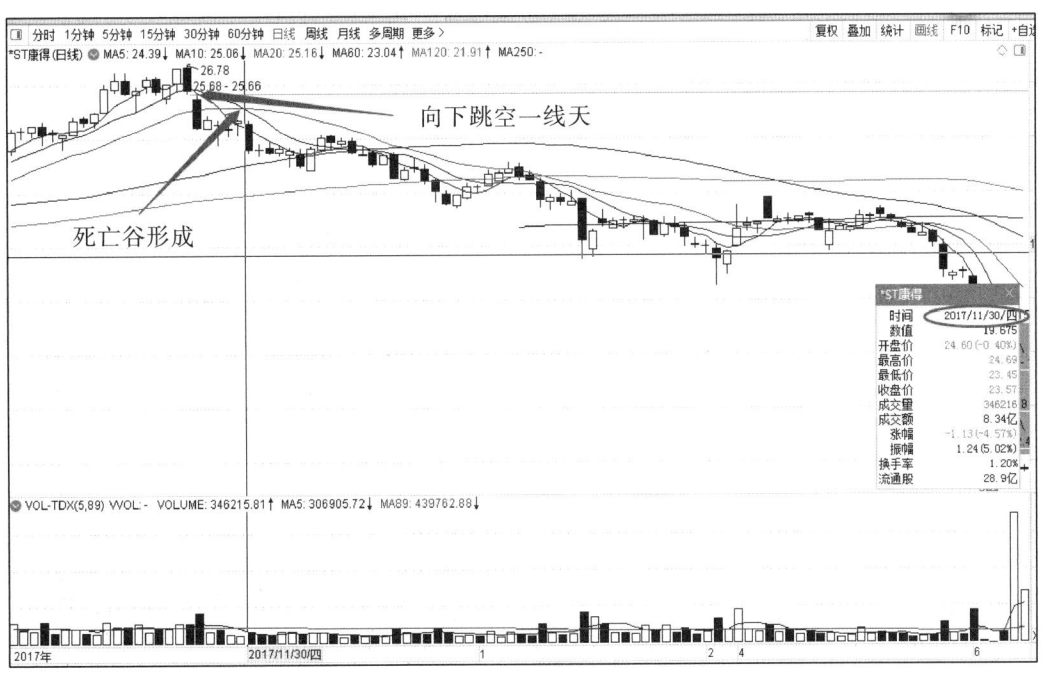

图1-6 康得新（现名*ST康得 股票代码002450）

线又下穿了20日均线。一直强调，5日均线走平或者掉头，无论个股还是大盘指数，都要先清仓观望。11月30日，10日均线又下穿了20日均线。至此"死亡谷"形成。一波下跌让人看了胆战心惊。

移动平均线理论是获利未必最多但是风险相对较小的技术分析理论，我们每个投资者在面对未来市场变化的时候，实际上都是一个盲人，均线理论虽然不能使得盲人复明，但是它给了盲人一根拐杖，拥有一根拐杖的盲人一定比没有拐杖的盲人少摔跟头。希望笔者对于移动平均线的剖析能给中小投资者一根拐杖，让大家少摔跟头。

四、180日均线隐形压力

为什么180日均线称为"隐形压力"？因为它不是我们常用的均线，一般在交易页面也没有设置，但是由于股市每天都有交易，且120日均线和250日均线间隔时间较长，所以一旦股价没有遇到明显的压力反而下跌了，我们就要注意是不是遇到了隐形压力。

实战案例一 如图1－7所示四川长虹（股票代码600839），在2016年5月24日股价成功突破了120日均线的重要压力位，在即将封上涨停板的同时打开涨停板，说

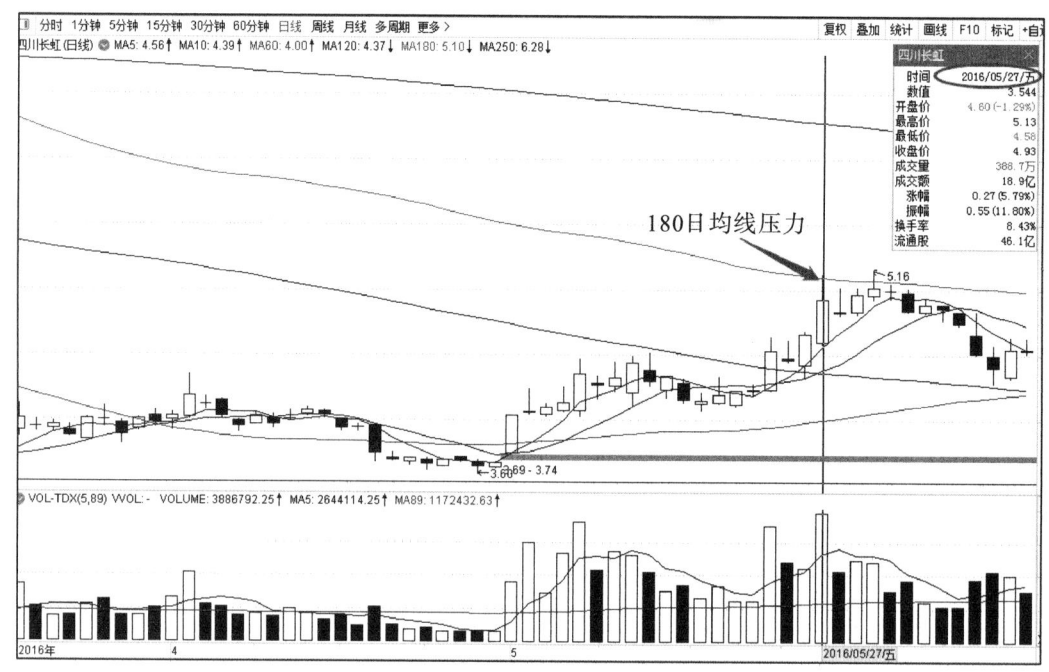

图1－7 四川长虹（股票代码600839）

明上方有极强的压力。但是此时显示离250日均线的压力位6.32元还很远,那么年线和半年线之间有没有隐形的压力呢?随后,笔者设置了一根180日均线。果不其然,在2016年5月27日,180日均线的压力位是5.10元,随后在2016年6月1日,尝试上攻180日均线未果,股价开始回调。如果预判了180日均线的隐形压力,就成功地避开了回调。

实战案例二 如图1-8所示三力士(股票代码002224)K线图中如果我们去掉移动平均线,在2018年的11月19日,一根光头阳线看上去非常强势,主力就会给我们一个试图突破的假象,这就是很多人用裸K线而不知道自己失败的原因。同样一些战法不看60日均线以上的半年线和年线,也有类似的缺点,如果加上了180日均线和250日均线,那么均线的压力,一目了然。如图1-9所示。

实战案例三 如图1-10所示鸿博股份(股票代码002229)2019年1月10日,没有180日均线的K线图无论从趋势还是突破形态,从主力连阳吸筹还是成交量的配合上都堪称完美,但是买进去就是坑。再看加上移动平均线后的预判,如图1-11所示,后面竟一路下跌。

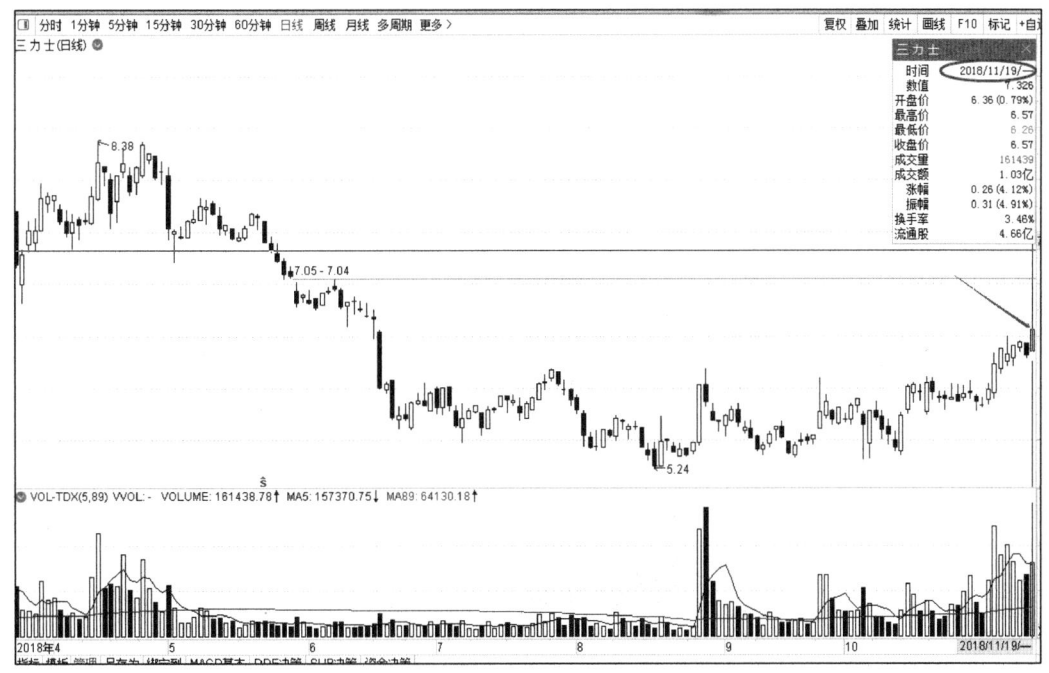

图1-8 三力士(股票代码002224)

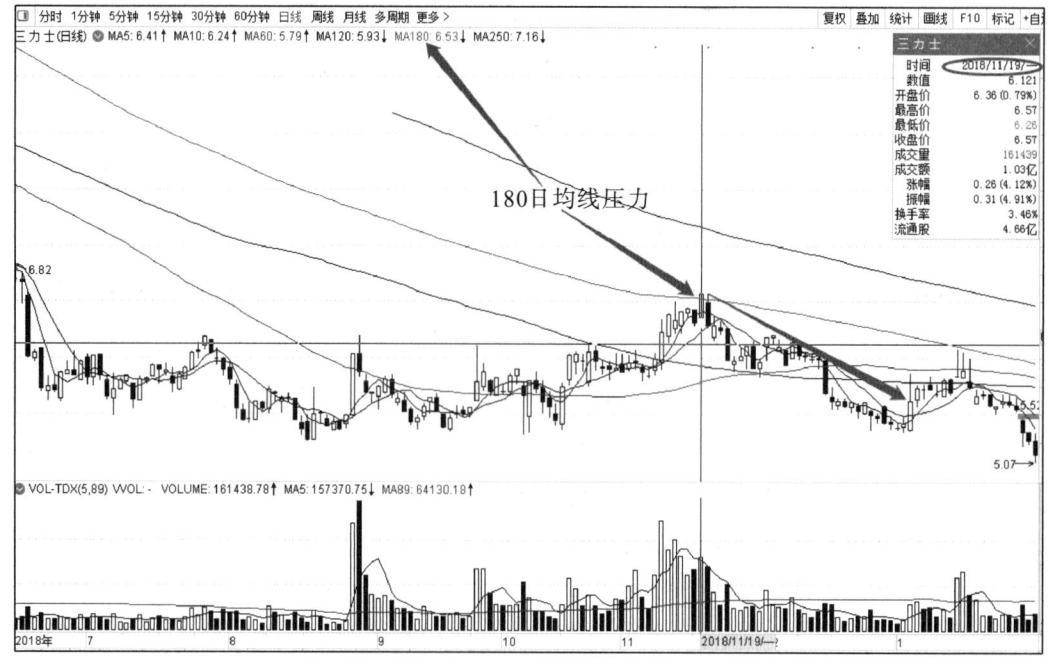

图 1-9 三力士（股票代码 002224）

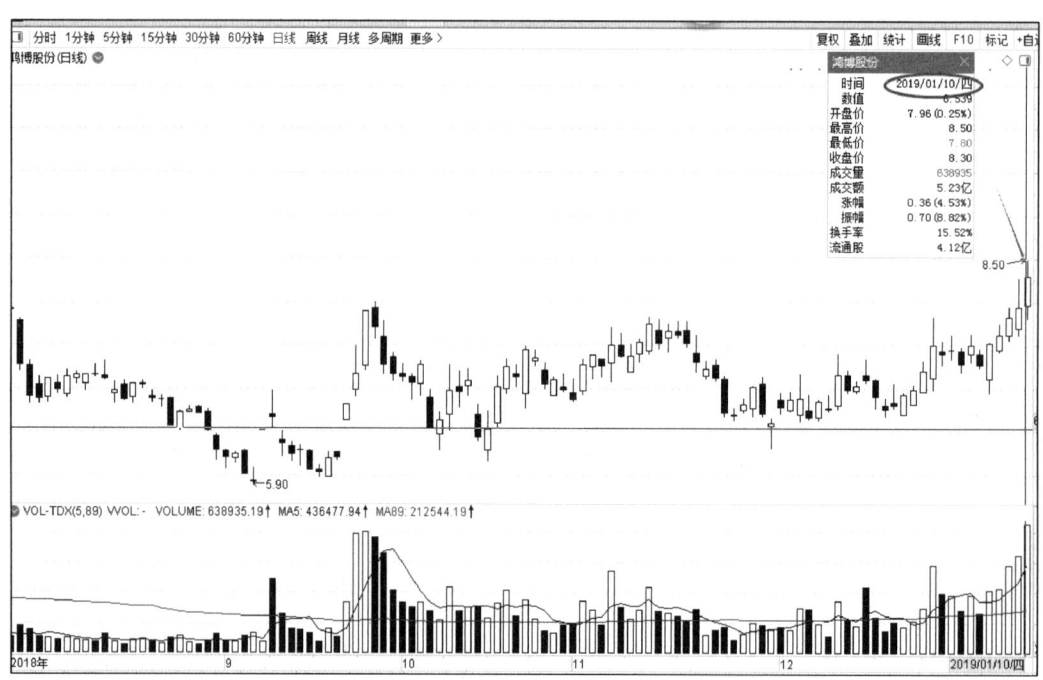

图 1-10 鸿博股份（股票代码 002229）

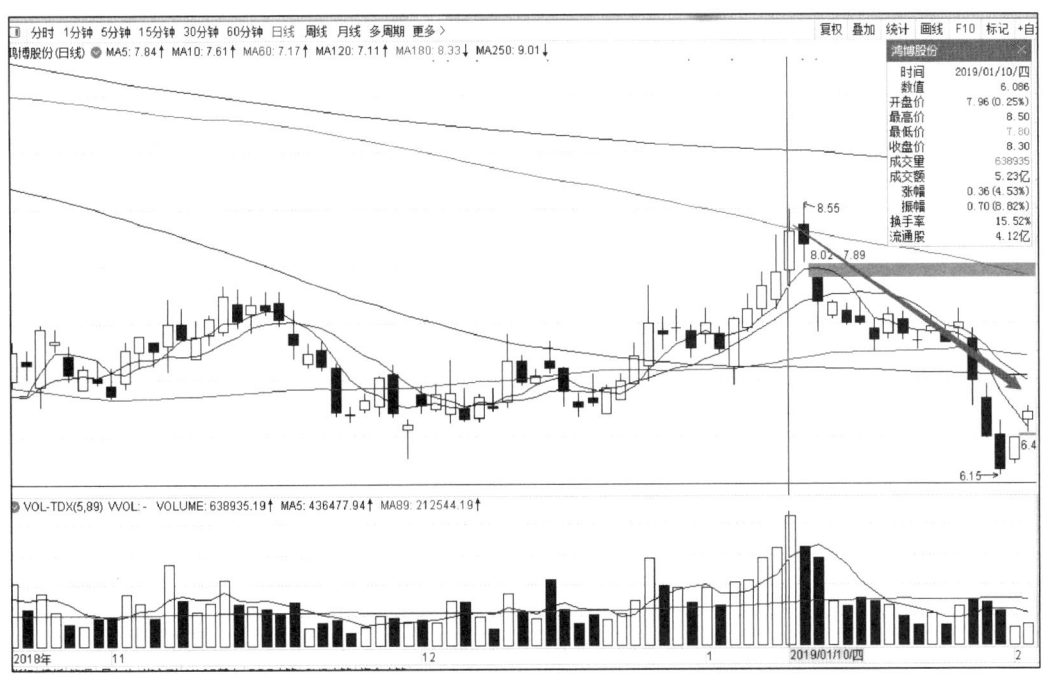

图 1—11　鸿博股份（股票代码 002229）

五、20 日均线的支撑作用

需要重点说明的是，股票的收盘价必须连续三天站稳以后，20 日均线支撑才是有效的。

实战案例一　如图 1—12 所示通产丽星（股票代码 002243）2018 年 11 月 13 日和 11 月 19 日，股价站稳了 20 日均线，三天不破，说明支撑有效，随后主力开始刻意打压股价，以驱赶不坚定的中小投资者，随着一次破位洗盘，主力完成了对不坚定的中小投资者的最后一次清洗，随即开始拉升，一周翻倍的行情收入囊中。

实战案例二　如图 1—13 所示奥维通信（股票代码 002231）经过一波长时间的下跌，2018 年 10 月 18 日，主力用 4.66 元的双零抄底（详情见本章末尾）止跌企稳。随后用一组（连续的小阳线）的限价吸筹走势，让主力吸足了筹码。11 月 14 日，股价遇到 120 日均线的重要压力位，随即回调。11 月 20 日，股价重新站稳 20 日均线。随后三天股价在 20 日均线之上运行，同时 20 日均线上穿 60 日均线。一波拉升随即开始，可见这个 20 日均线的支撑就是有效支撑。

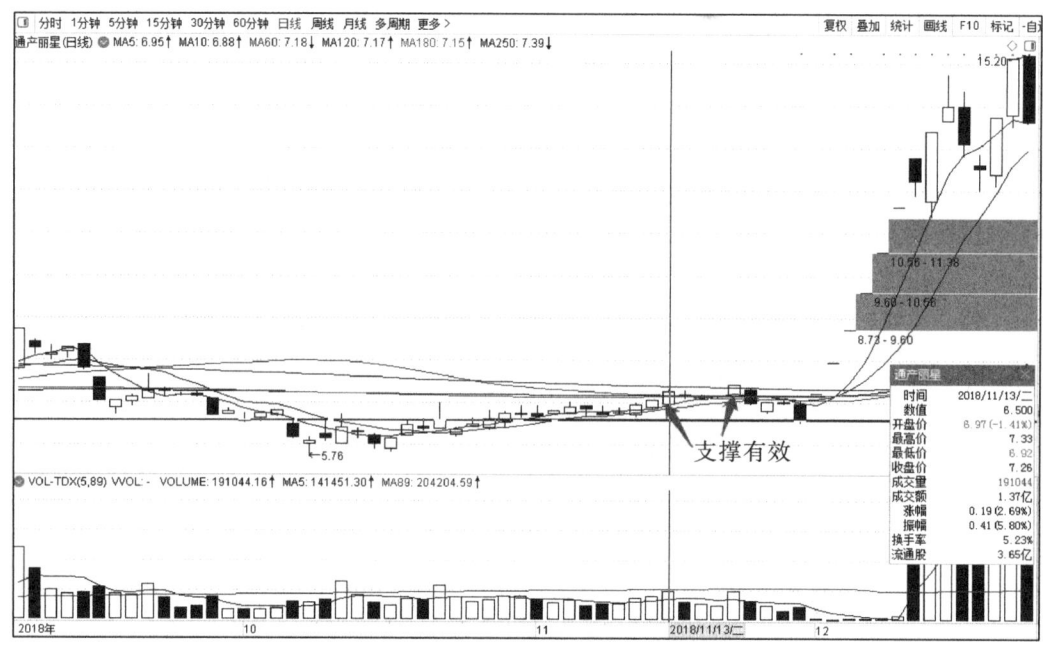

图1—12 通产丽星（股票代码002243）

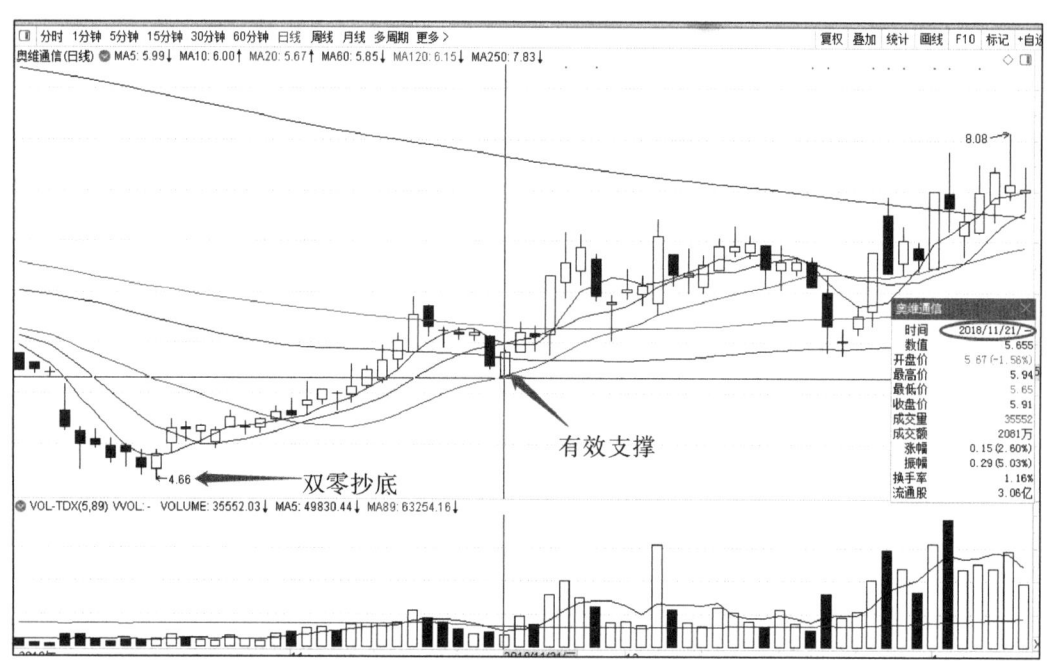

图1—13 奥维通信（股票代码002231）

如图1—14所示超华科技（股票代码002288）不同于奥维通信（股票代码002231）的是，这个主力用的众星捧月的吸筹模式，同样在11月26日，股价回踩了20日均线后迅速止跌企稳，以否极泰来的方式收回了进攻的主动权，可见这个20日均线就是有效支撑。次日便用一字涨停板开盘，留下了一条宽宽的"护城河"。虽然次日涨停板炸板，但是再次迅速回封，尾盘仍然以涨停板报收，随后便走出了让人惊艳的六连板行情。

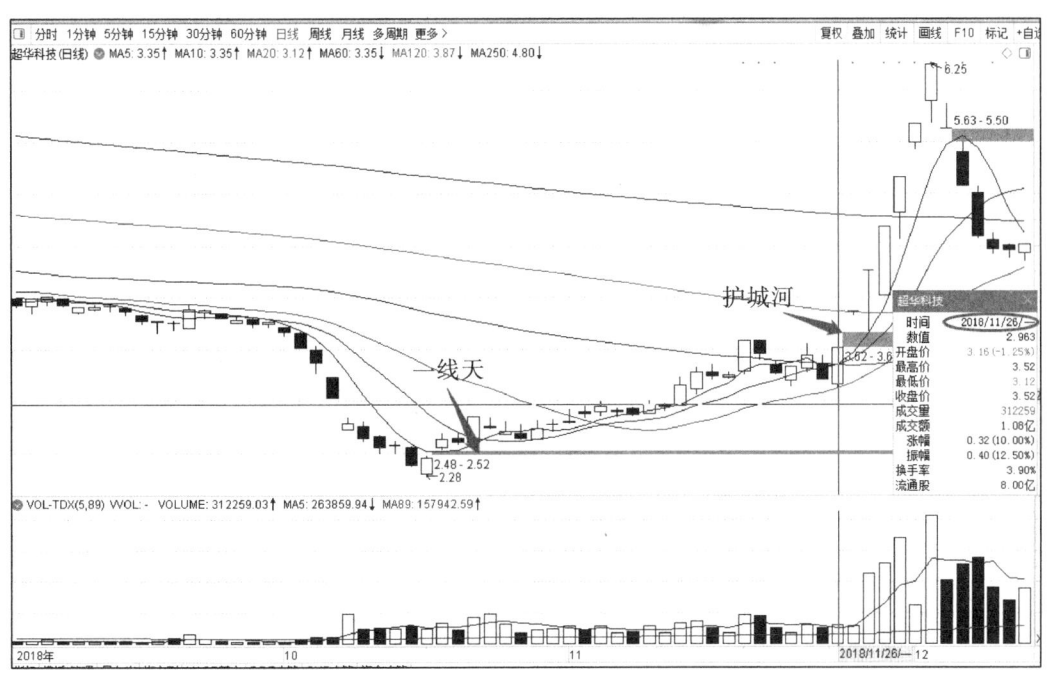

图1-14 超华科技（股票代码002288）

实战案例三 如图1-15所示天津松江（股票代码600225）主力经过长期的上涨之后，股价从2.6元拉升至5.55元，获利丰厚。此时，高位出现了类似于A.AA的双零逃顶结构，随后股价便一路下跌，18个交易日跌幅超过60%，差一点把股价打回原形。

实战案例四 如图1-16所示御银股份（股票代码002177）股价经过长期的上涨之后，尤其是在2019年2月11日出现低位跳空"一线天"之后，股价便势如破竹，从3元快速拉升至4.6元附近，经过一个月左右的盘整之后，再次发力，主力将股价拉升至8.58元，获利丰厚。然后，高位出现了类似于A.XA的夹板双零逃顶结构，随后股价便一路狂跌。

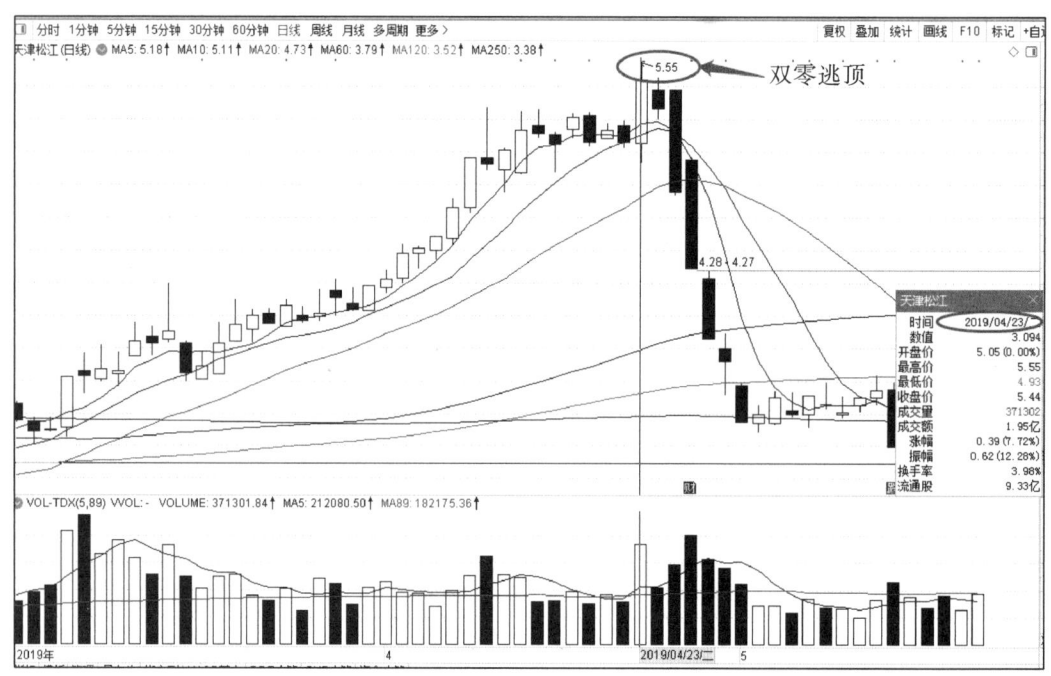

图1—15　天津松江（股票代码600225）

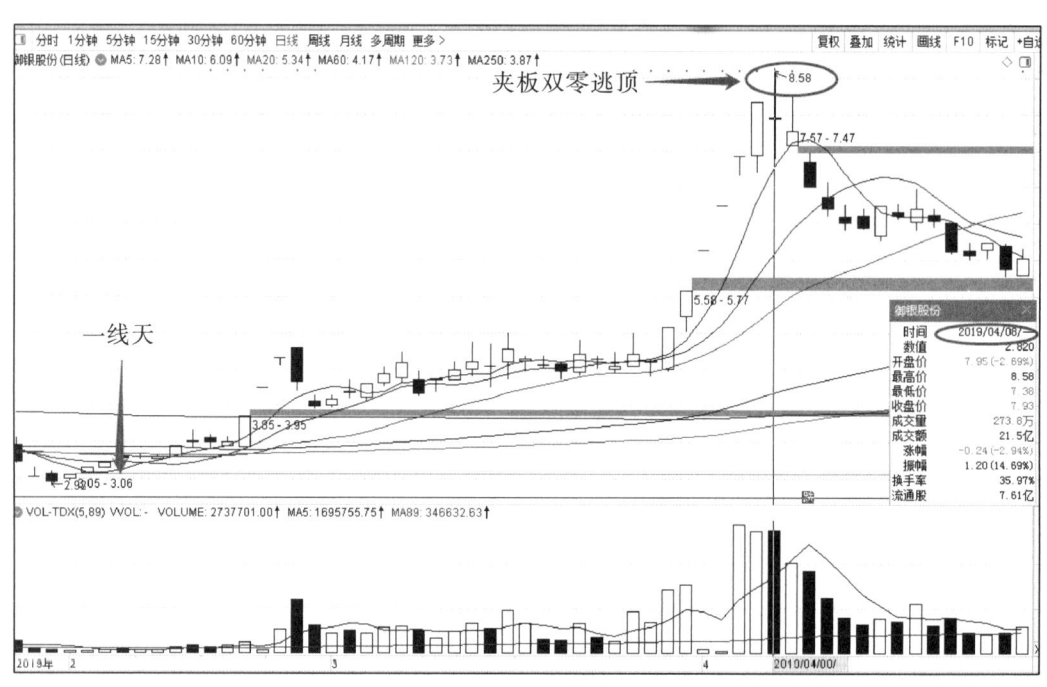

图1—16　御银股份（股票代码002177）

实战案例五　如图1—17所示金力永磁（股票代码300748）股价经过长期的下跌之后，尤其是在2019年5月5日出现了18.44元的双零抄底。

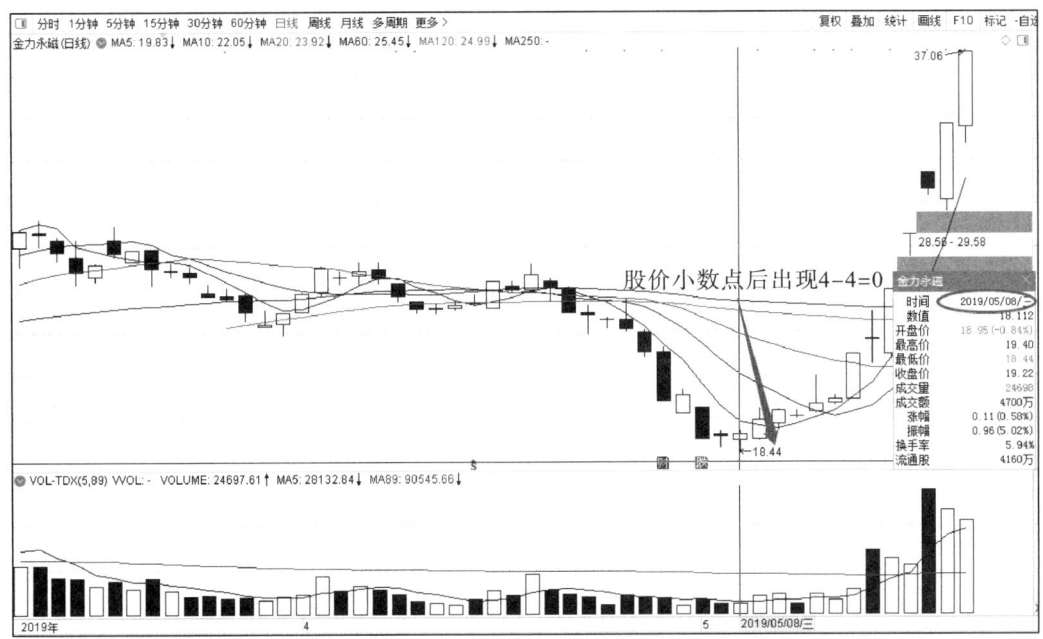

图1—17 金力永磁（股票代码300748）

实战案例六 如图1—18所示金河生物（股票代码002688）股价经过长期的下跌之后，尤其是在2019年1月31日出现了结构C.BA的4.32元的双零抄底后，股价便一路高歌。

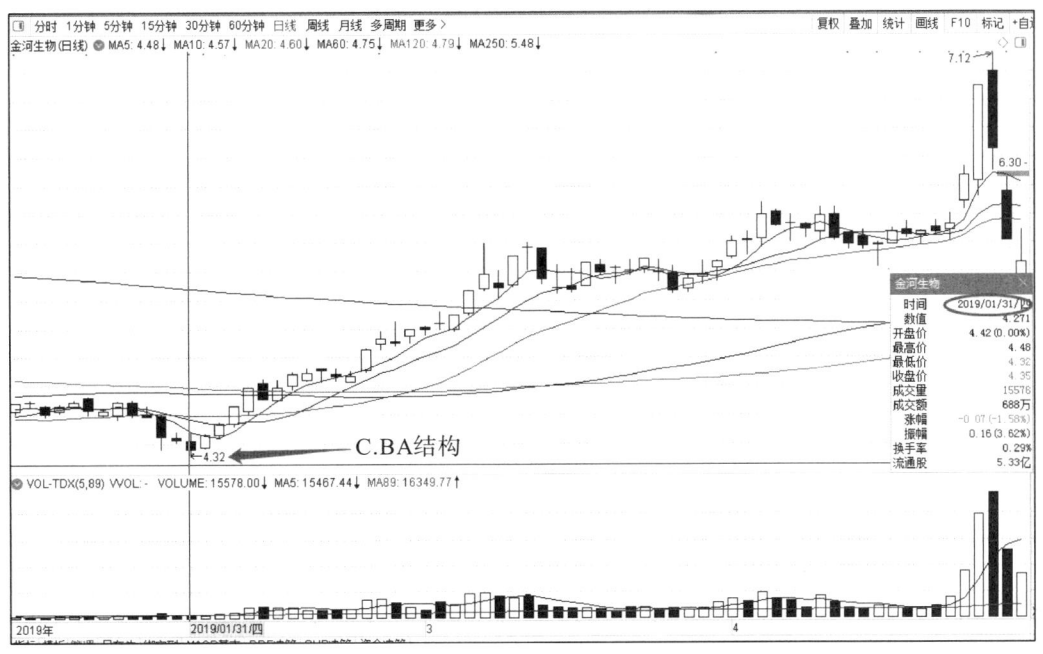

图1—18 金河生物（股票代码002688）

实战案例七 如图1－19所示立霸股份（股票代码603519）股价经过长期的下跌之后，在2019年1月31日出现了7.57元的夹板双零抄底。

实战案例八 如图1－20所示金字火腿（股票代码002515）图中分别出现了3.99元的双零抄底和7.70元的双零逃顶信号。

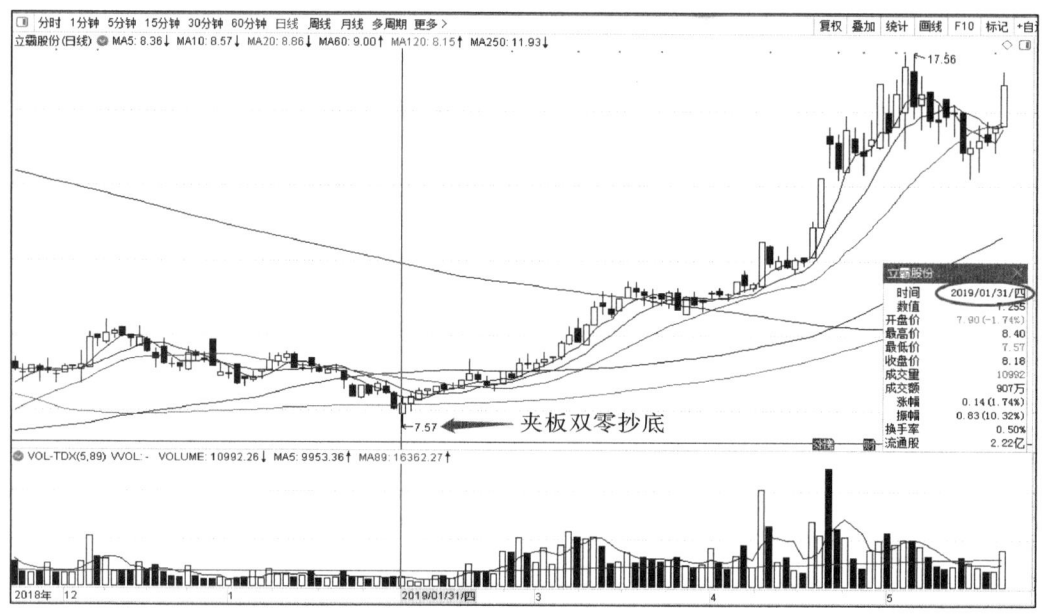

图1－19 立霸股份（股票代码603519）

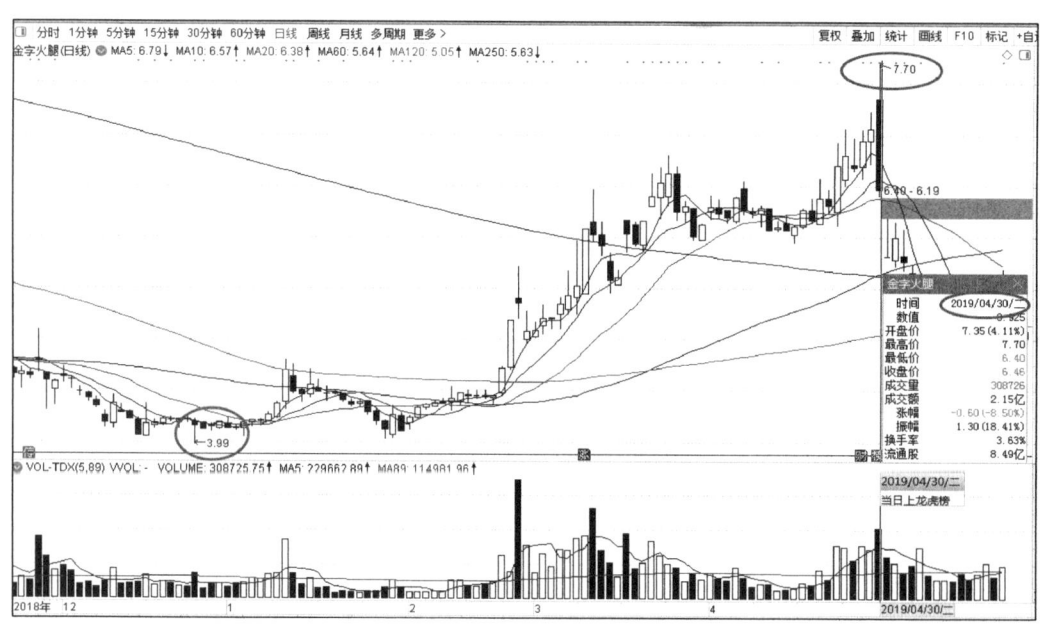

图1－20 金字火腿（股票代码002515）

实战案例九　如图 1-21 所示田中精机（股票代码 300461）2019 年 4 月 8 日出现了双零逃顶的结构 AB.AB（31.31 元），也是中小投资者最佳的逃跑机会。

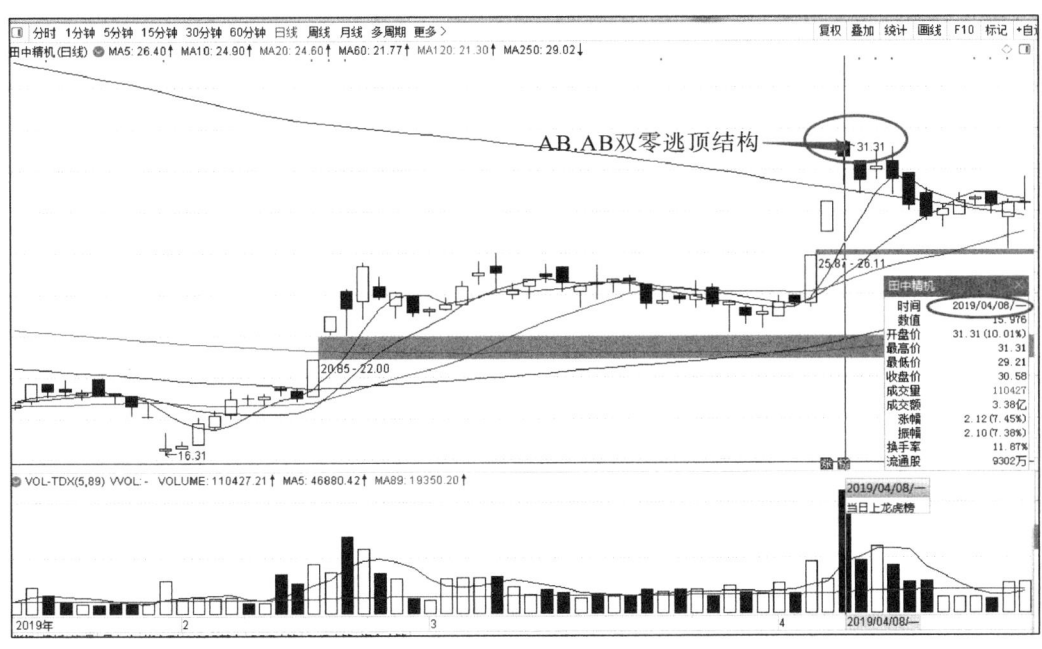

图 1-21　田中精机（股票代码 300461）

实战案例十　如图 1-22 所示中联重科（股票代码 000157）前有 2019 年 1 月 3 日

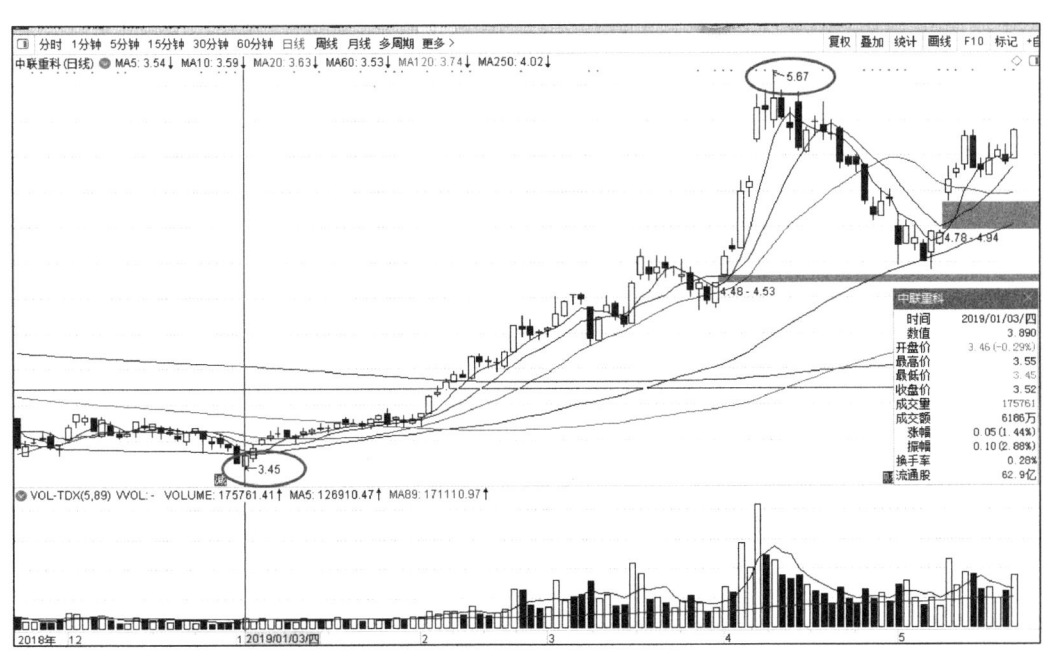

图 1-22　中联重科（股票代码 000157）

出现了双零抄底的结构 A.BC（3.45 元），是中小投资者最佳的买入机会；后有 4 月 10 日出现的双零逃顶的结构 A.BC（5.67 元），也是中小投资者的最佳逃顶机会。

通过上述案例，说明均线好用、简单。

名词解释：双零抄底（逃顶）

双零抄底（逃顶）是主力用来和协作团队沟通的密码，大家都知道随着证监会的监管越来越严格，主力之间沟通的难度越来越大，一切通信工具都被监控着，所以主力和协作团队之间为了达到配合默契，便创造了一套股市密码，就是双零抄底（逃顶）密码。

为什么叫双零抄底（逃顶）呢？股价经过一段长时间或者短期大幅下跌或者拉升，主力便有了获利了结和及时建仓的需求，于是就用这种特殊的数字向同伴传递信号。

只是因为股价的小数点前或者后、或者小数点前后的数字相减得零，故称之为"双零"。它的具体结构为 AA.BB、A.AA、A.BB、AB.AB、AB.BA、AB.BB、BB.BA、AB.CD、A.XA、C.BA、A.BC。

值得一提的是，一旦这种神奇的数字组合一出现，便会出现阶段性反转。

六条均线的价值判断

第二章 DIERZHANG

股票究竟何时才是介入良机？都说"分数是学生的命根，考试是老师的法宝"，老师通过考试来测评学生学习的优劣，学生通过分数来检验自己的学习成果，无论老师、家长还是学生自己都希望能够取得高分，高分是学生成绩优异的体现，同样的，我们是不是也可以通过给股票打分的方式来判断一只股票的优劣呢？既然主力已经将均线形态或者K线形态、量线形态、量柱形态等摆在我们眼前，那我们就可以用成交量、价格、趋势、形态、时间、空间、筹码给股票打分，分数高、成长速度快的就是优秀的股票，就可以择机而入。下面我们就先来认识几种有实操意义的均线。

一、六条均线的市场意义

（一）攻击线

攻击线指5日均线，系统默认的是白色线，其主要作用是推动价格在短期内形成攻击态势，不断引导价格上涨或下跌。如果攻击线上涨角度陡峭有力（没有弯曲疲软的状态），则说明价格短线爆发力强。反之，则弱。同样，在价格进入下跌阶段时，攻击线也是重要的杀跌武器，如果向下角度陡峭，则杀跌力度极强。在临盘实战中，当价格突破攻击线，攻击线呈陡峭向上的攻击状态时，则意味着短线行情已经启动，此时应短线积极买入做多。同理，当价格击穿攻击线，攻击线呈向下拐头状态时，则意味着调整或下跌行情已经展开，此时应短线卖出观望。

（二）操盘线

操盘线指 10 日均线，也有行情线之称，系统默认的是黄色线。操盘线的主要作用是推动价格在一轮中级波段行情中持续上涨或下跌。如果操盘线上涨角度陡峭有力，则说明价格中期上涨力度强。反之，则弱。同样，在价格进入下跌波段时，操盘线同样可促使价格反复盘跌。在临盘实战中，当价格突破操盘线，操盘线呈持续向上的攻击状态时，则意味着波段性中线行情已经启动，此时应短线积极买入做多。同理，当价格击穿操盘线，操盘线呈向下拐头状态时，则意味着上涨行情已经结束，大波段性调整或下跌行情已经展开，此时应短线卖出观望。

（三）辅助线

辅助线指 20 日均线，系统默认的是粉色线。辅助线的主要作用是协助操盘线，推动并修正价格运行力度与趋势角度，稳定价格趋势运行方向。同时，也起到修正生命线反应迟缓的作用。在一轮波段性上涨行情中，如果辅助线上涨角度较大并陡峭有力，则说明价格中线波段上涨力度极强。反之，则弱。同样，价格在下跌阶段时，辅助线更是价格反弹时的强大阻力，并可修正价格下跌轨道，反复促使价格震荡盘跌。

（四）生命线

生命线指 60 日均线，系统默认的是绿色线。生命线的主要作用是指明价格的中期运行趋势。在一个中期波段性上涨趋势中，生命线有极强的支撑或压力作用。如果生命线上涨角度陡峭有力，则说明价格中期上涨趋势强烈，主力洗盘或调整至此位置可坚决狙击。反之，则趋势较弱，支撑力也将疲软。同样，在价格进入下跌趋势时，生命线同样可压制价格的反弹行为，促使价格持续走弱。生命线是一轮大波段上涨或下跌行情的生命基础。在临盘实战中，当价格突破生命线，生命线呈拐头向上攻击状态时，则意味着中线大波段行情已经启动，此时应中线积极做多。生命线在一轮大波段行情的阶段性调整过程中，不会轻易被击穿。然而，一旦价格击穿生命线，生命线呈拐头向下状态时，则意味着更大级别的调整或下跌行情已经展开，此时应清仓观望。

在此，笔者重点阐述为什么把60日均线作为生命线，这要从证监会有关规定说起。根据规定，上市公司必须披露定期报告。定期报告包括年度报告、中期报告、第一季报、第三季报。年度报告由上市公司在每个会计年度结束之日起4个月内（即1月至4月）编制完成，中期报告由上市公司在半年度结束后2个月内（即7、8月）完成，季报由上市公司在会计年度前3个月、9个月结束后的30日内（即第一季报在4月，第三季报在10月）编制完成。

假如主力机构在3月29日买入股票，4月的任何一天公布季报，主力行踪就会暴露无遗，主力的行踪一旦被发现，就极有可能为以后的拉升埋下隐患，因为会有大量的人跟风买入。从技术层面来看，假如4月1日以后主力机构买入的，季报的公布时间在3个月以后，3个月的时间很多主力都可以完成吸筹拉升的动作，即便是有人发现，股票成本已经高出主力建仓成本，如果中小投资者跟进，风险系数就会增加，所以这3个月60个交易日就成为主力的命脉，60日均线也就当仁不让地成为生命线。

（五）趋势线

趋势线指120日均线，系统默认的是灰色线。趋势线的主要作用是指明价格的中期反转趋势，指导价格大波段级别运行于既定的趋势之中。当价格放量向上或向下突破120日趋势线时，则说明一轮大级别的反转行情已经启动，临盘应做出相应的操盘决策。价格突破120日趋势线时，一般情况下不会在较短时间内出现反方向运行，即使主力做出诱多或诱空动作，至少也会在120日趋势线之上或之下运行10至25个交易日方可反转。在实战中，120日趋势线在主力机构的操盘计划中对判断行情性质有着决定性的意义。因而，当趋势线呈拐头向上的攻击状态时，则意味着中线大趋势多头行情已经形成，此时应中线积极买入做多。决策一旦形成，一般情况下均不会轻易更改。所以，价格一旦突破120日趋势线后，即不会在阶段性调整中轻易击穿这一决定性支撑。然而，当价格向下击穿趋势线，且趋势线呈向下拐头状态时，则意味着一轮大级别的下跌行情已经展开，此时应果断清仓出局。

（六）牛熊线

牛熊线指250日均线，系统默认的是蓝色线。与120日趋势线一样，牛熊线的主要作用也是指明价格中长期的反转趋势，引导或指导价格大波段大级别运行于既定的趋势之中。250日均线相当于军队的司令，是最高指挥官，一只股票如果250日均线在最上面压着，那么是不能买入这只股票的。尤其是250日均线附近的股票更不要参与。

250日均线附近就相当于主力的大本营、司令部，是敌我双方抢夺的重要位置，任何一方都不会轻言放弃。当价格放量向上或向下突破趋势线时，则说明价格大趋势已经发生逆转，临盘应做出相应的操盘决策。价格突破趋势线时，一般情况下不会在较短时间内出现反方向运行，即使是主力做出诱多或诱空动作，至少也会在趋势线之上或之下运行10个交易日或数个交易周左右方可反转。

以上六条均线，可单独使用，也可多条同时使用。综合观察长、中、短期移动平均线，可以判研市场的多重倾向。如果三种移动平均线并列上涨，该市场呈多头排列；如果三种移动平均线并列下跌，该市场呈空头排列。

移动平均线说到底是一种趋势追踪的工具，便于识别趋势已经终结或反转，预示趋势正在形成或延续的契机。它不会领先于市场，只是忠实地追随市场，所以它具有滞后的特点，然而却无法造假。

移动平均线有长短之分，又无法造假。我们不妨给均线打打分，长期均线稳定性高给的分数就高一点，短期均线稳定性差给的分数就低一点，打了分的股票的优劣一目了然。

二、 六条均线的分值

5日、10日、20日均线代表短期趋势；60日均线和120日均线代表着中期趋势，那么这两根均线就显得格外重要；250日均线（也有设置成240日均线）也就是我们常说的年线代表着长期趋势，那就更重要了。

下面我们分别给均线打分，根据级别不同：

5日移动平均线——10分

10日移动平均线——10分

20日移动平均线——10分

60日移动平均线——20分

120日移动平均线——20分

250（240）日移动平均线——30分

这样六根均线加起来为100分满分，那么如何计算某只股票的分数呢？如图2—1所示交易页面上有5日均线、10日均线、20日均线、60日均线、120日均线和250日均线，后面分别有一个向上或者向下的箭头，有的后面是没有箭头的。箭头向上的记分，否则不记分。比如5日均线后面箭头向上记10分，10日均线后面箭头向下记0

分，没有箭头也计 0 分。当然表现在我们的交易软件一般会用经典的红黑页面，那么后面箭头就显示红绿色，红色为有分，绿色为 0 分。

若 5 日、10 日、20 日均线后均为红色箭头则分别记为 10 分，总分为 30 分；若 60 日、120 日均线后均为红色箭头则分别记为 20 分，总分为 40 分；250（240）日均线后为红色箭头则记为 30 分；如果六条均线后皆为方向向上的红色箭头则得分之和最高，为 100 分（注意各均线方向一定要向上，即其后一定是方向向上的红色箭头才能记分）；其次通过综合分析给股票日均线打分（具体设置方法见后面第三章）。最后用均线综合得分来捕捉从底部启动的牛股及将要拉升的主升浪。通过反复实战、总结、归纳、印证，发现只有分数高于 50 分的股票才有可能大涨。所以只要是能分清红色和绿色，能做 100 分以内的加减法，都可以用这套方法轻松获利。

实战案例一 如图 2-1 所示深物业（股票代码 000011）2018 年 12 月 25 日，六条均线后面的箭头方向都是向下的，均线综合得分为 0 分。随着主力的精心运作，如图 2-2 所示深物业（股票代码 000011），到了 2019 年 2 月 13 日，前面四条均线后面的箭头方向都是向上的，后面的两条均线后面的箭头方向都是向下的，此时该股综合得分为 50 分。

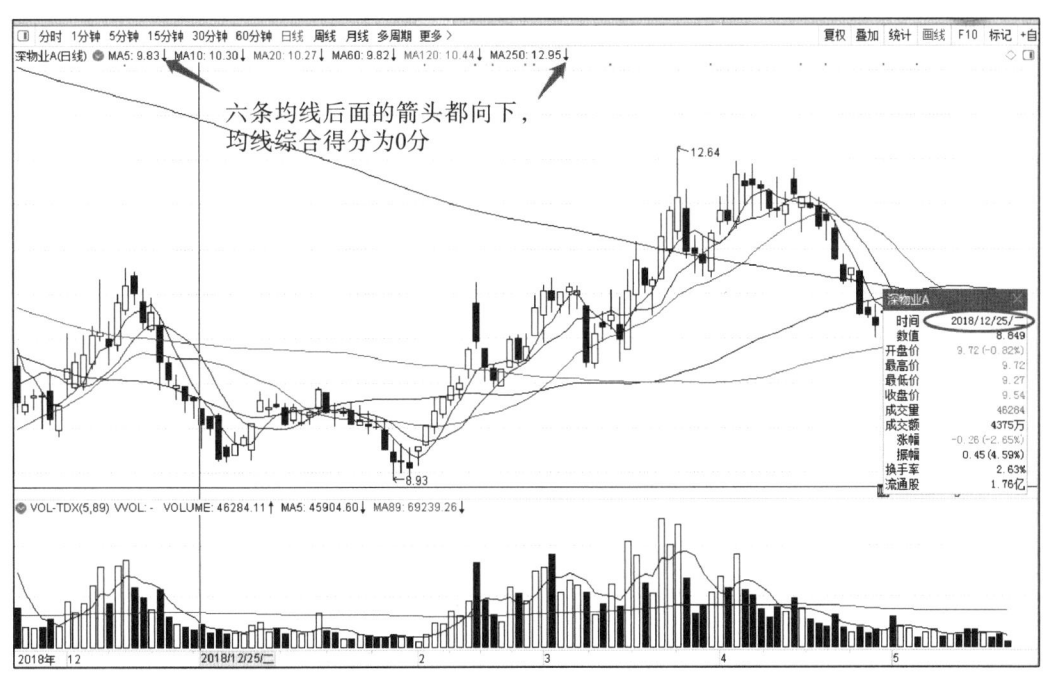

图 2-1 深物业（股票代码 000011）

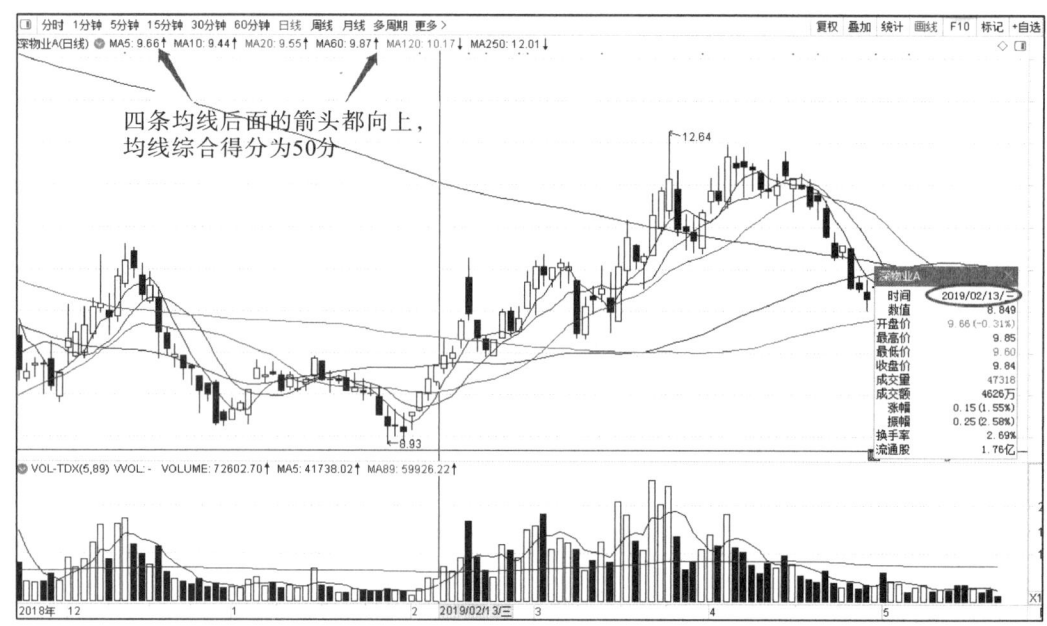

图 2—2 深物业（股票代码 000011）

实战案例二 如图 2—3 所示新希望（股票代码 000876）2018 年 12 月 19 日，虽然当天 K 线收出了阴线，但是 20 日均线、60 日均线和 120 日均线后面的箭头方向都是向上的，均线综合得分为 50 分。随着主力的运作，次日便用大阳线收复了前一日的阴线，说明主力的阴线就是洗盘。

图 2—3 新希望（股票代码 000876）

仅仅过了两周的时间，如图2—4所示，到了2019年1月4日，五条均线后面的箭头方向都是向上的，该股综合得分为90分。均线90分以后的走势是什么样的呢？

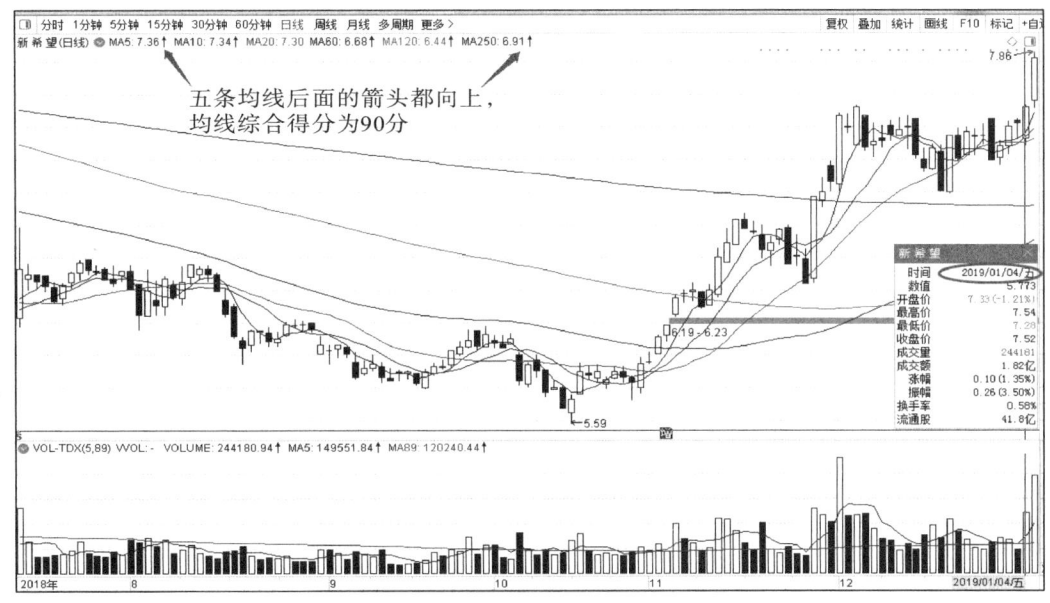

图2—4　新希望（股票代码000876）

如图2—5所示，后面股价一飞冲天，尤其在2月21日跳空高开形成"护城河"以后，主力开始快速拉升，短短不到一个半月时间，股价便从7元多涨到13元多，涨幅超过了80%。

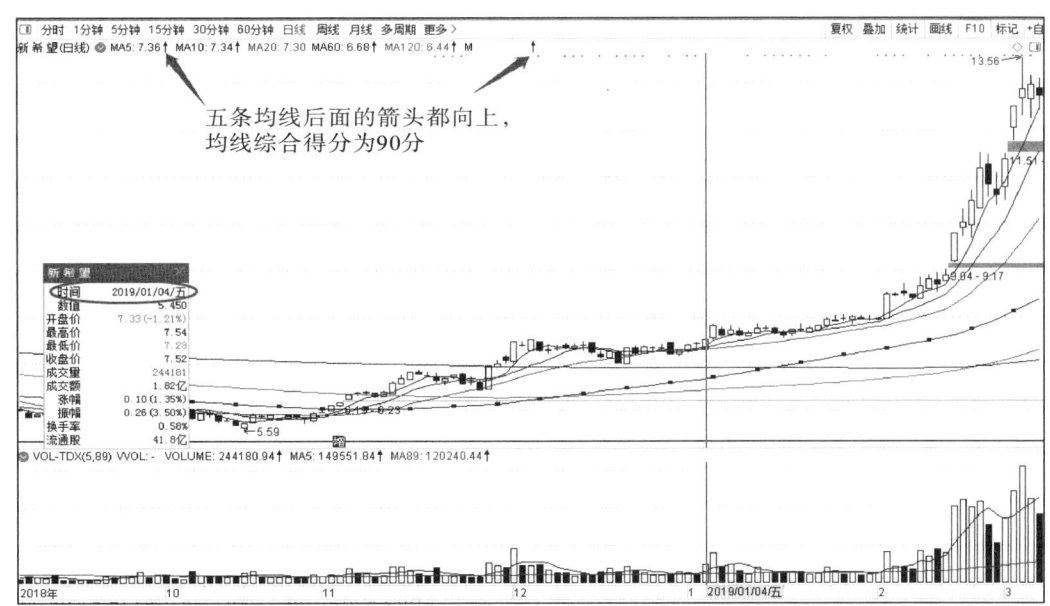

图2—5　新希望（股票代码000876）

实战案例三 如图 2-6 所示东方通信（股票代码 600776）在 2018 年 12 月 8 日前一天的走势图为：5 日均线、10 日均线、20 日均线后为方向向上的红色箭头，各得 10 分，总计为 30 分；60 日均线和 120 日均线后为方向向上的红色箭头，各得 20 分，总

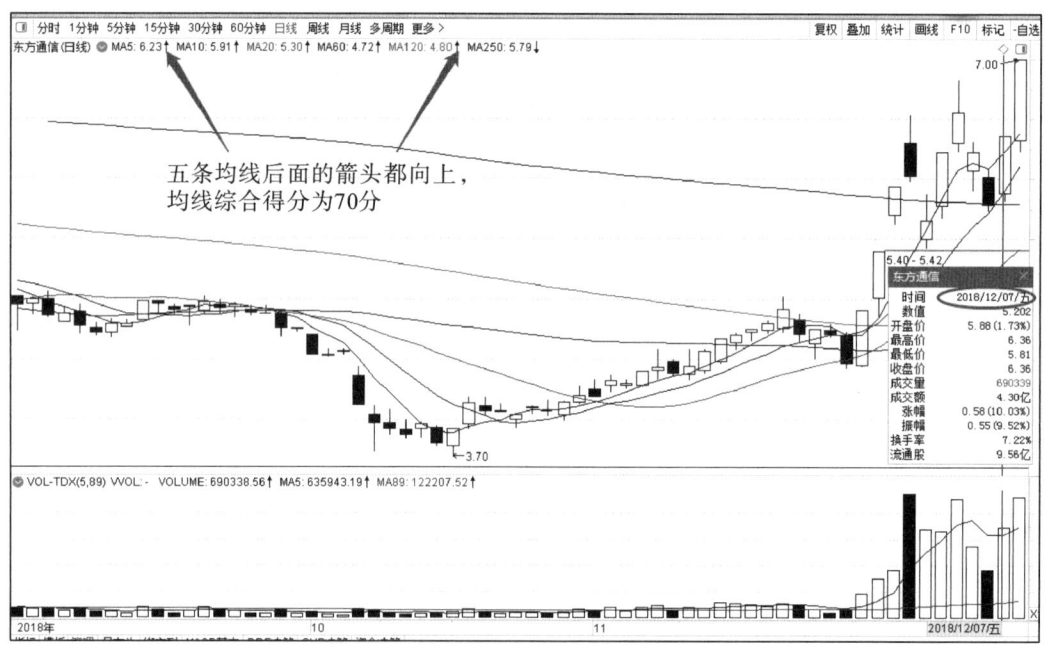

图 2-6 东方通信（股票代码 600776）

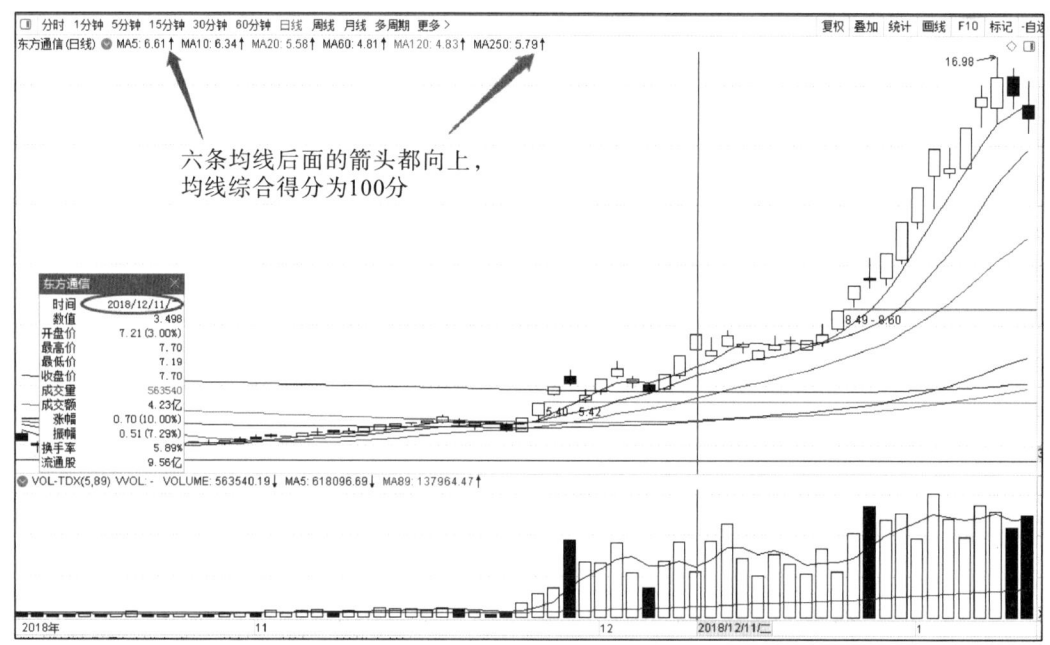

图 2-7 东方通信（股票代码 600776）

计为40分；250日均线后为方向向下的绿色箭头，计为0分。那么这只股票的综合得分就为70分。及格了，说明中长期趋势已经确立，这时做波段的人是可以择机介入的。仅仅过了两个交易日，250日均线后面的箭头方向就发生逆转，由朝下变为向上，此时应该给250日均线记上30分，如图2-7所示，此时均线综合得分为100分，成长速度之快非同小可。后面的行情又赶上了5G的热点题材，短短两周便走出了翻倍行情。

实战案例四　如图2-8所示群兴玩具（股票代码002575）2018年10月19日所有日均线后皆为方向向下的绿色箭头，故其得分为0分。4天后5日均线、10日均线、20日均线后为方向向上的红色箭头，各得10分，总计为30分；又过了几天，60日均线后的箭头方向就由下向上，应记20分，此时该股综合得分为50分，如图2-9所示。这只股票从0分迅速上涨至50分只用了两周的时间，成长速度非常之快，再加上创投板块的热点助威，注定了它的牛股之旅。可见综合得分50分的股票借助题材也能完成一周翻倍的惊艳行情。

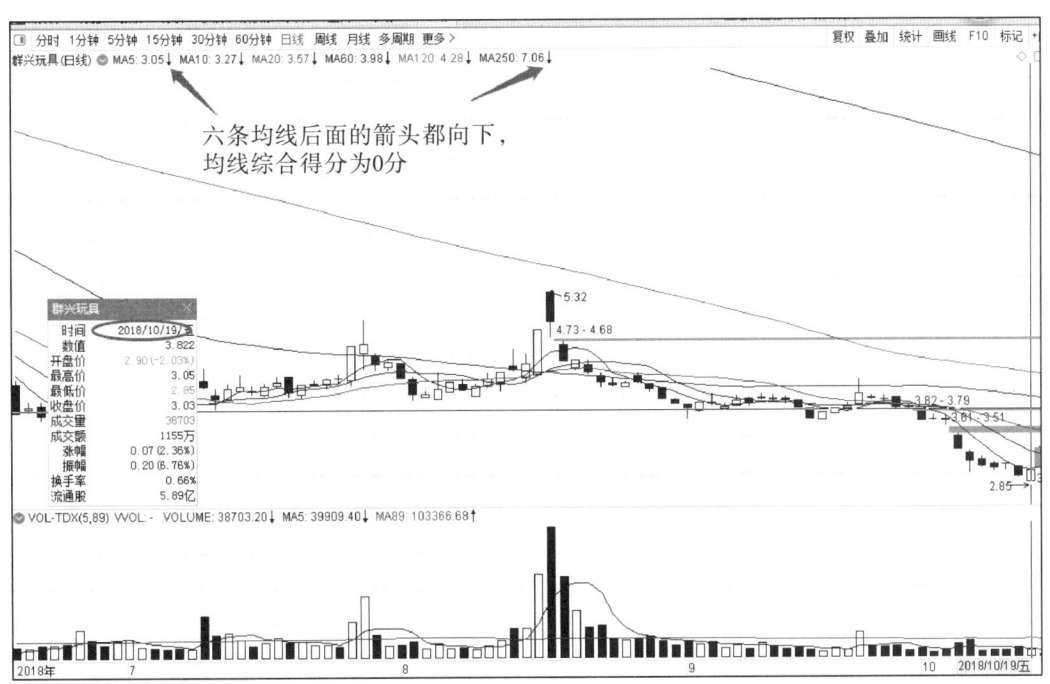

图2-8　群兴玩具（股票代码002575）

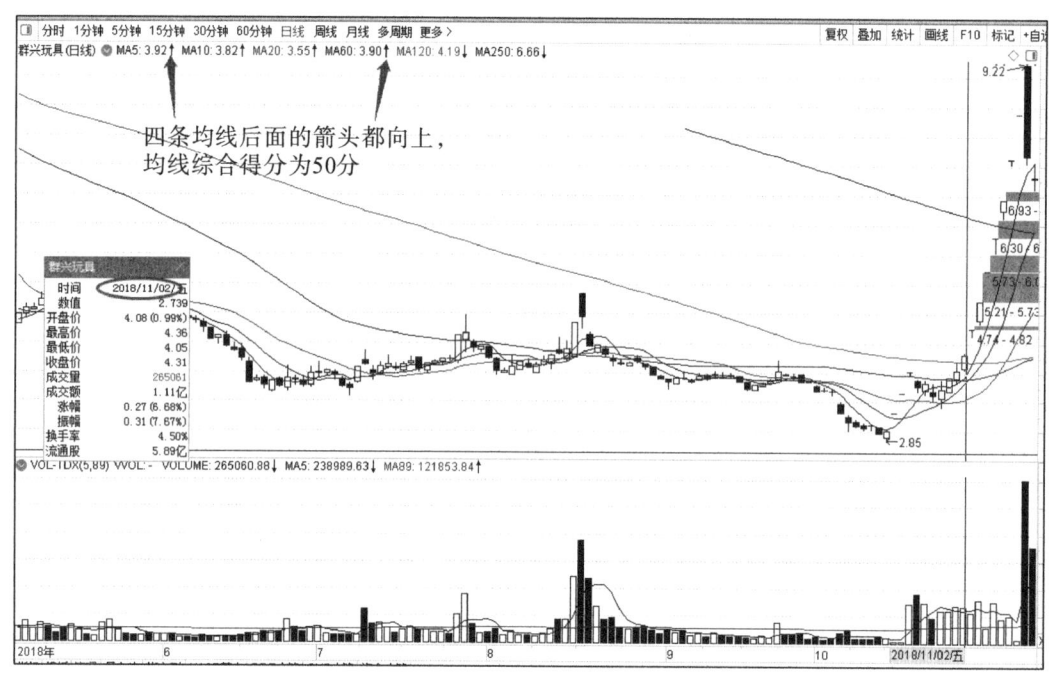

图 2—9　群兴玩具（股票代码 002575）

是不是所有均线综合得分 50 分以上的股票都可以参与呢？不见得，有时综合得分 100 分的股票还要回调很长时间呢，我们看后面的案例。

实战案例五　如图 2—10 所示福建金森（股票代码 002679）2016 年的 8 月 26 日，该股 5 日均线、10 日均线、20 日均线、60 日均线、120 日均线和 250 日均线后面都是方向向上的红色箭头，所以它的均线综合得分为满分 100 分，它当天的收盘价是 27 元。按道理推断此后股价应该大涨，但是次日股价却开始回调，其中几天后还收出了一根大阴线，但是均线综合得分始终在 80 分以上，如图 2—11 所示。福建金森（股票代码 002679），为什么综合得分 100 分了，股价还要深幅回调呢？

原因有二：

（1）遇到前方的重要压力位。当股价该涨不涨时，一定要找到原因，笔者根据多年总结的"左顾右盼"法来判断，在图 2—11 中，左侧遇到了 1 月 4 日的大阴线的中心位的压力。

（2）主力故意洗盘。洗盘，是指主力运用各种手段和方法，摧毁和打垮普通投资者的持股信心，迫使他们交出手中的筹码，以降低主力进行股价拉升时的成本和压力的操作方式。通常，主力在运作的过程中都要经历洗盘的程序，只不过是时间长短的问题。

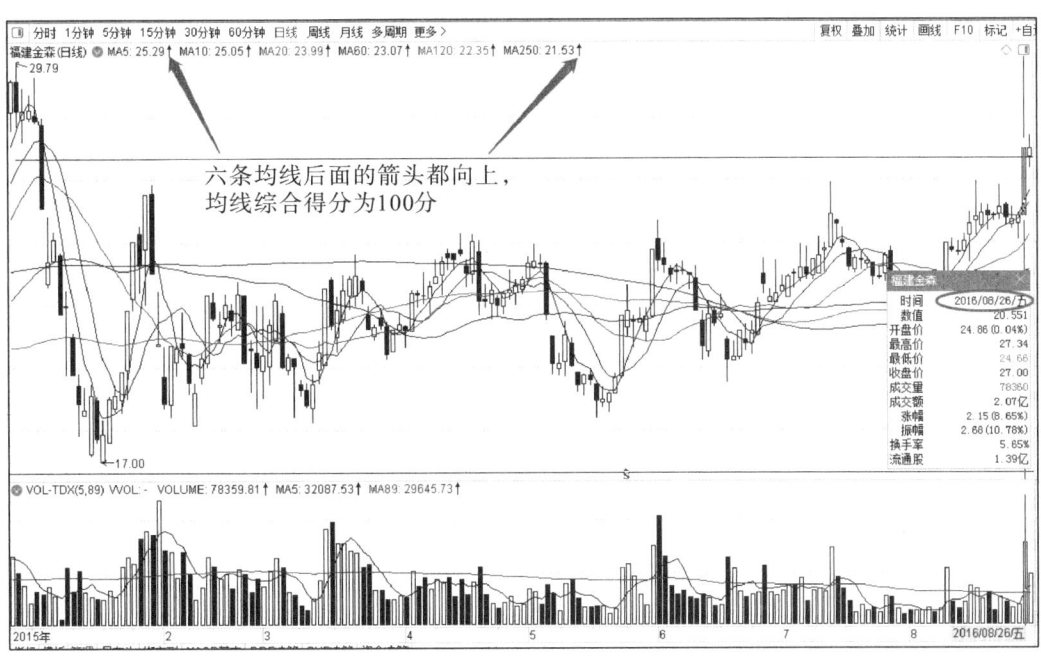

图 2—10　福建金森（股票代码 002679）

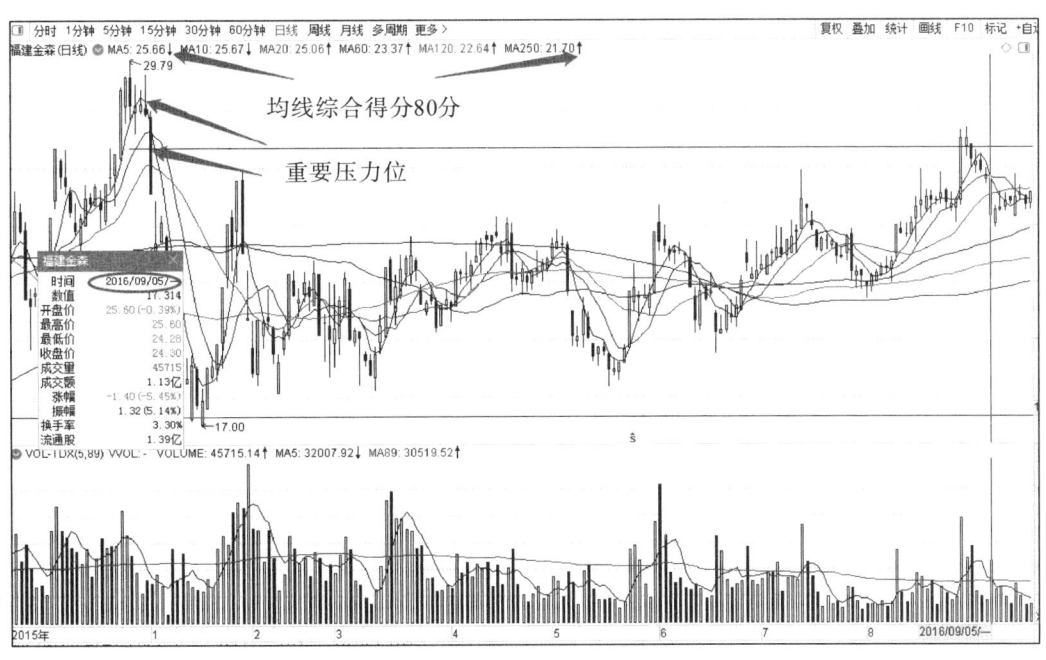

图 2—11　福建金森（股票代码 002679）

果不其然，经过将近 1 个月的横盘整理，股价再次拉升，10 月 13 日再次用涨停板创出新高。如图 2—12 所示，福建金森（股票代码 002679）截止到 2016 年 11 月 18 日收盘价为 62.88 元，短短 2 个月走出了翻倍行情。

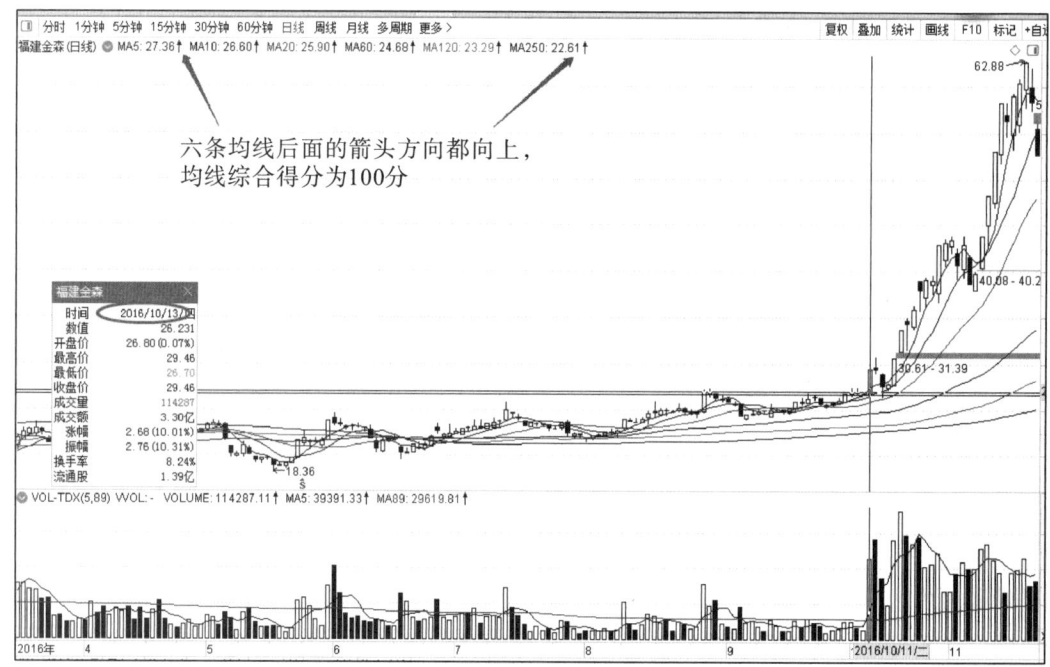

图 2—12　福建金森（股票代码 002679）

均线指标是反映价格运行趋势的重要指标，其运行趋势一旦形成，将在一段时间内继续保持，趋势运行所形成的高点或低点又分别具有阻挡或支撑作用，因此均线指标所在的点位往往是十分重要的支撑或阻力位，这就为我们提供了买进或卖出的有利时机，均线系统的价值也正在于此。

移动平均线的设置

第三章 DISANZHANG

一、如何设置移动平均线

一套好的工具和看盘软件就能帮助股民构筑"护城河",比如移动平均线作为一种我们常用的看盘指标,有支撑和压力、有助涨和助跌的作用的工具,那我们直接拿来用就好了。

首先我们将交易页面做一定的设置改动。

具体步骤如下:

1. 找到交易页面的左上方的"工具"。如图3-1所示。

2. 左键点击"工具",出现一列对话框,点击"系统设置"。左键点开"设置3",将"分析图中指标值显示涨跌箭头"一栏前面的方框打上对勾,然后点击右下角"确定"。如图3-2所示。

图 3－1

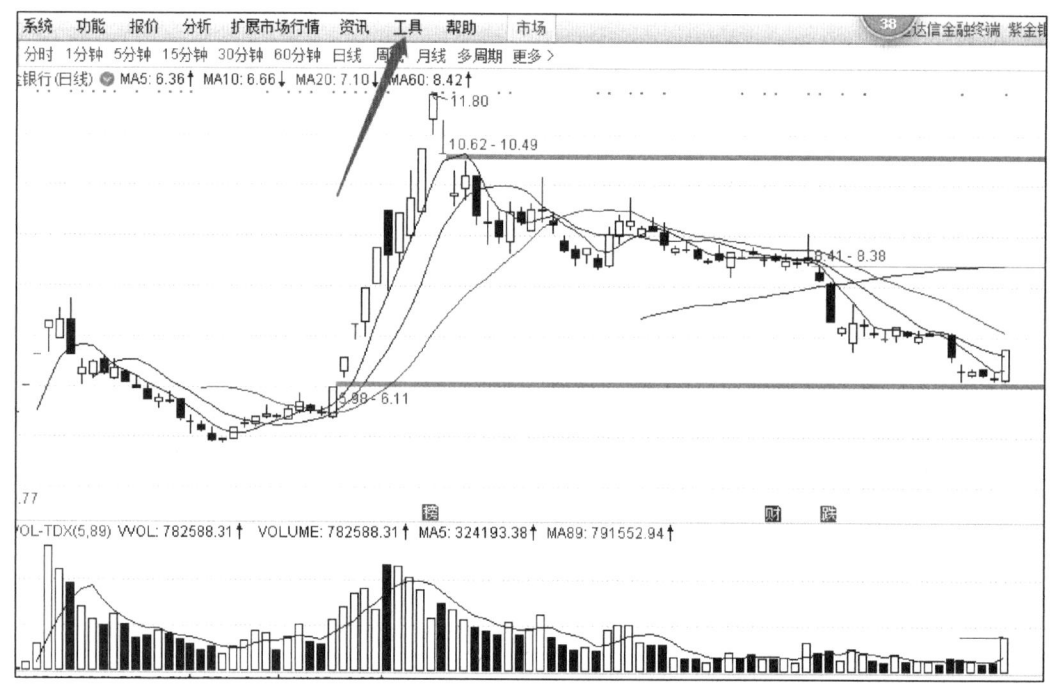

图 3－2

3. 同样再点开"设置4"。将"设置4"对话框右侧"显示未回补跳空缺口个数"参数改成"4","锁定分析图中的初始K线数"参数改成"120","锁定定制版面中初始K线数"参数改成"120"。分别在前面的方框打勾,然后点击"确定"。如图3—3所示。

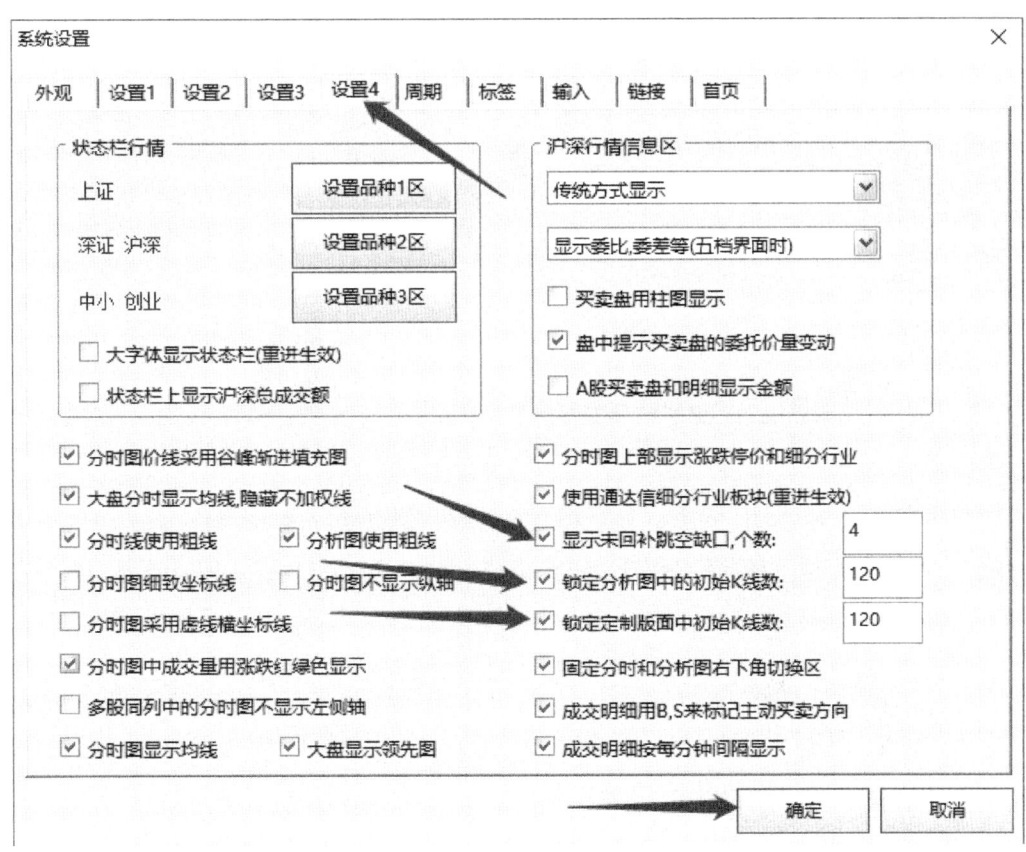

图3—3

4. 最后我们看到的均线交易页面,如图3—4所示光力科技(股票代码300480)。当天显示5日均线、10日均线、20日均线、60日均线、120日均线和250日均线后面都是方向向上的箭头,均线综合得分为满分100分。2019年5月10日,主力开盘便跳空高开,直接一字封死涨停板,盘中13:07分有大卖单砸开涨停板,留下了短短的下影线,没有触及昨天涨停板的收盘价,于是留下了一条宽宽的跳空缺口,这个向上的跳空缺口我们就把它称为"护城河",随后的股价没有跌破"护城河",而是一路飙升。

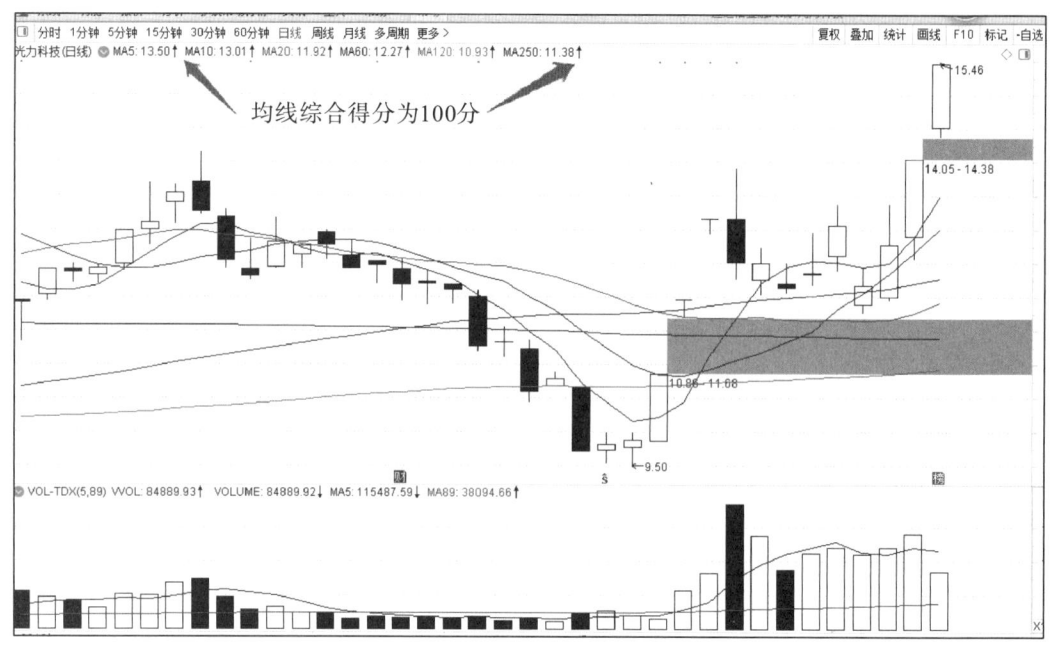

图 3—4　光力科技（股票代码 300480）

实战案例一　如图 3—5 所示上证指数（股票代码 000001）2018 年 10 月 19 日，5 日均线、10 日均线、20 日均线、60 日均线、120 日均线和 250 日均线后面都是方向向下的箭头，那么所有均线都不记分，均线综合得分就为 0 分，处于弱势行情就不能介入。

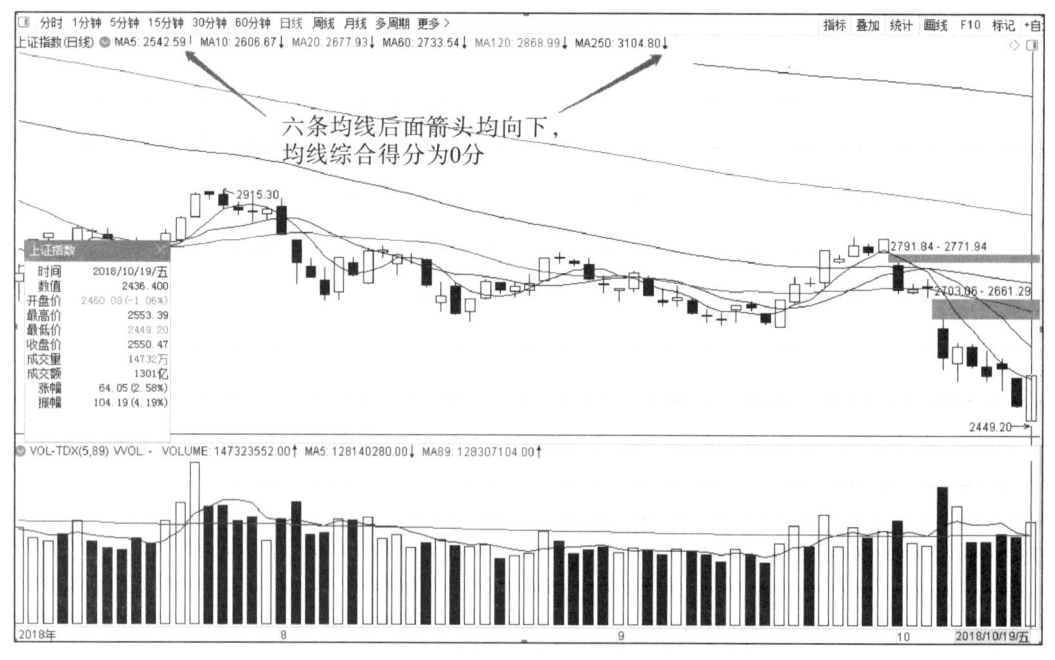

图 3—5　上证指数（股票代码 000001）

实战案例二 如图3-6所示上证指数（股票代码000001）2019年2月11日，5日均线、10日均线、20日均线、60日均线后面都是方向向上的箭头，均线综合得分为50分，证明处于强势行情就可以择机介入。果不其然，后面的行情让人刮目相看。如图3-7所示。

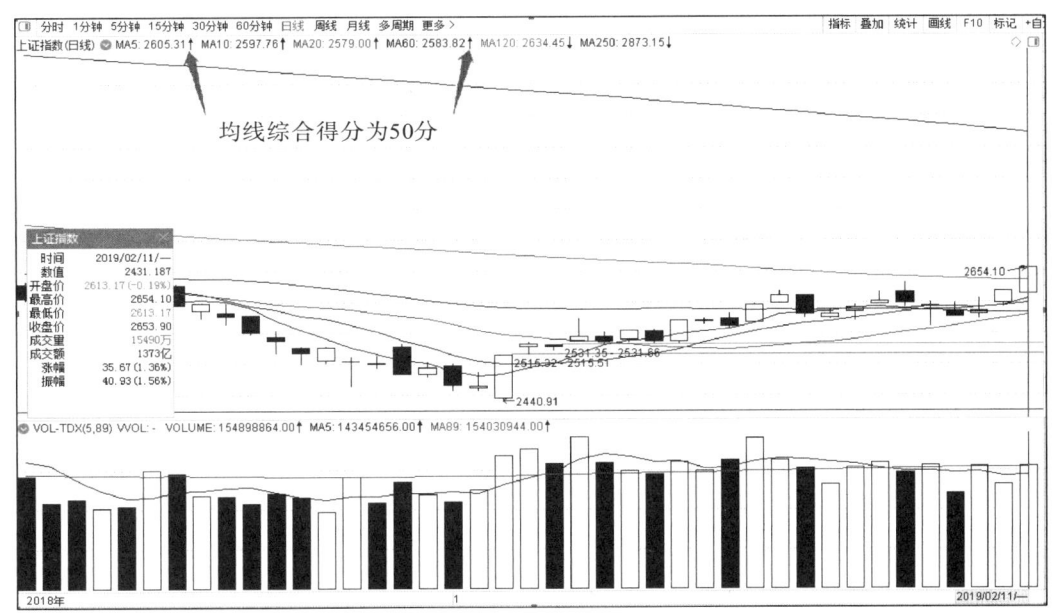

图3-6 上证指数（股票代码000001）

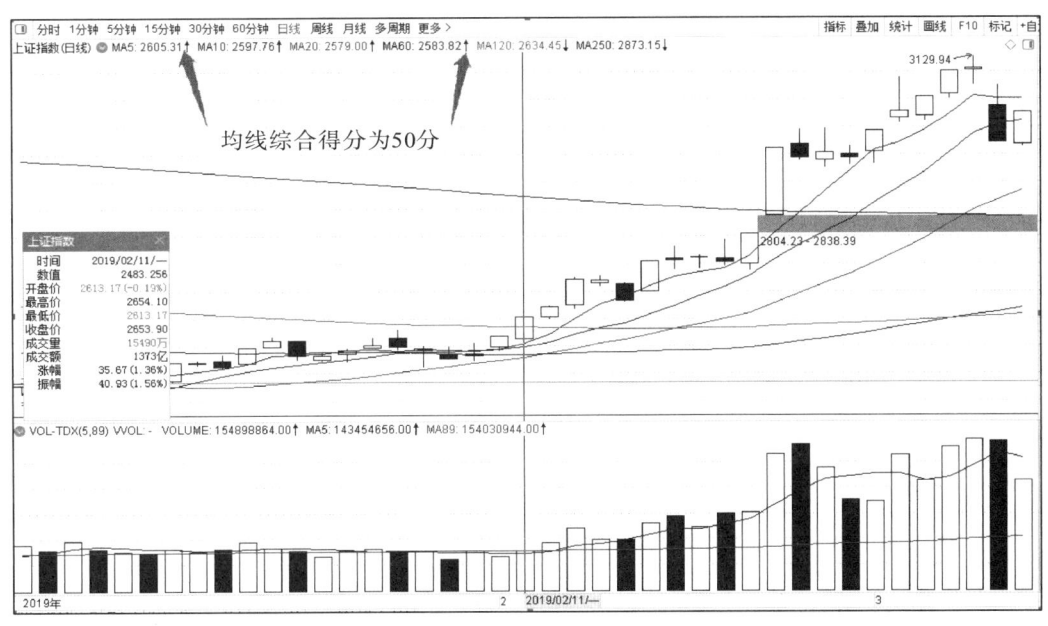

图3-7 上证指数（股票代码000001）

二、如何设置均量线

（一）什么是均量线

均量线是股票在运行中，反映一定时期内市场平均成交情况的技术指标，是在股票成交量的柱体中形成的比较平滑的曲线。通常情况下均量线的参数有5日均量线（MA5）、10日均量线（MA10）、40日均量线（MA40），"均线为王"系列丛书统一将均量线的参数设置成5日均量线（MA5）和89日均量线（MA89）。

在有均量线的成交量图中，可以看出均量线在成交量的柱条图之间穿梭波动，从而推动股价变动的趋向。在上涨行情初期，均量线随股价不断创出新高，显示市场人气的聚集过程。行情进入尾声时，尽管股价再创新高，均量线多已衰退疲软，形成价量分离，这时市场追高跟进意愿发生变化，股价接近峰顶区。

（二）均量线的应用

（1）当均量线和股价线同时下降时，说明股价下降时无主力托盘，后市看淡（即下跌无须量的配合理论）。

（2）当股价线下降而均量线不降反升时，说明有主力托盘（长期下跌底部放量见底原理），可以关注，待股价走出一组企稳K线时进场。

（3）当均量线与股价线同时上升时，表明上升得到成交量的支持，后市积极看多。

（4）当股价线上升而均量线不升甚至下行时，说明股价的上升已进入末期，成交量是极度萎缩的。

（三）为什么参数设置成5日均量线（MA5）和89日均量线（MA89）

5和89这两个数字分别来源于斐波拉契数列，斐波拉契数列一直被认为是大自然中的神奇数字。它的相邻两项之商趋近黄金分割0.618，与之相关的0.191、0.382和0.500等数字，构成了股市中市场时间和空间计算的重要节点。它是微观数据的一种宏观显示，就像大自然中的时间节奏、能量运动的基本节律一样，斐波拉契数列就是股市数据中跳动的和弦。

作为短周期的5日均量线如果能上穿长周期的89日均量线，说明主力的能量已经蓄势很久了。

(四)设置均量线的步骤

(1)打开软件的K线交易页面,如图3-8所示。

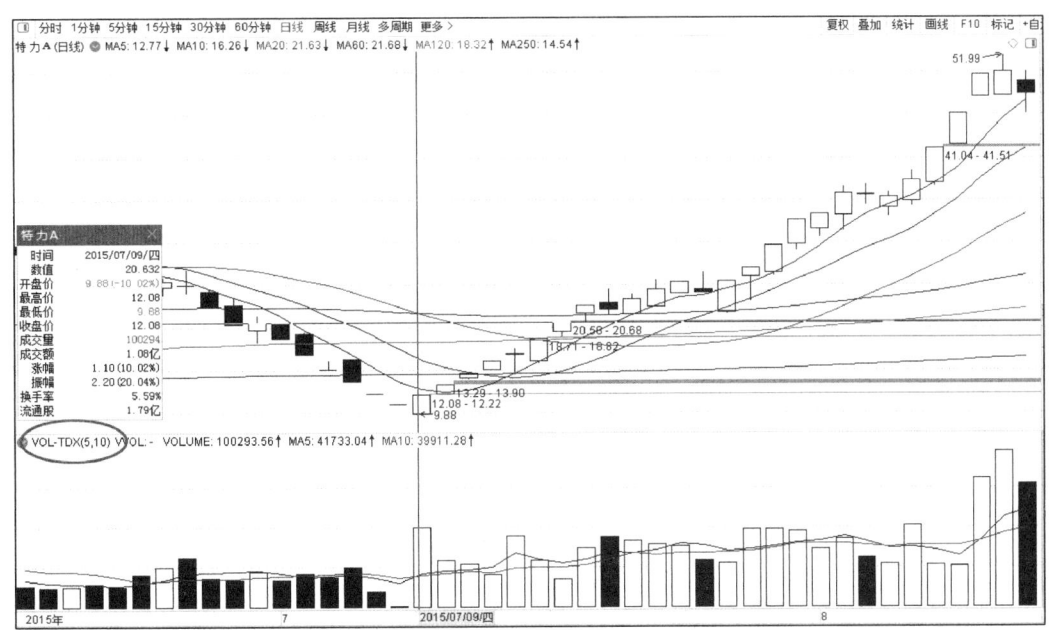

图3-8

(2)右键点击图3-8的椭圆形部分,就弹出一组对话框,点开"指标参数调整",如图3-9所示。

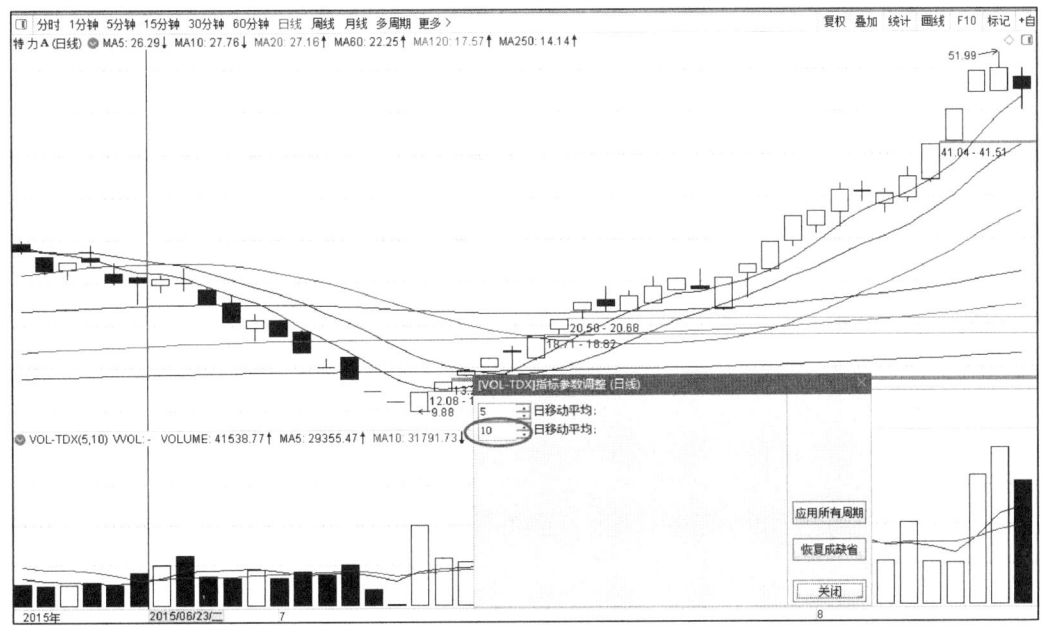

图3-9

（3）将图3-9中的椭圆形里面的数字"10"改成"89"，点击右下角"关闭"即可，如图3-10所示。

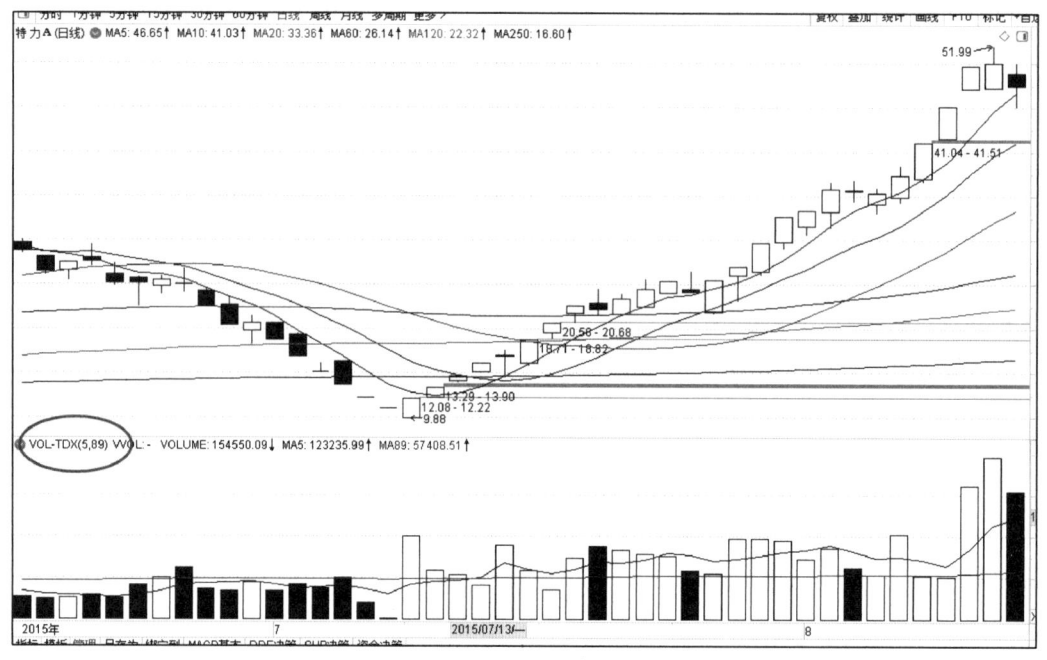

图 3-10

完成了以上几个步骤，一套完整的可以让你轻松看盘的系统就一目了然了。

第四章 底部启动的均线实战

DISIZHANG

中小投资者最怕什么？在追求高收益的同时，他们也最害怕风险，抄底是大部分股民梦寐以求的事，因为底部意味着风险小，但是有人说地板下面还有地下室，地下室下面还有十八层地狱，那么如何判断真正到底即将启动呢？我们来看看股票底部启动的均线特征。

均线首次黏合向上发散的技术特征有以下几点：

（1）出现在长期下降趋势末期或长期上升趋势初期。

（2）5日、10日和20日均线收敛，形成均线黏合形态。

（3）股价或指数向上突破均线黏合形态，均线向上多头发散。

从平均成本的角度看，均线黏合表示市场内各均线周期的平均持仓成本相同，黏合的时间越久，平均成本相同的筹码就越多。

一、"金银山谷"里寻宝藏，稳操胜券

看过《盗墓笔记》的人都知道，闹市区是没有宝藏的，随着城市建设的快速发展，

挖掘机能到的地方一般是没有宝物的，因为早就被人捡走了，所以影视作品中的宝藏大部分都会藏在人迹罕至的山谷里面，所以称"金银山谷"寻宝藏。

图形特征：

（1）60个交易日内出现最低价，有双零抄底信号更好。

（2）有一根跳空向下的缩量K线。

（3）出现过至少连续四根小阳线。

（4）当天K线的收盘价站稳10日均线，K线是涨幅大于5％的阳线，可以有上下影线，最低点在20日均线之上，而且必须是连续3天同时站稳10日、20日均线，表明多方市场已经聚集上攻能量，是见底信号，后市看涨。

60日均线以下的称为"银山谷"，60日均线以上的称为"金山谷"，因为"金山谷"比"银山谷"赚钱快。

均线特征： 5日均线先上穿10日均线，然后上穿20日均线，而后10日均线上穿20日均线且20日均线上翘角度大于10°。由此3个节点形成的图形，有三角形或狭长型等不规则图形，酷似我们所见到的山谷地带，故称为"银山谷"。

在60日均线以上同样5日均线先上穿10日均线，然后上穿20日均线，而后10日均线上穿20日均线，由于此时已经站稳60日均线，股价进入快速拉升期，所以称为"金山谷"。

成交量特征： 5日均量线必须上穿89日均量线，且当天量柱大于5日均量线。

市场逻辑： 出现60日内最低价说明筹码已经很便宜了，再加上跳空向下的缩量K线，说明空方已经是强弩之末了，随着五连阳的出现，说明有主力偷偷建仓，10日均线上穿20日均线证明1个月内的持股人群都获利了。

买入条件： 经过主力底部操作之后，股价成功站稳20日均线，说明近1个月内的参与者都赚钱了，主力也会利用这个机会继续拉升股价，以达到脱离建仓成本区的目的。

（1）均线黏合的时间越长，股价或指数突破后，上涨的力度就越大。

（2）股价或指数向上突破均线黏合形态，以及均线向上发散初期，如果成交量同步放大，那么信号的可靠性更强一些。

（3）趋势下行的60日均线之下出现均线首次黏合向上发散形态，有可能是长期下降趋势的中期反弹行情，交易者买入时要控制仓位。等到股价或指数向上突破60日均线且60日均线上行时再加仓买入。

5日均线上穿10日均线后，10日均线上穿20日均线且股价站稳3天，逢阳线买入,不能在阴线买入,因为收阳线说明收盘价高于开盘价,是多方占取主动权,反之收阴就是空方占取了主动权,关键空方占取主动权后,我们不能确定它回调的幅度和时间。

持股5至20个交易日,大概能获取10%以上的收益,遇到60日均线压力就可以止盈出局。

及时止损:股价跌破20日均线或者5日均线走平或者掉头且量柱低于5日均量线,清仓观望。

实战案例一　如图4—1所示航天发展(股票代码000547)2018年10月19日主力用一个跳空跌,止住了下跌的趋势,同时出现了6.46元的夹板双零抄底信号。次日跳空一线天,拉出1个准涨停板,后来的股价出现"金凤还巢"形态,再也没有跌破10月22日的涨停板。随后,股价一路震荡向上,再用一组连续收出的小阳线完成了强有力的吸筹动作,并于11月的时候,5日、10日均线上穿20日均线后完成了"银山谷"的底部形态,底部特征明显,随后股价便开始拉升,直到遇到前面压力位,股价才止住了上涨的势头。如图4—2所示。

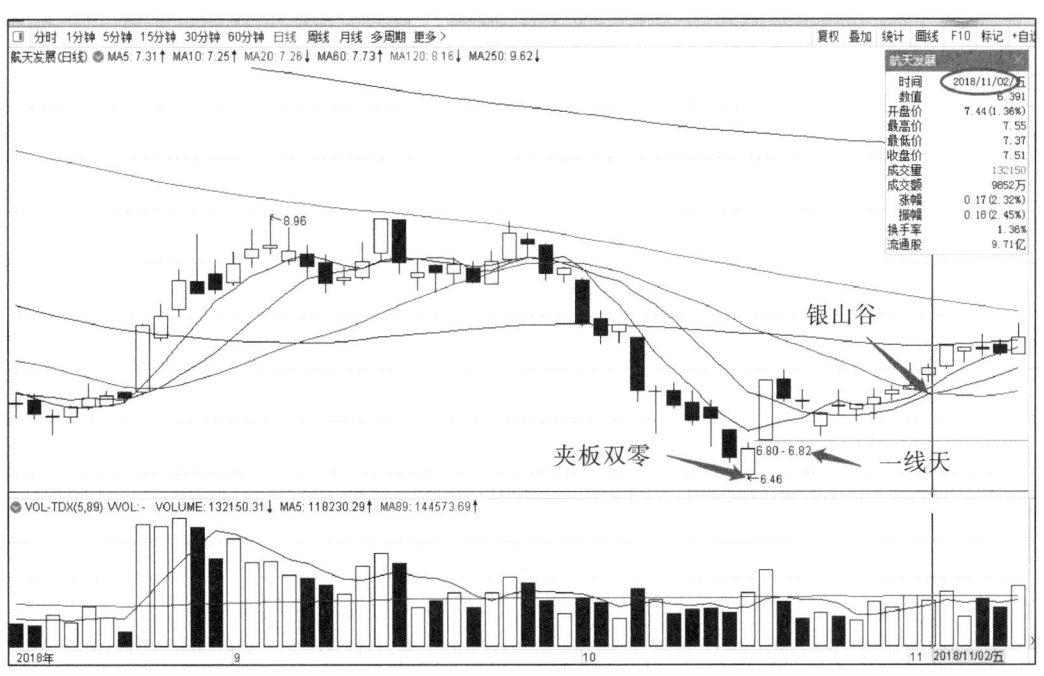

图4—1　航天发展(股票代码000547)

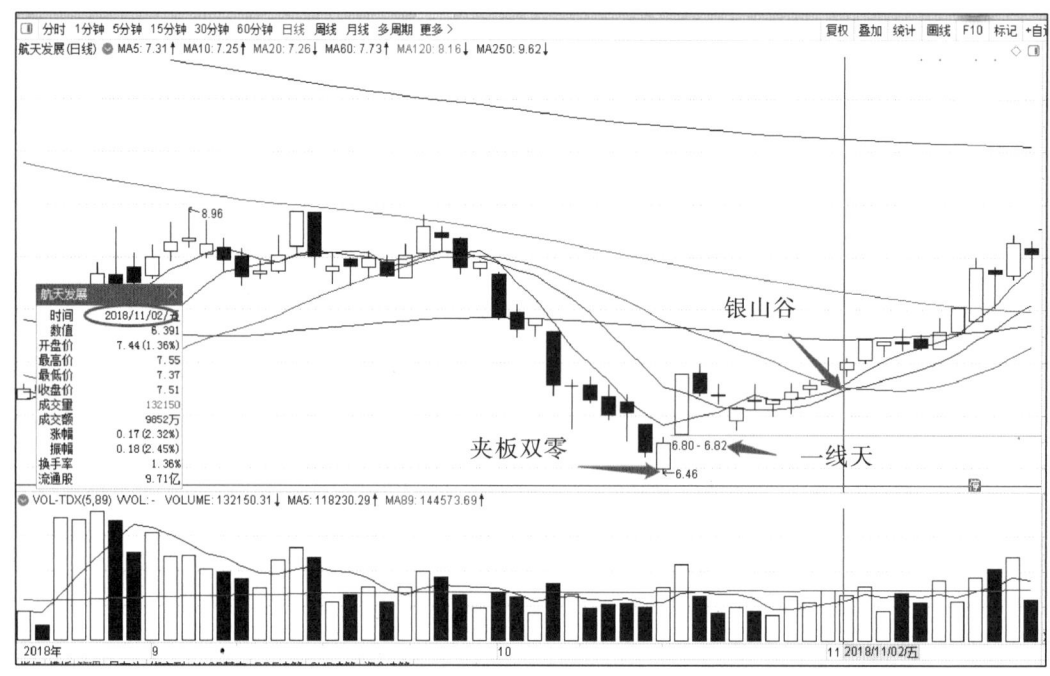

图4－2　航天发展（股票代码000547）

实战案例二　如图4－3所示江铃汽车（股票代码000550）2018年10月19日，主力用"日月同辉"的组合形态止住了下跌的趋势，同时也开启了它的拉升之路。从10月30日至11月2日，主力再次用四连阳的吸筹模式将股价拉升到60日均线的重要压力位。遇到阻力开始回调，同时10日均线上穿了20日均线，完成了"银山谷"的底部形态。由于20日均线后面的箭头方向向下，只能记0分，所以此时均线综合得分20分，虽然完成了"银山谷"的形态，但是20日均线上翘角度还小于10°，不符合"银山谷"的所有特征，一周以后，20日均线才完成了上翘角度大于10°。

回调期间我们再看成交量，是非常有节奏的倍量伸缩。大家都知道，主力要想放量多对倒几次就能做到，做到缩量就很难了，需要高度控盘。成交量就像我们钢琴上的键盘，有节奏才能弹出优美的乐曲。如果成交量是杂乱无章的，说明主力暂时不会拉升。经过了大概1个月的横盘整理，如图4－4所示，股价在12月4日再次突破60日均线重要压力位，开启了它的拉升之旅。这个放倍量的阳线特别有意义，同时穿过了密集的四根均线。隔日均线形成了"三均会师"，开启了暴力拉升形态，从此底部形态确认。

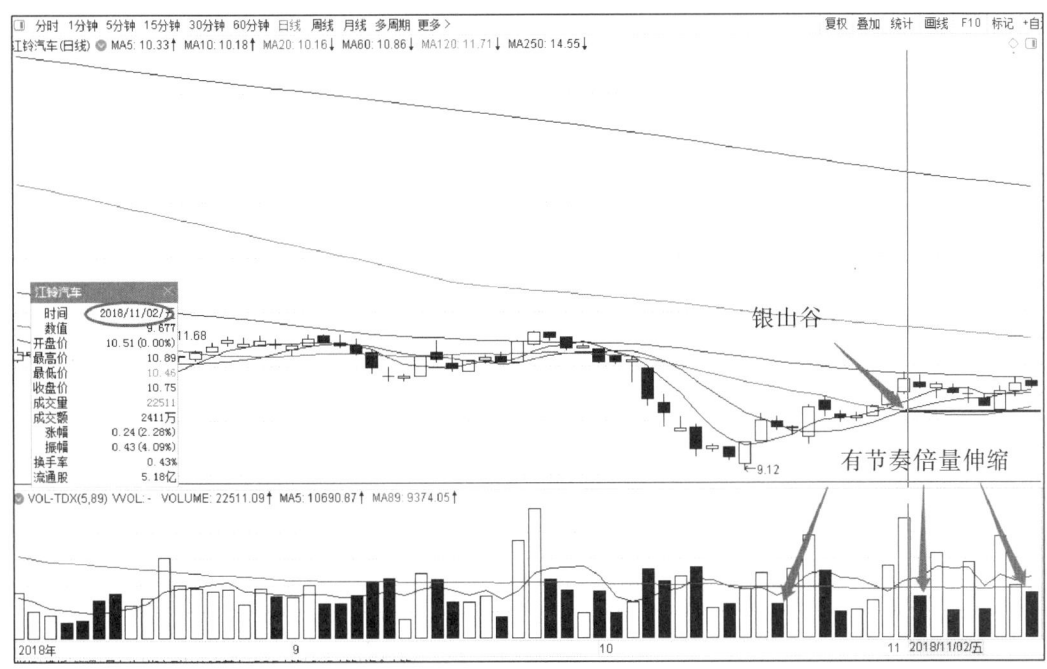

图 4—3 江铃汽车（股票代码000550）

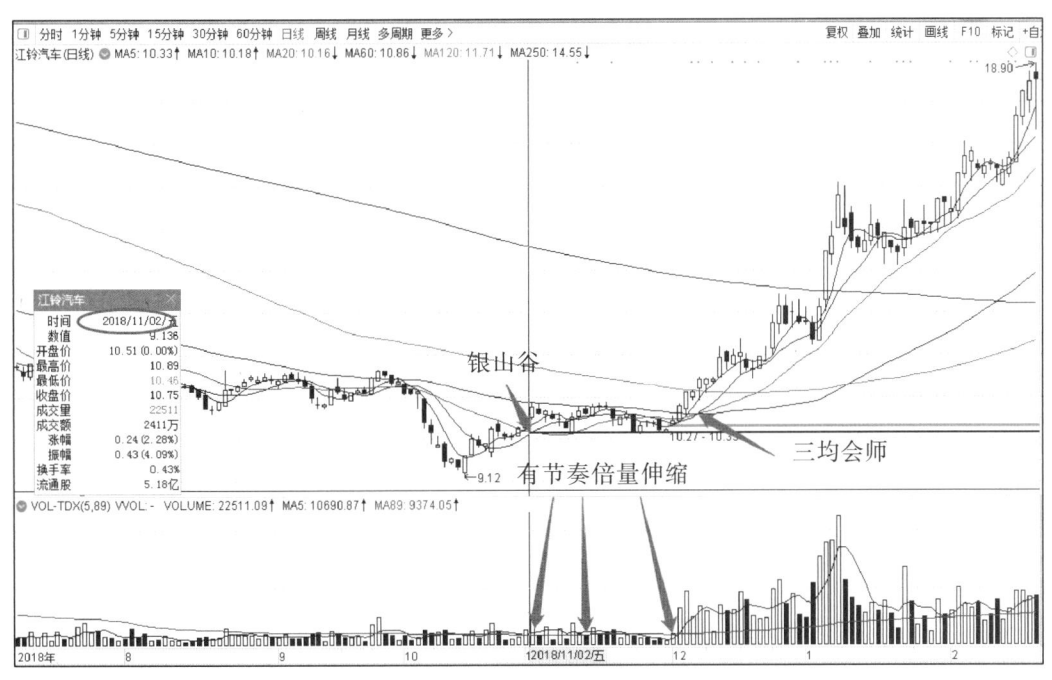

图 4—4 江铃汽车（股票代码000550）

实战案例三 如图 4—5 所示新大洲 A（现名*ST 大洲，股票代码 000571）2018 年 10 月 19 日，此时均线得分为 0 分，主力用一根跳空跌收出的锤头阳线止住了下跌的趋势。然后四连阳奠定了它的筑底过程，也同时开启了它的拉升之旅。11月7日，10日均线上穿了20日均线，"银山谷"形态完成，仅仅过了12个交易日，此时均线综合得分为20分，一个坚实的底部形态确立。如图4—6所示，随后海南自贸区热点题材又助力股价再上一个新台阶。

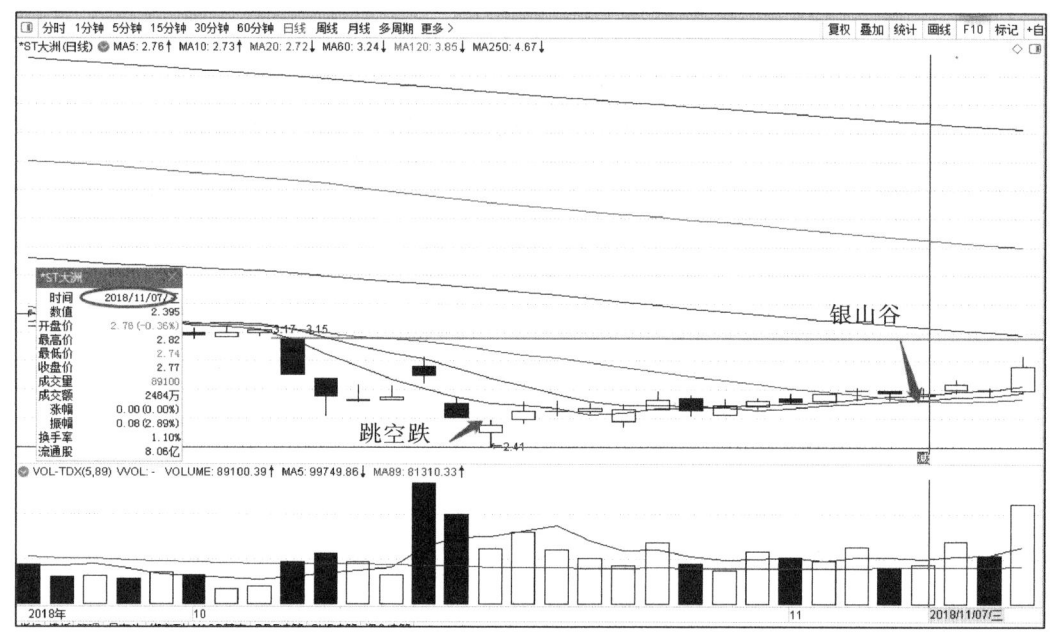

图4—5　新大洲A（现名*ST大洲，股票代码000571）

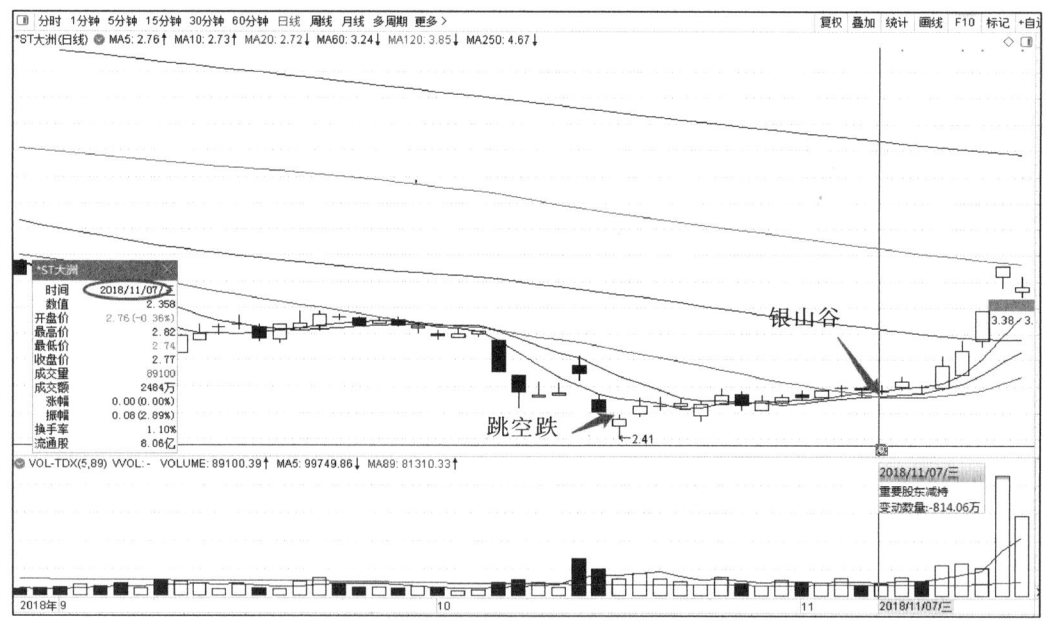

图4—6　新大洲A（现名*ST大洲，股票代码000571）

实战案例四 如图4－7所示中信建投（股票代码601066）2018年10月29日，10日均线上穿20日均线，均线综合得分为20分，完成"银山谷"形态，量价配合完美，于是股价一路震荡走高。

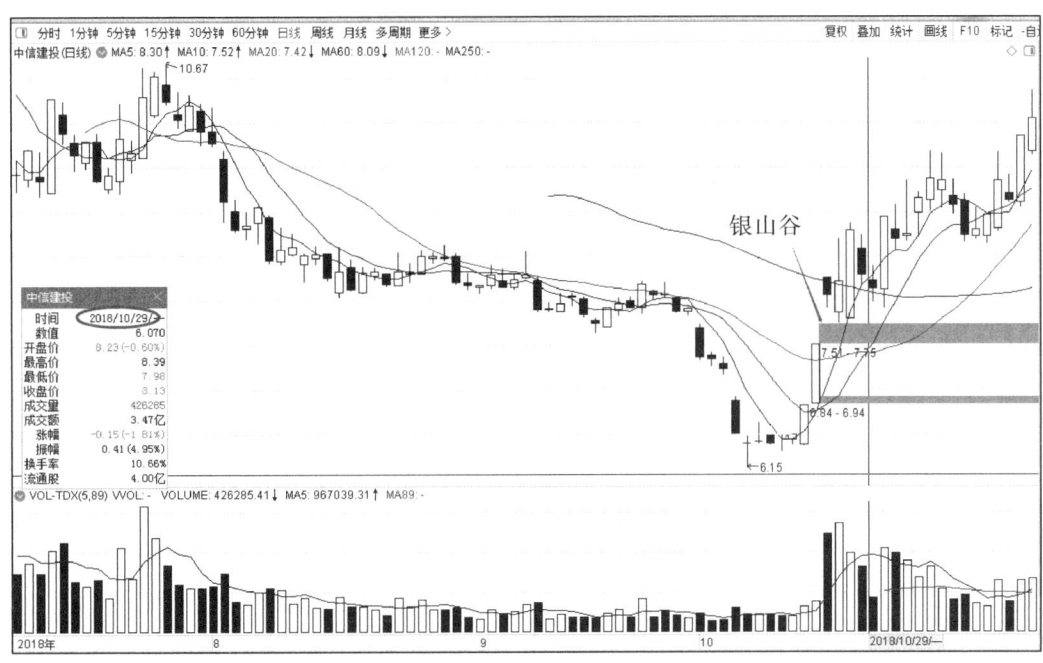

图4－7 中信建投（股票代码601066）

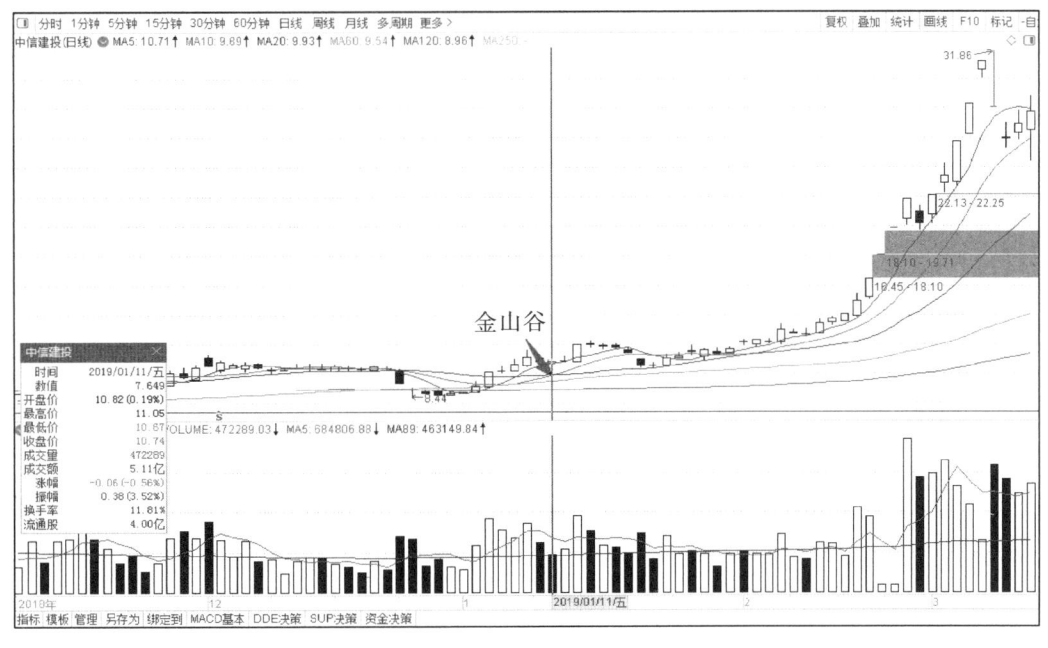

图4－8 中信建投（股票代码601066）

尤其股价在 2019 年 1 月 11 日，均线综合得分为满分后（次新股没有 250 日均线，所以前面五条均线为满分，详情见本书第六章第一节），完成"金山谷"暴涨形态后，股价更是一飞冲天。如图 4－8 所示。

实战案例五　　如图 4－9 所示白云山（股票代码 600332）2018 年 3 月 6 日，10 日均线上穿 20 日均线完成"银山谷"形态，虽然均线综合得分只有 20 分，但是由于量价配合完美，5 日均线的攻击力度强，于是股价一路震荡走高。

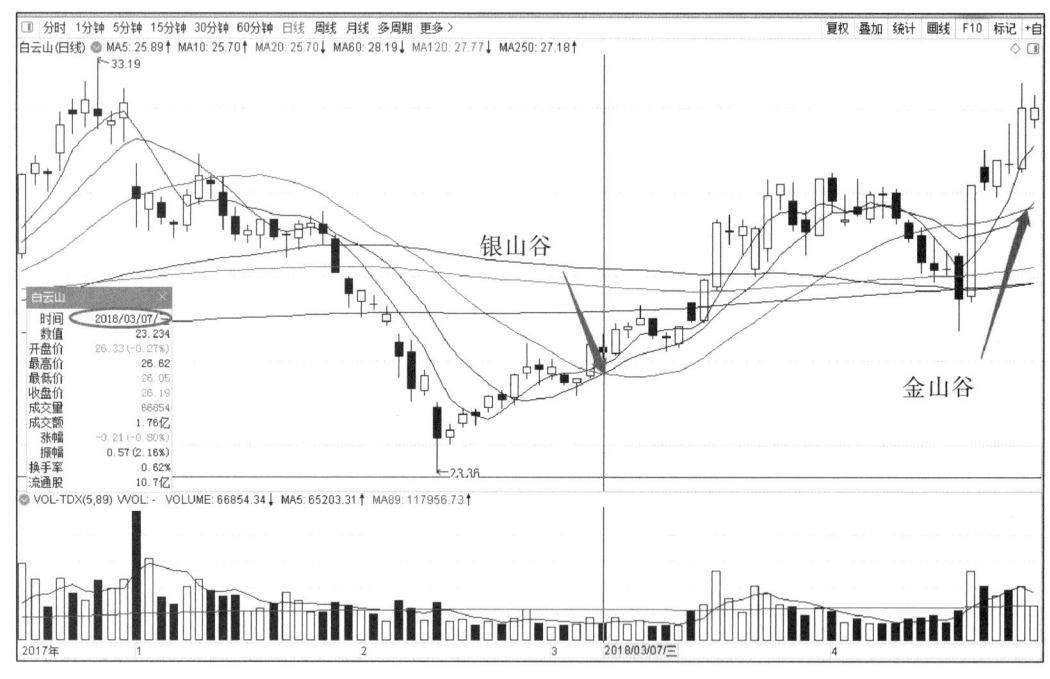

图 4－9　白云山（股票代码 600332）

等股价站稳 60 日均线后，于 2018 年 4 月 26 日，10 日均线再次上穿 20 日均线，完成了"金山谷"形态，如图 4－10 所示。此时离"银山谷"完成仅仅过了 1 个多月的时间，均线综合得分变为满分 100 分，主力实力可见一斑。此后，股价便一路暴涨，短短半个月的时间，涨幅便超过了 40% 之多。

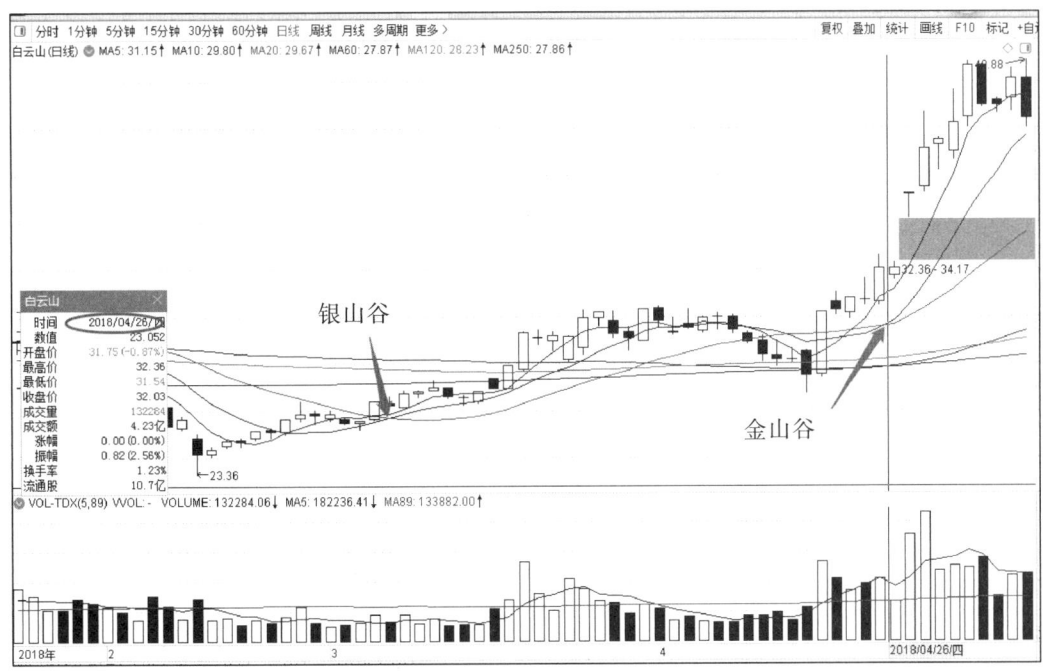

图 4—10 白云山（股票代码 600332）

实战案例六 如图 4—11 所示麦捷科技（股票代码 300319）2018 年 11 月 7 日，10 日均线上穿 20 日均线完成"银山谷"，20 日均线当天没有分数，当天均线综合得分只

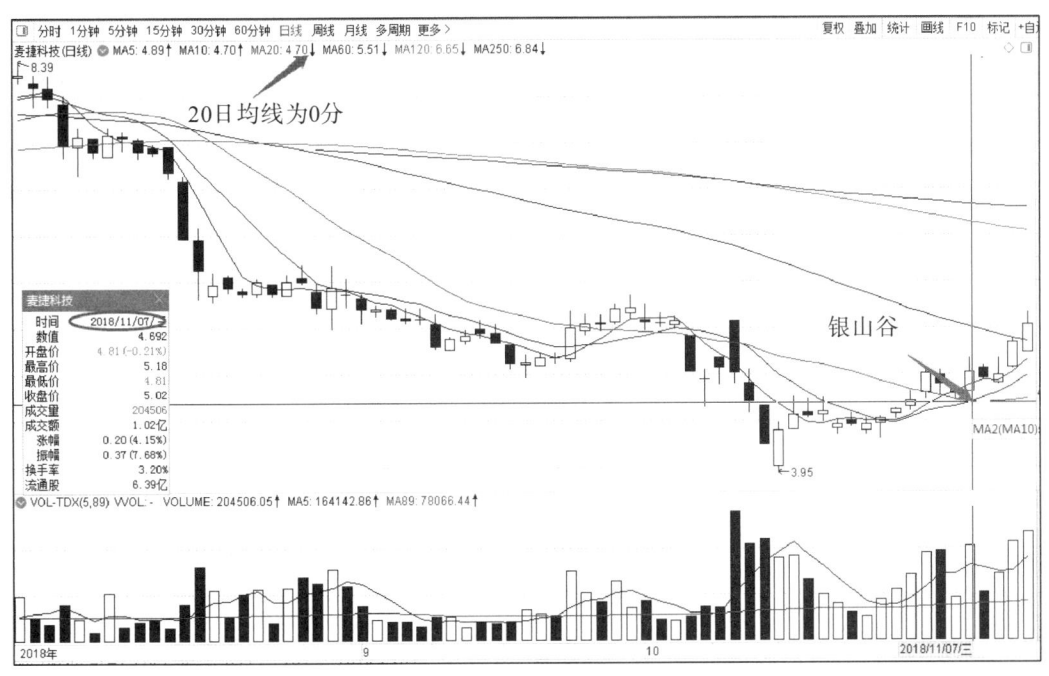

图 4—11 麦捷科技（股票代码 300319）

有 20 分，因为量价配合完美，股价还是一路震荡走高。2019 年 1 月 9 日完成"三均会师"后均线综合得分 40 分，随后的 3 个交易日便收获了 2 个涨停板。如图 4－12 所示，直到 3 月 13 日 8.88 元的双零逃顶信号出现，本轮行情才告一段落。

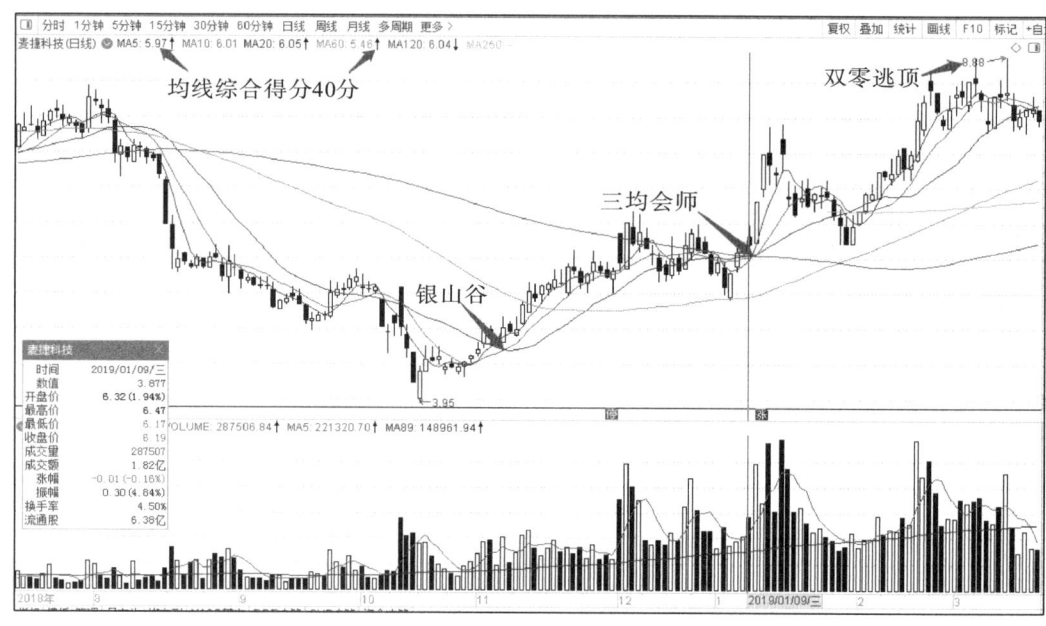

图 4－12　麦捷科技（股票代码 300319）

实战案例七　如图 4－13 所示云图控股（股票代码 002539）2019 年 1 月 15 日，10 日

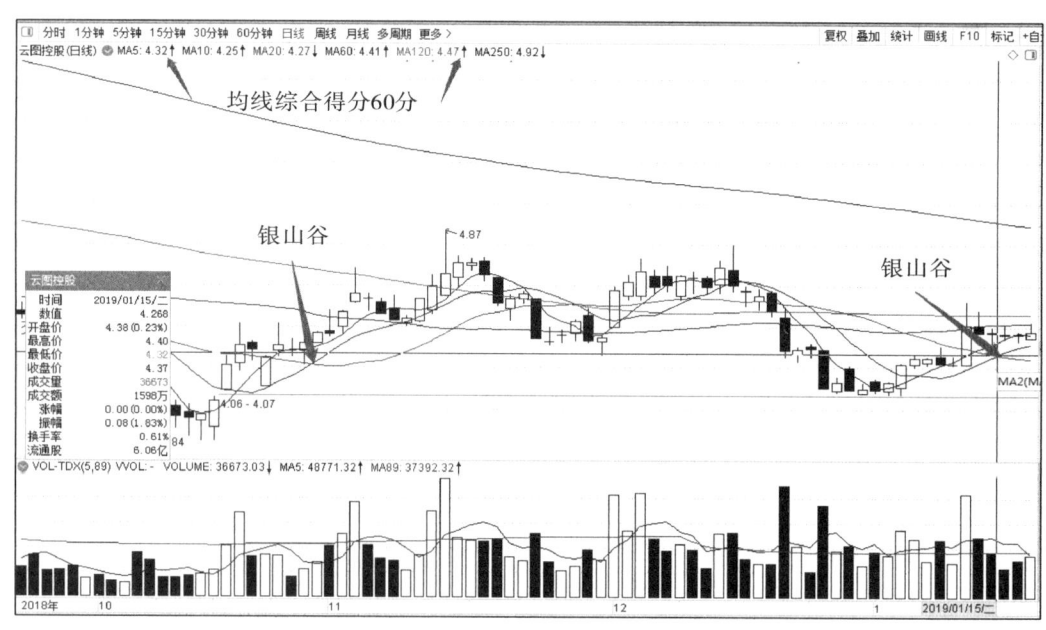

图 4－13　云图控股（股票代码 002539）

均线上穿 20 日均线完成"银山谷"形态,当天的均线综合得分为 60 分,且后来的连续 4 天的收盘价都在 4.37 元,说明主力控盘非常好,1 月 21 日便收获了 1 个涨停板。如图 4－14 所示,后来遇到 250 日均线的压力后经过短暂回调,继续拉升,直到出现 5.49 元的双零逃顶,奔波拉升行情才结束。

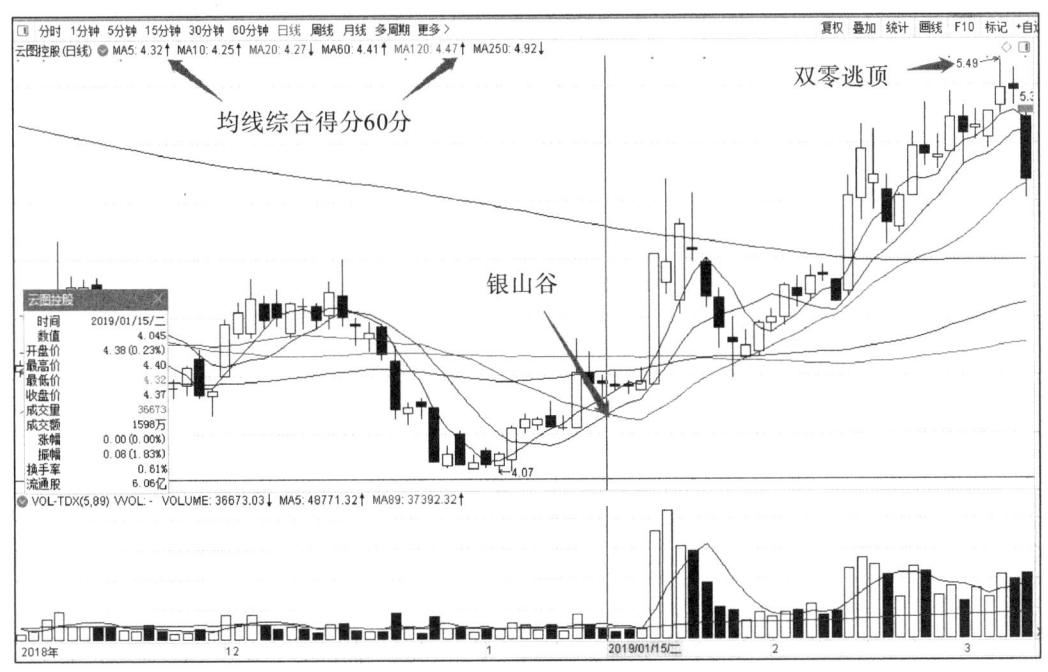

图 4－14　云图控股（股票代码 002539）

实战案例八　如图 4－15 所示融捷股份（股票代码 002192）2018 年 10 月 30 日,主力用 12.21 元双零抄底信号,止跌企稳。11 月 6 日,10 日均线上穿 20 日均线,完成"银山谷"形态,量价配合完美,当天便用涨停板突破了 60 日均线的重要压力位,再加上 2018 年 11 月 5 日的跳空高开"护城河",股价一路震荡走高,连续拉出 3 个涨停板。

如图 4－16 所示,直到 11 月 9 日遇到 120 日均线压力,经过短暂的横盘整理,股价又继续拉升,遇到 23.32 元的双零逃顶信号,这波行情才完美谢幕。

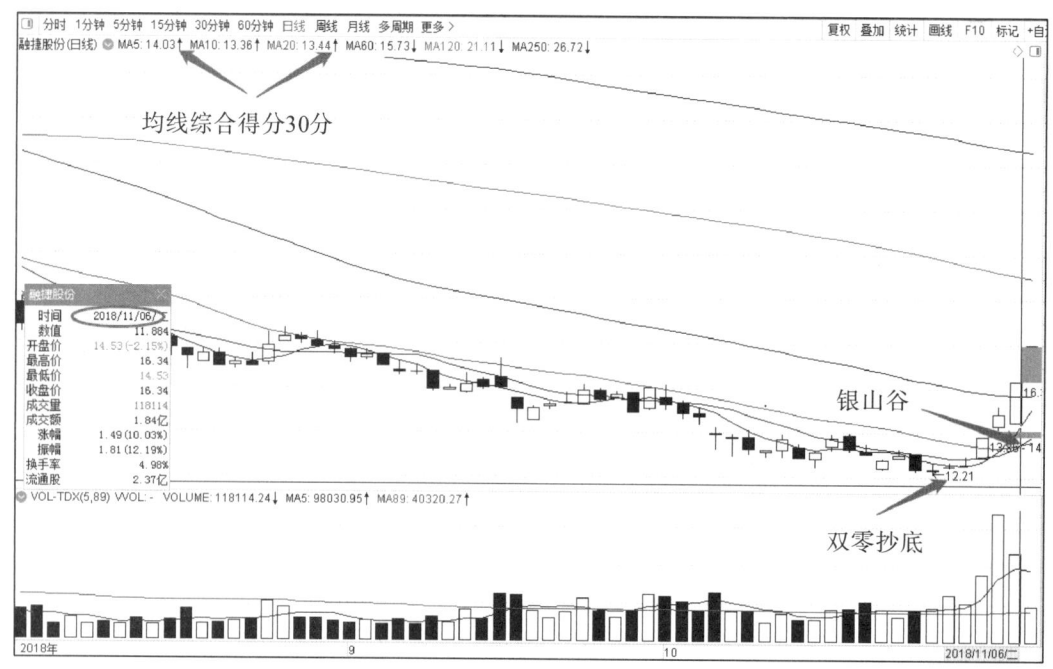

图4—15 融捷股份（股票代码002192）

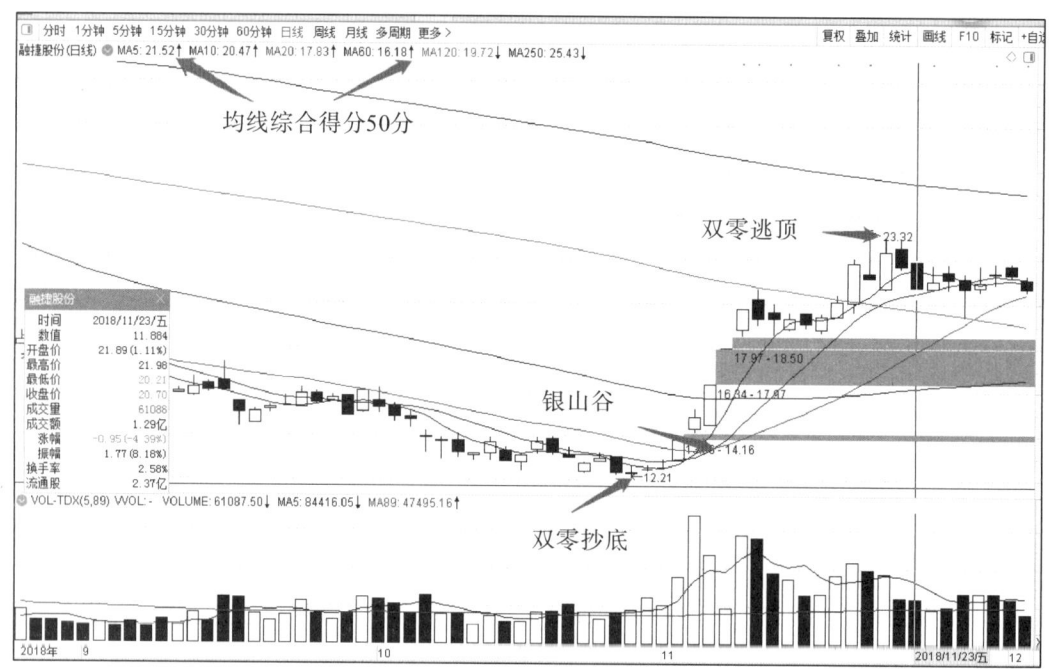

图4—16 融捷股份（股票代码002192）

股票价格经过较长时间缩量下跌或在低位横盘且运行在60日均线之下，此时介入，赢利机会很小；价格一旦突破60日均线且成功站稳在均线之上，突破时如有成交量的有效放大配合且随后5日、10日均线形成黄金交叉则更好，此时介入的获利机会较大，如果股票出现了"银山谷""金山谷"加上跳空一线天等经典暴涨形态组合，一定不要放过。本选股法适合完美型和平和型的人采用。

二、"黄金砖"后的印钞行情

"黄金砖"形态酷似两颗钻石的大头拼接。

图形特征："黄金砖"不同于由三根均线组成的"金山谷"和"银山谷"，而是由四根均线组成，小周期均线上穿大周期均线，即由5日均线在左侧上穿60日均线、120日均线或250日均线，右侧由10日均线上穿60日均线、120日均线或250日均线，并且250日均线、120日均线和60日均线是自上而下排列，由左侧的5日均线和右侧的10日均线与上穿的大周期均线形成不规则菱形，故称之为"黄金砖"。

均线特征：不能有股价探到这个不规则菱形区域内，或者偶尔探到。收盘价需收到这个区域之上。

成交量特征：量柱一定要大于5日均量线，并且5日均量线必须上穿89日均量线。

市场逻辑：既然5日均线和10日均线能同时上穿大周期均线，说明此股短期就能把大周期的套牢盘解放，上涨力度强劲。

买入条件：当左侧5日均线上穿时就可以轻仓试探，右侧10日均线上穿时加仓。

及时止损：跌破最下面均线的支撑出局观望。

实战案例一 如图4－17所示特力A（股票代码000025）可谓"妖股之王"，让我们看看它的妖股之旅。2015年股灾之后，大概只有特力A这只股票在2015年7月9日，均线综合得分为50分，随后一根从跌停到涨停的地天板拉开了主力进攻的序幕，7月15日，5日均线和20日均线分别上穿了250日均线和120日均线，同时右侧10日均线紧随其后，也分别在7月17日、22日依次上穿了250日均线和120日均线，在7月22日完成了第一组"黄金砖"，从7月9日的50分快速完成了均线综合得分100分的成长，后来又出现了多组"黄金砖"的复合形态，股价未来的走势十分惊艳，短期就走出了从10元到50元的5倍上涨行情。如图4－18所示。

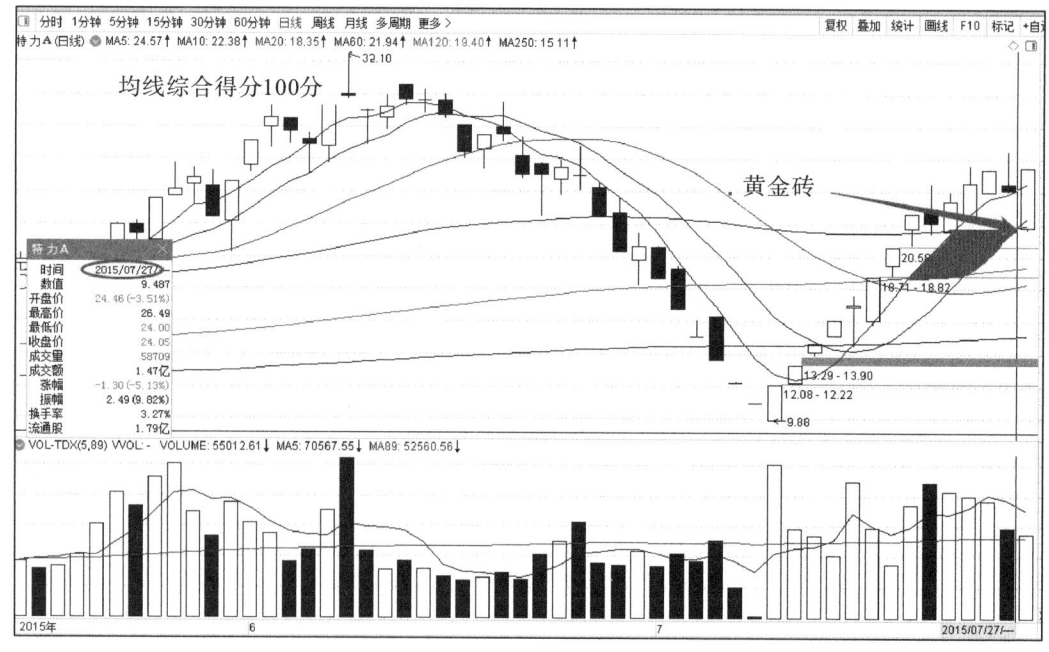

图 4—17 特力 A（股票代码 000025）

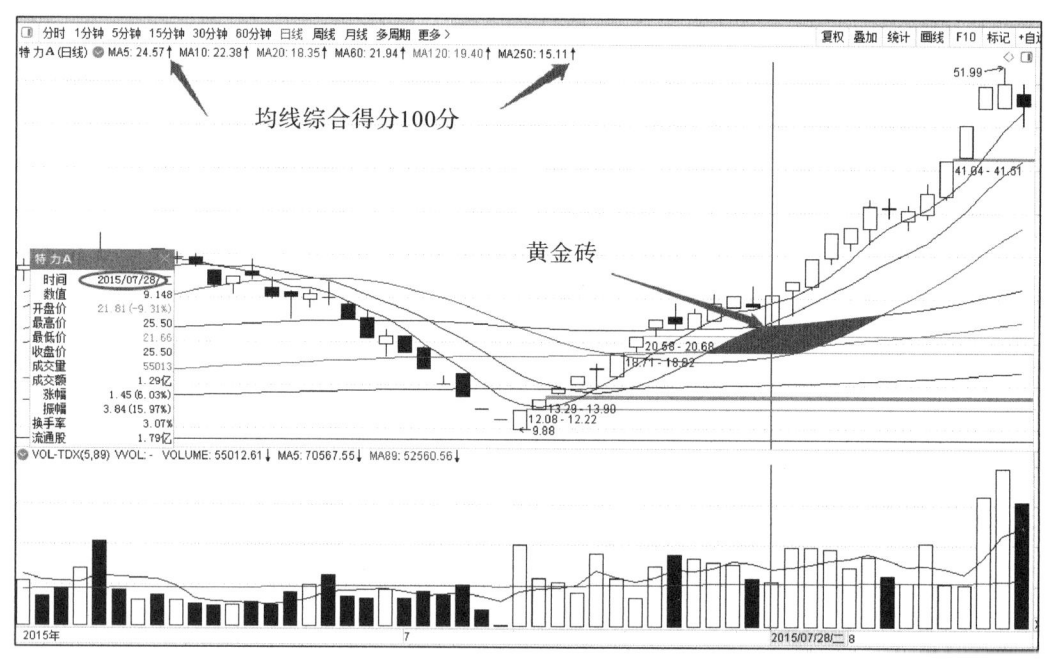

图 4—18 特力 A（股票代码 000025）

实战案例二 如图 4—19 所示白云山（股票代码 600332）2018 年 3 月 20 日，5 日均线依次上穿大周期均线，同时 2018 年 3 月 21 日，10 日均线也紧随其后完成了 4 日之内上穿大周期均线的动作。5 日均线、10 日均线左右呼应。当天六条均线后面的箭头方向都是向上的，均线综合得分为满分 100 分。随后 20 日均线也如法炮制，完成了主力的暴力吸筹，形成了多组"黄金砖"。2018 年 4 月 19 日，1 个涨停板一阳穿六条均线，拉开了白云山进攻的主升浪序幕。如图 4-20 所示，短短 17 个交易日完成了大约 60% 的涨幅。

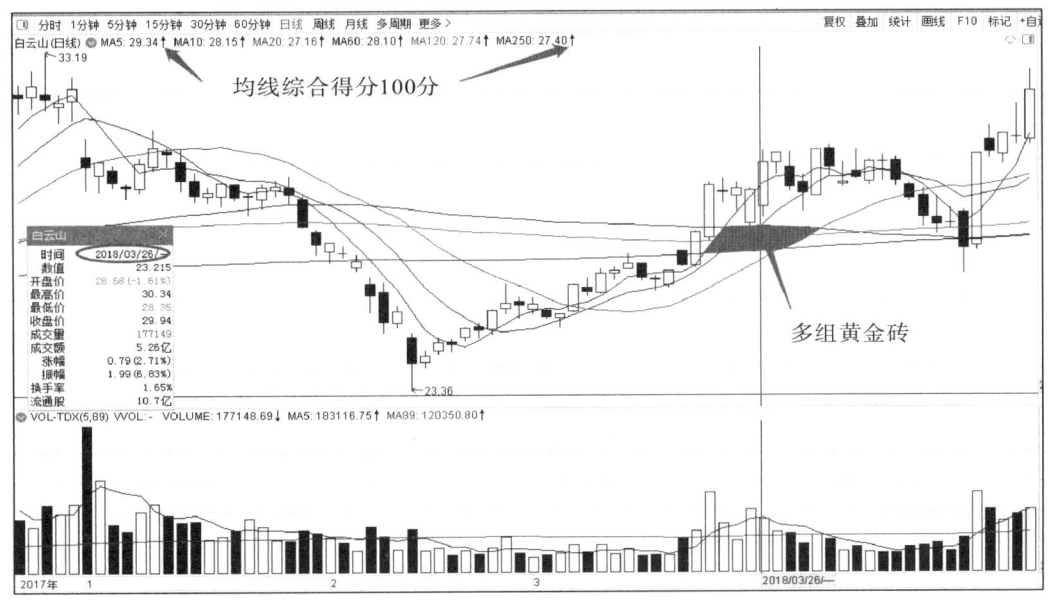

图 4-19　白云山（股票代码 600332）

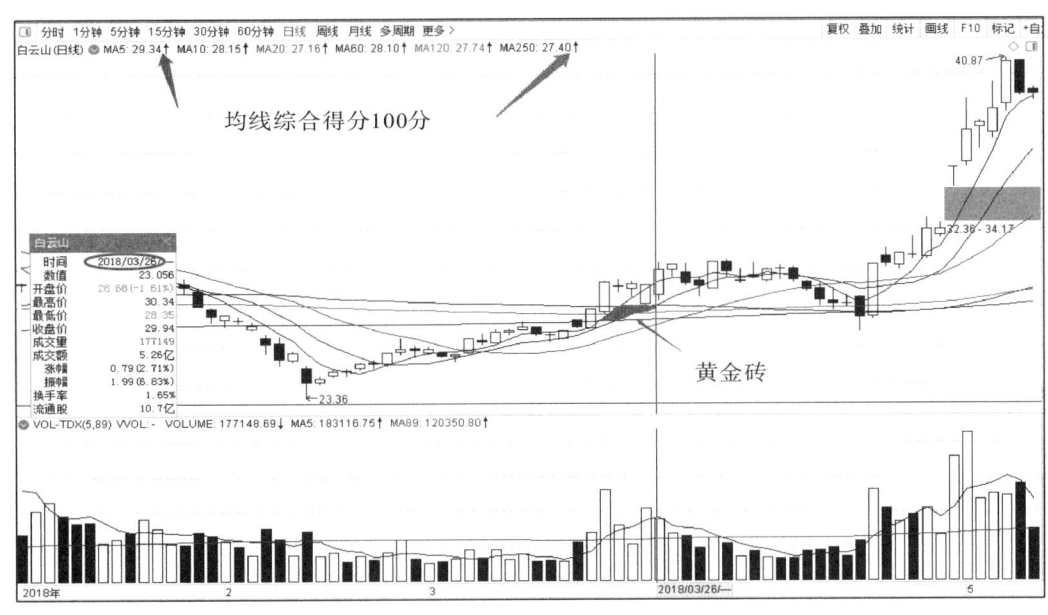

图 4-20　白云山（股票代码 600332）

实战案例三 如图4—21所示第一医药（股票代码600833）2018年12月26日，5日均线自下而上依次上穿了20日均线、60日均线、120日均线等大周期均线，当天均线综合得分为50分。

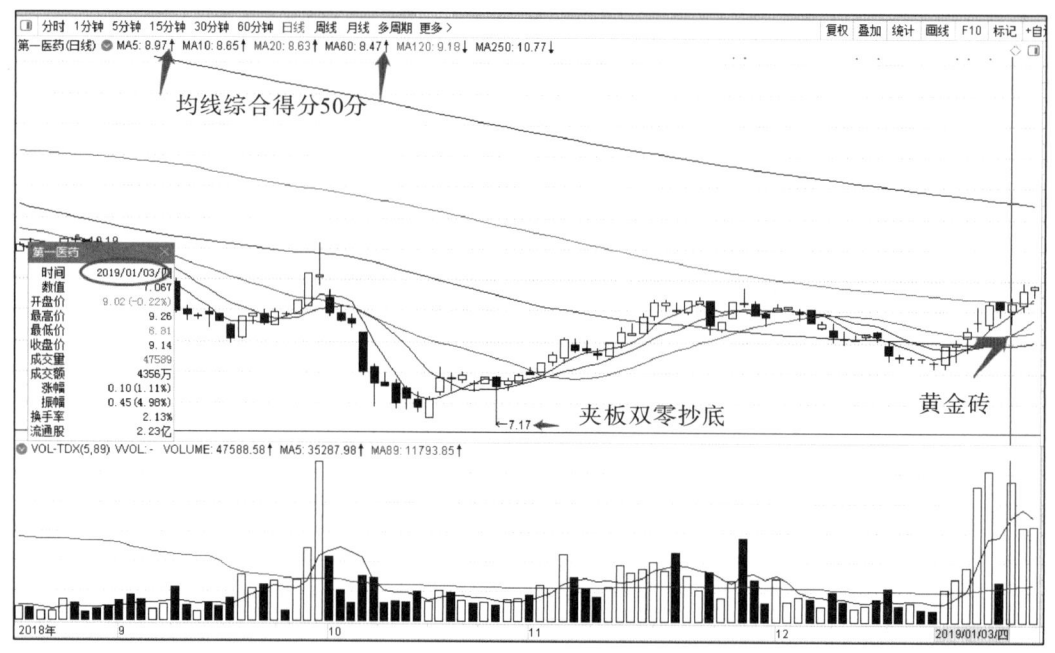

图4—21 第一医药（股票代码600833）

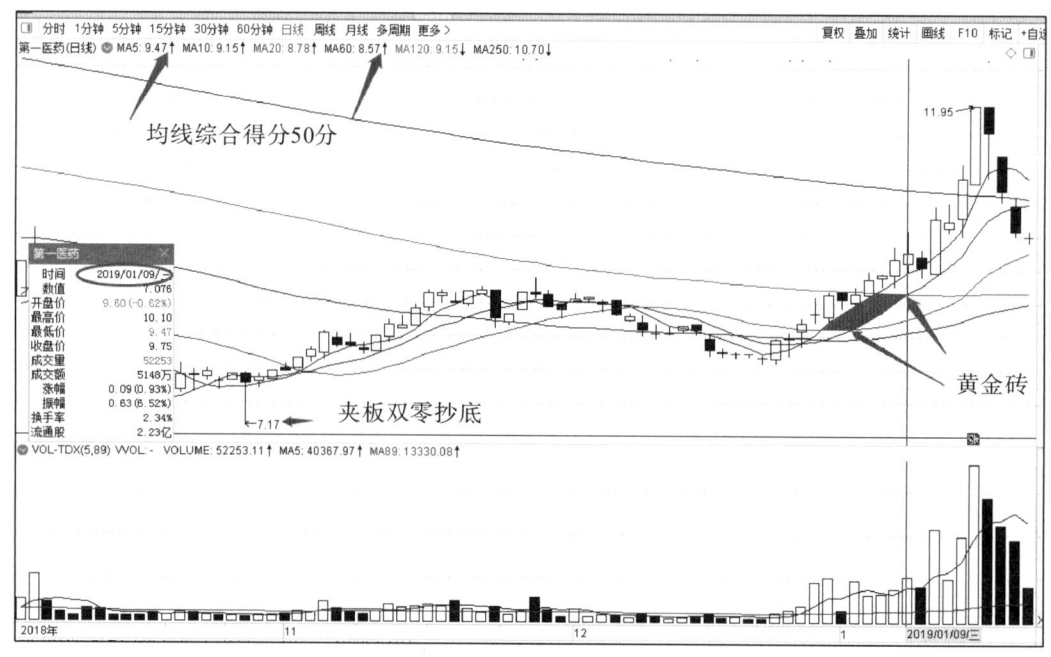

图4—22 第一医药（股票代码600833）

同时2018年12月28日，10日均线也紧随其后完成了4日之内上穿大周期均线的动作。2019年1月10日完成两组"黄金砖"，如图4－22所示，5日均线、10日均线左右呼应，完成了主力的暴力吸筹。走出了不"破五"的一波行情。

实战案例四 如图4－23所示合力泰（股票代码002217）2019年1月10日、11日两天，5日均线依次上穿20日均线、60日均线，同时2019年1月14日、16日，10日均线也紧随其后分别完成了上穿大周期均线的动作。5日均线、10日均线左右呼应，主力完成了暴力吸筹。虽然当天均线综合得分只有30分，但是主力前期量能充足，又有涨停板做启动，短短1个月左右的时间，股价涨幅也超过了30%。

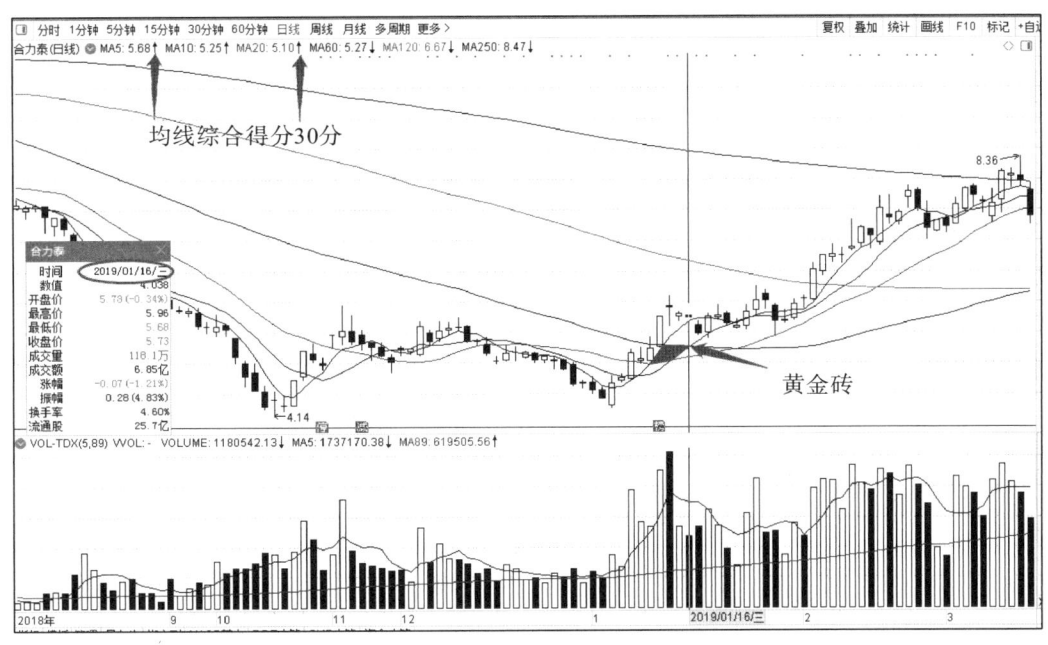

图4－23 合力泰（股票代码002217）

实战案例五 如图所示4－24通威股份（股票代码600438）自2018年10月10日股价连续下跌收出七连阴以来，2018年10月19日，主力觉得筹码已经足够便宜，开始用一根涨幅大于7%的阳线，收集筹码。到10月25日形成了第一组五连阳，随着5日均线上穿10日均线和20日均线。10月31日，10日均线上穿20日均线，形成"银山谷"形态。同时，主力又连续拉出了第二组五连阳，伴随着跳空一线天的经典形态出现，主力连续拉升。10月29日，5日均线上穿20日均线，11月1日上穿60日均线。同时，10月31日和11月2日，10日均线也分别上穿了20日均线和60日均线，5日均线10日均线左右呼应，"黄金砖"形态完成。当天均线综合得分虽然只有50分，但是之后的股价再也没有跌破5日均线。随后主力便开始暴力拉升。

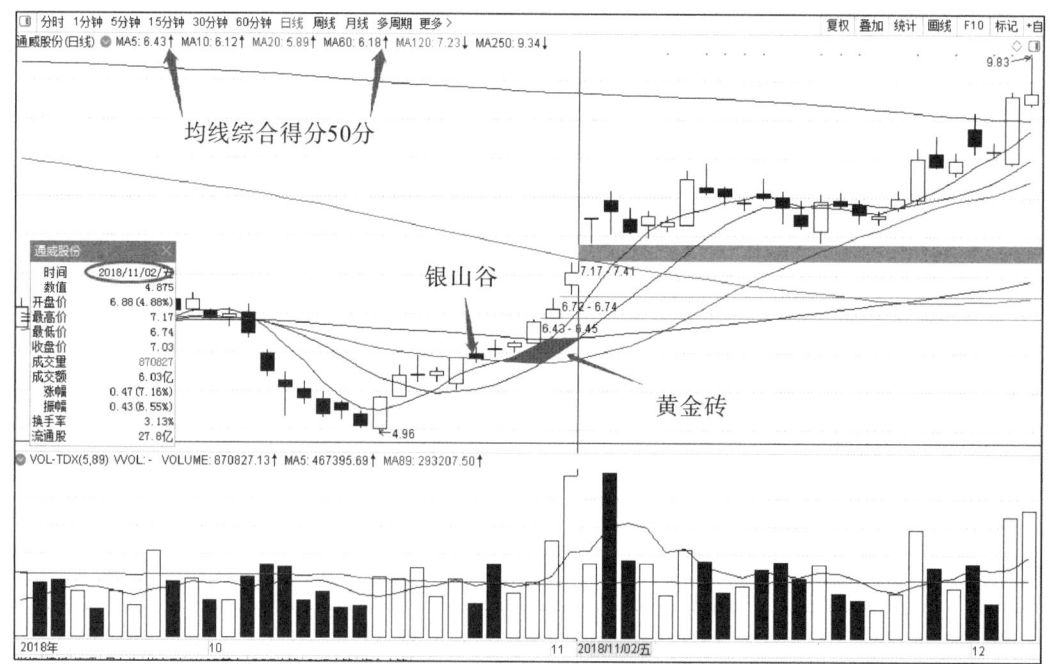

图4-24 通威股份（股票代码600438）

三、"三均会师"——股票的新征程

股票的均线向上成功会师以后，预示着股票进一步拉升，走向新的高度。

图形特征：当天K线的收盘价一定站稳5日均线，同时任意三条均线形成单点金叉，K线必须是涨幅大于5%的阳线，可以有上下影线。

均线趋势：5日均线、10日均线、20日均线、60日均线多头排列，综合得分大于30分。

成交量特征：量柱一定要大于5日均量线，并且5日均量线必须上穿89日均量线，量柱要求放量更好，放量说明多空双方成交意愿强烈（放量不能超过3.8倍，否则主力可能是真出货），缩量也可以，说明主力控盘程度已经很高。

市场逻辑："三均会师"说明当天所有的市场成本都在一个价位，多空双方都认可这个价格。

买入时机："三均会师"出现后的任意一天收阳线时买入。

及时止损：跌破"三均会师"最下面的均线支撑时出局。

实战案例一 如图4-25所示春兴精工（股票代码002547）2018年12月13日股价成功突破重要压力位，站稳120日均线。同时收出了两阳夹一阴的K线形态，这一

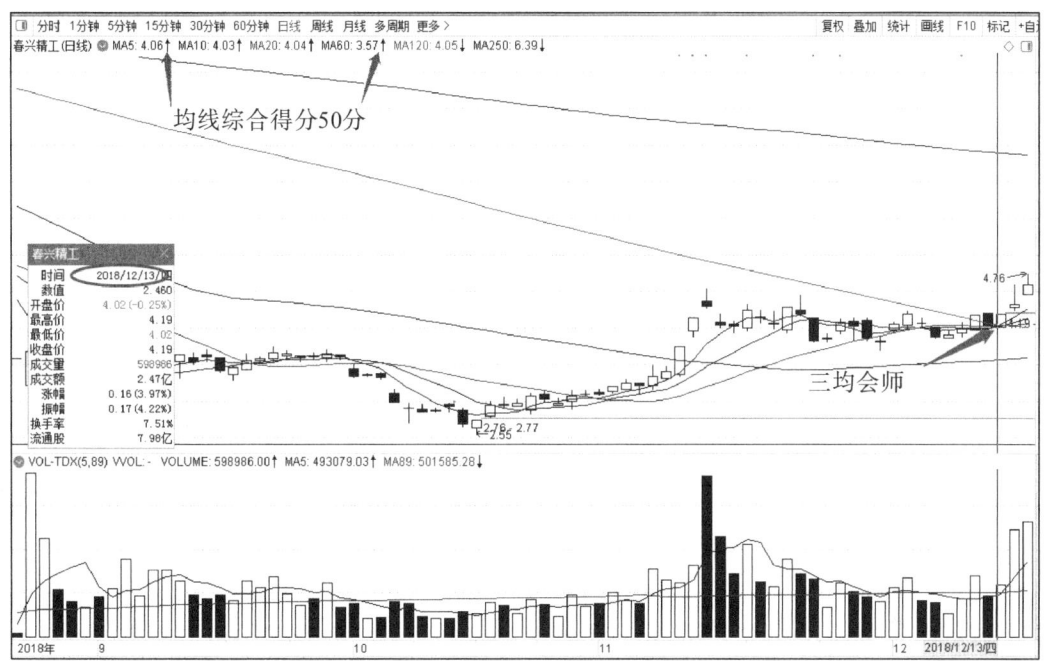

图 4—25 春兴精工（股票代码002547）

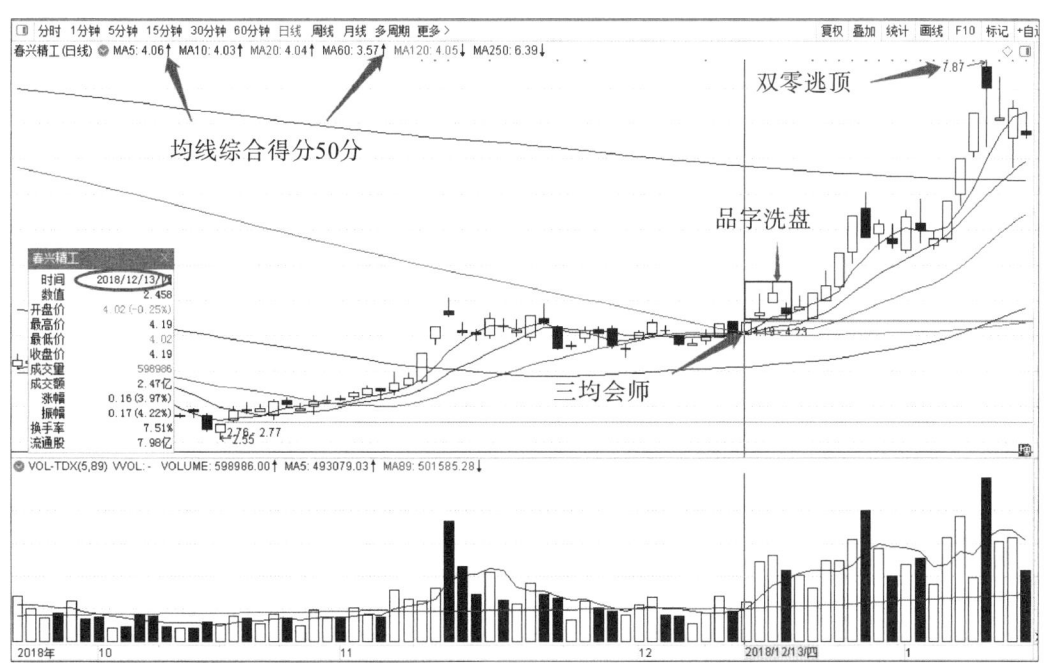

图 4—26 春兴精工（股票代码002547）

组两阳夹一阴的形态非常有意义，因为它的两根阳线都是光头光脚的阳线，说明主力从开盘吸筹、吃货一直到最后。当天完成了"三均会师"的经典暴涨形态，均线综合得分为50分。同时5日均量线大于当天成交量柱，和前一日成交量形成标准倍量，量价配合完美，次日跳空高开一线天，表明主力做多意愿强烈。2018年12月18日主力刻意用"品"字洗盘，再次将浮筹清洗掉，如图4－26所示。后来的涨幅有目共睹，股价从形成"三均会师"形态后4元多一直拉升，直到出现7.87元双零逃顶信号，本波行情才落下帷幕。

实战案例二　如图4－27所示广电电气（股票代码601616）2019年1月4日，出现了"三均会师"的形态，均线综合得分高达70分，K线虽然当时收上影线，但依然能看出很强势，可以说用一根大阳线穿过了所有的均线。

随后的交易日又出现一组"三均会师"的暴涨形态，分别是10日均线上穿20日和250日均线，如图4－28所示。后面打出3个涨停板也就在意料之中了。

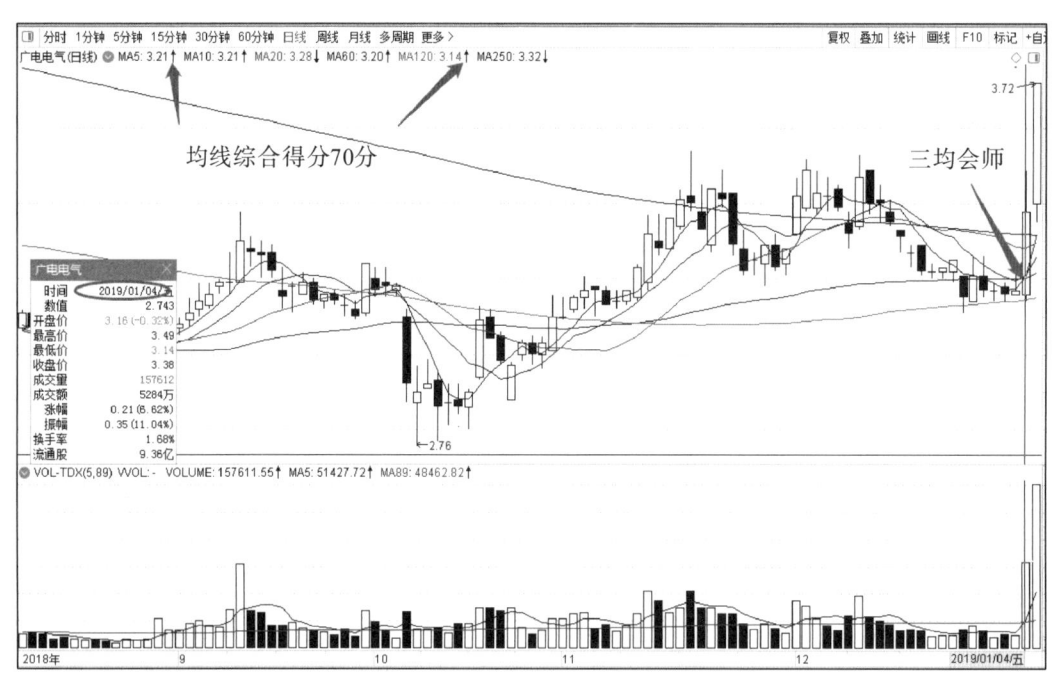

图4－27　广电电气（股票代码601616）

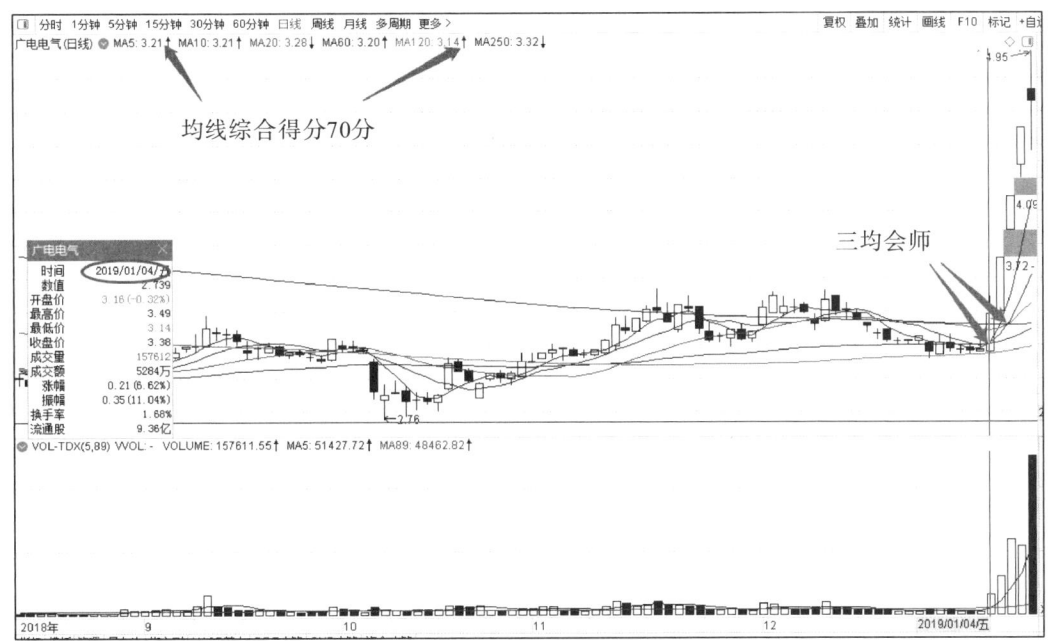

图 4—28 广电电气（股票代码 601616）

实战案例三 如图 4—29 所示通产丽星（股票代码 002243）2018 年 12 月 11 日当天完成了"三均会师"的暴涨形态，均线综合得分高达 70 分，量柱虽然没有大于 5 日均量线，但属于无量涨停，一波大幅拉升随即展开，如图 4—30 所示。再加上公司公

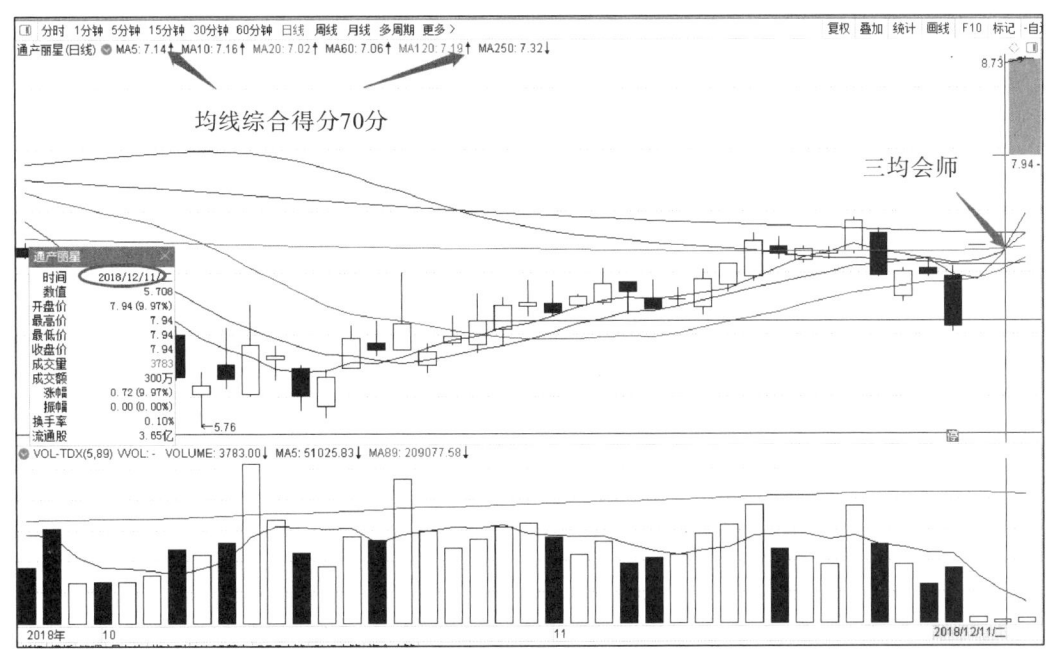

图 4—29 通产丽星（股票代码 002243）

告称收购力合科创的利好消息，该股摇身一变成了科创概念明星股，自"三均会师"形态出现后连续拉升了6个一字涨停板。

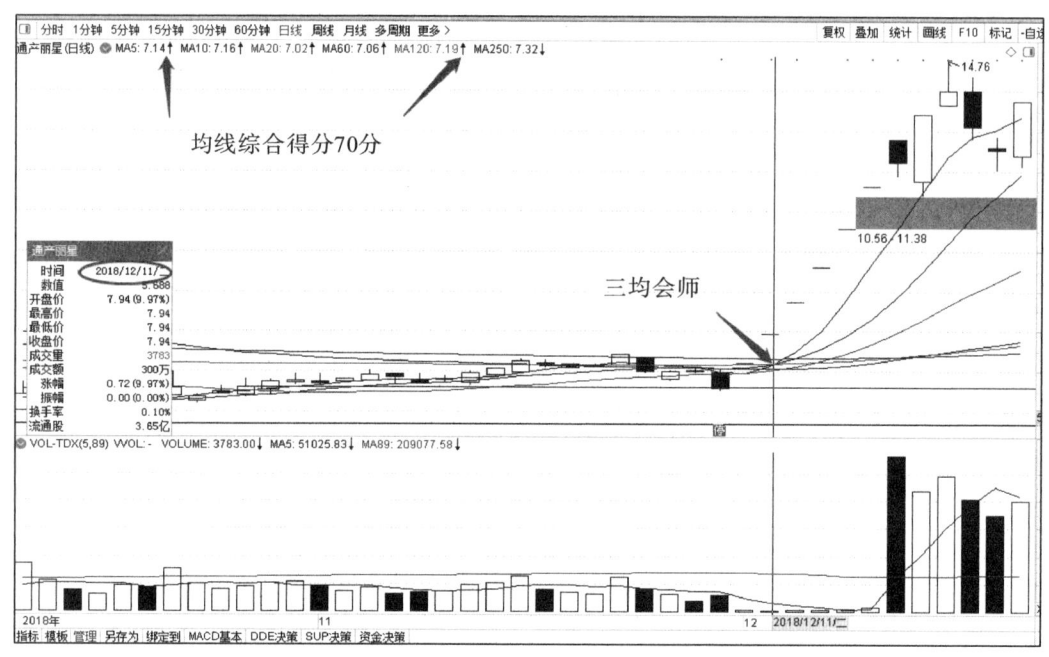

图4—30　通产丽星（股票代码002243）

实战案例四　如图4—31所示新宏泰（股票代码603016）2018年12月26日当天

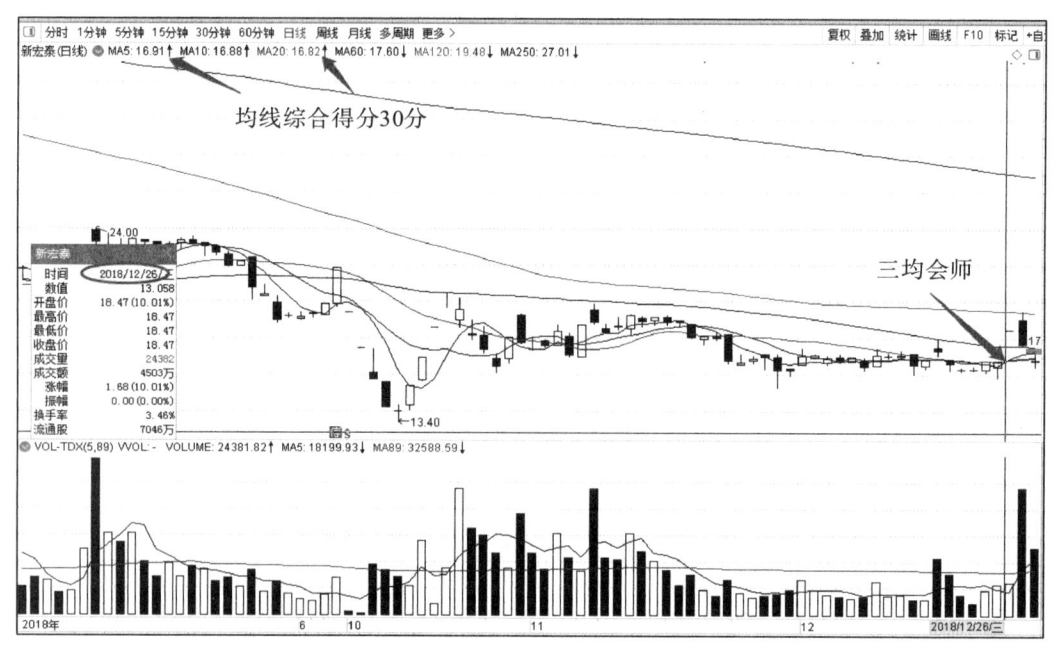

图4—31　新宏泰（股票代码603016）

完成了"三均会师"的经典形态。由于当天量能不足,量柱没有大于89日均量线,同时5日均量线也没有上穿89日均量线,之后虽回调两天,但都没有跌破"三均会师"的支撑。

如图4-32所示,2019年1月2日,主力用1个涨停板强势穿过了三条均线,一波大幅拉升随即展开,连续拉出4个涨停板。

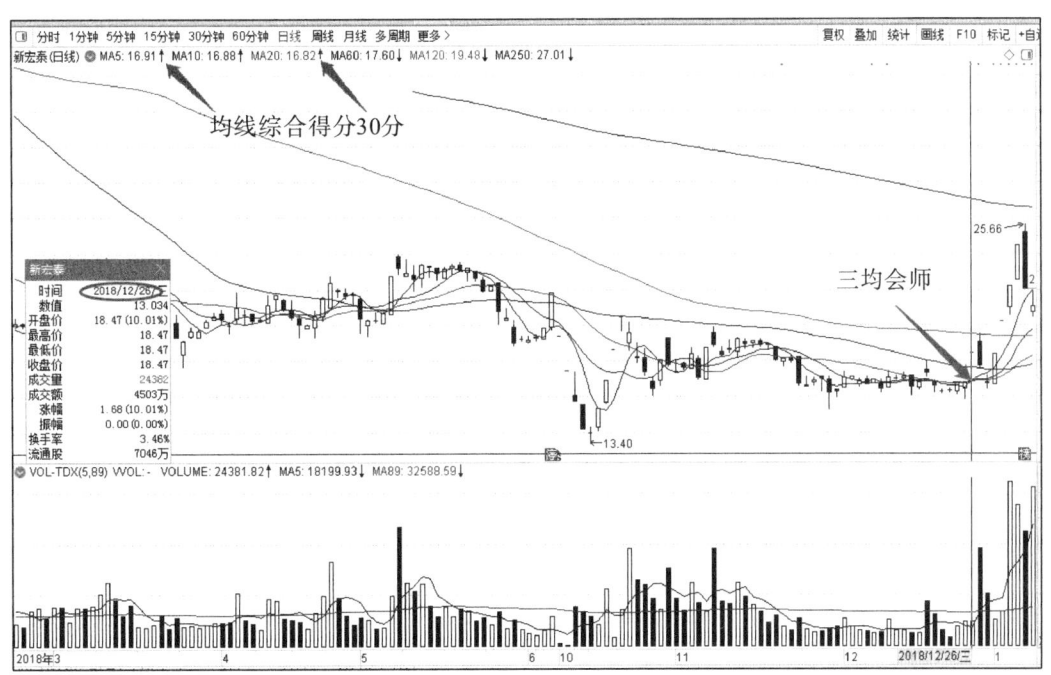

图4-32 新宏泰(股票代码603016)

实战案例五 如图4-33所示国电南自(股票代码600268)2018年12月27日,主力完成了"三均会师"暴涨形态。"三均会师"形成的前一天5日均量线上穿了89日均量线,同时量柱大于5日均量线,量价配合堪称完美。

如图4-34所示,当天的均线综合得分50分,又有宽宽的"护城河"做保护,一波拉升随即展开,后连续拉出3个涨停板。

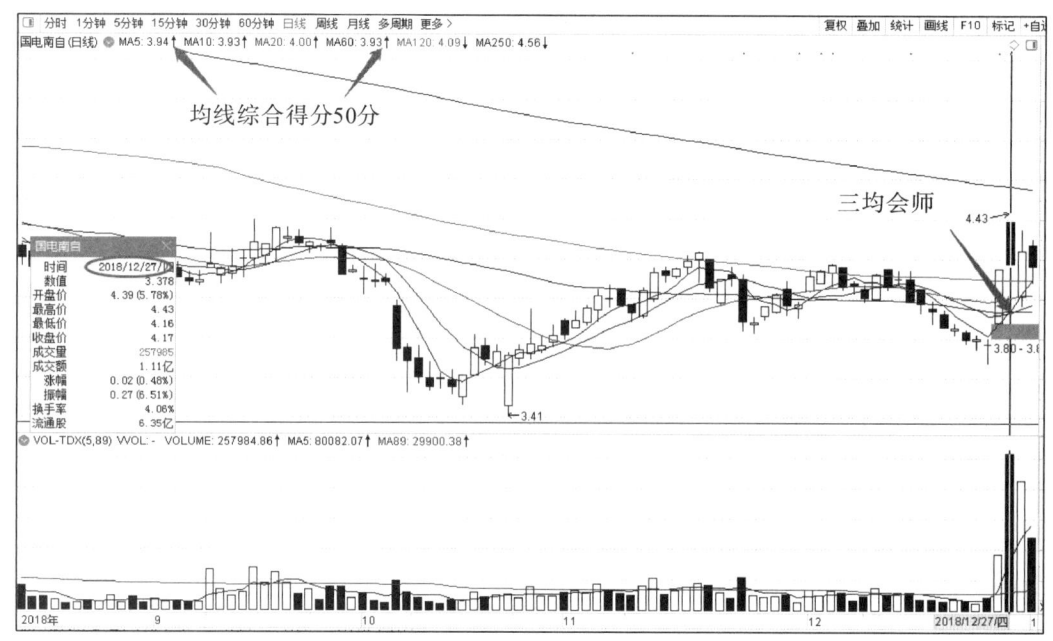

图 4—33 国电南自（股票代码600268）

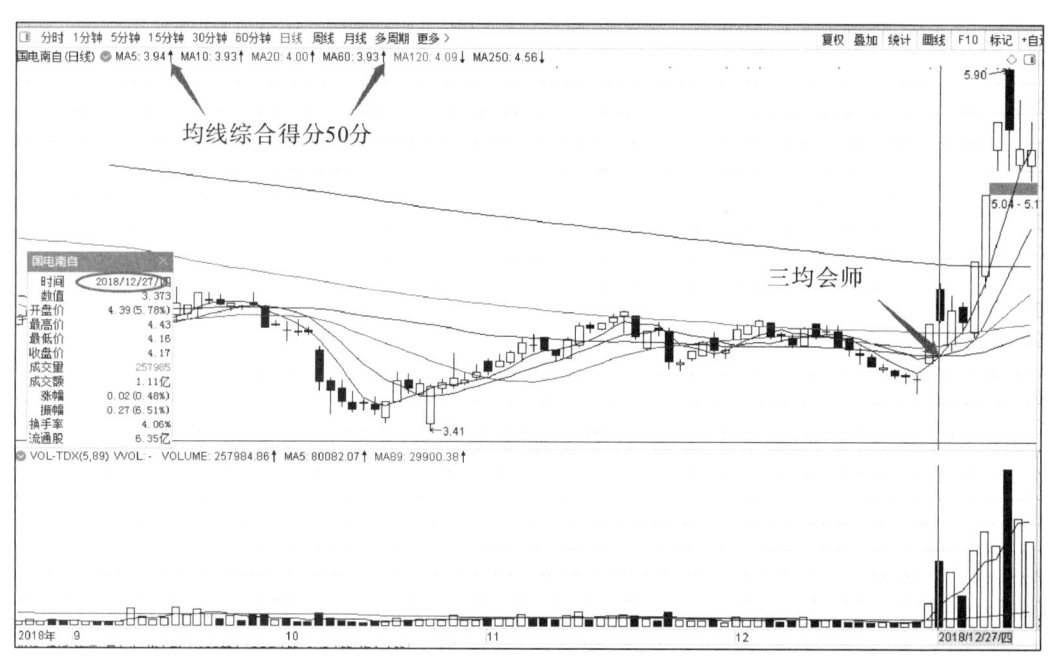

图 4—34 国电南自（股票代码600268）

实战案例六 如图 4—35 所示东方通信（股票代码 600776）2018 年 11 月 27 日，主力完成了"三均会师"的暴涨形态，均线综合得分为 50 分，关键一点是主力用涨停板同时穿过了 5 条均线，强势突破了 60 日和 120 日均线的重要压力位，实力非同一般。

11月30日的回调，又留下了跳空一线天的形态。如图4—36所示，再加上5G将用于商用的热点题材，主力完成了2018年底最亮眼的行情。

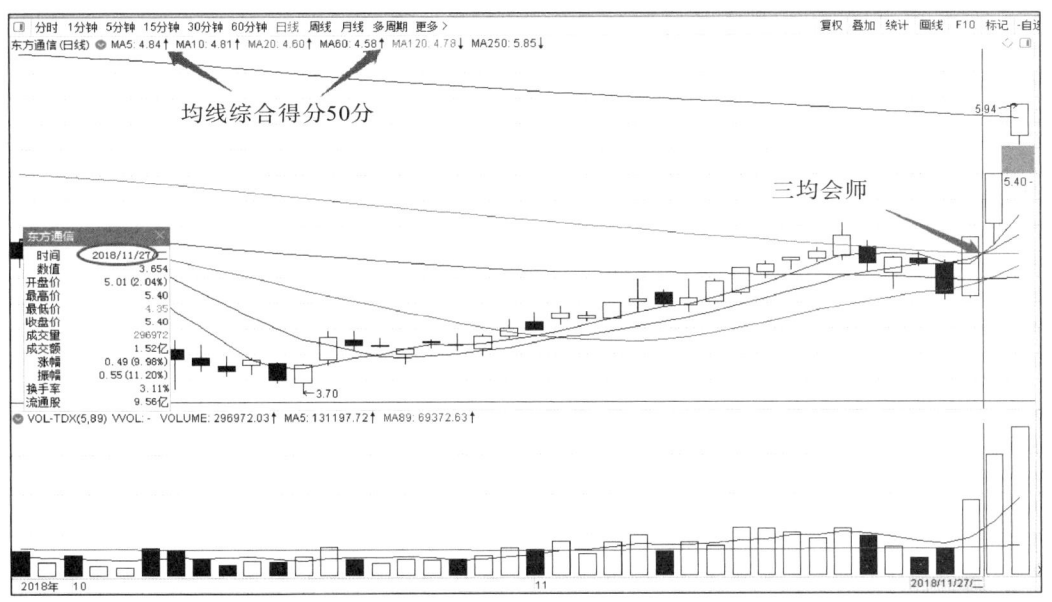

图4—35　东方通信（股票代码600776）

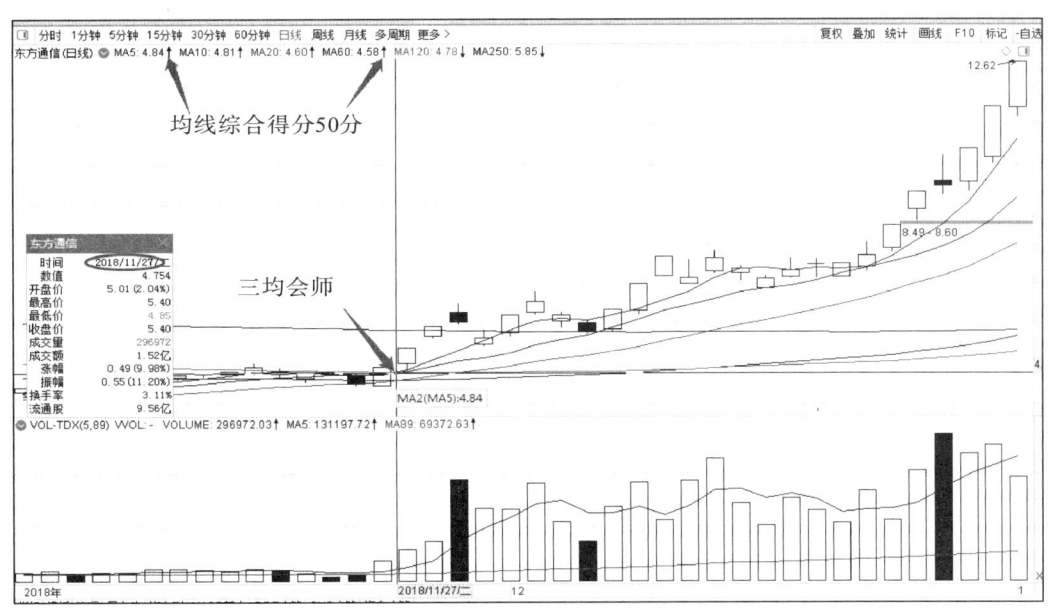

图4—36　东方通信（股票代码600776）

从以上案例来看，任何三条均线集结在一起，就符合强势股的拉升特征，再加上量价的完美配合，主力一定会做出多种强势拉升形态。

四、从"一文不名"到"腰缠万贯"的妖股之旅

图形特征：

（1）长期下跌或者横盘的股票且60天内出现最低价，均线综合得分为0分，在0至8天时间内，股票由0分变为20分以上。时间越短分值增幅越大的股票较强势。

（2）当天K线的收盘价一定站稳5日均线，K线必须是涨幅大于5%的阳线。出现在底部必须是在5日均线上穿10日均线，并且5日、10日均线向上，均线综合得分为20分。

（3）5日均线像抛物线那样平滑、顺溜，且上翘角度大于30°，10日均线上翘角度大于10°。

成交量特征：左面量柱大于5日均量线，并且5日均量线上穿89日均量线，左面量柱要求放量更好，放量说明多空双方成交意愿强烈（放量不能超过3.8倍，否则主力可能是真出货），缩量也可以，说明主力控盘程度已经很高。

操作策略：股价站稳5日均线买入，持股待涨。

及时止损：跌破前一天的最低价，止损出局。

实战案例一　如图所示4－37风范股份（股票代码601700）2018年12月25日，股价经过长期的横盘整理。均线的综合得分为0分。量柱虽然大于5日均量线，但是5日均量线没有上穿89日均量线。仅仅过了一天，如图4－38所示，主力用1根涨停板大阳线打破了这个平衡，一阳同时穿过了5条均线，同时均线综合得分达到了30分，当天成交量柱大于5日均量线，和前一日成交量形成标准倍量，量价配合完美，上涨速度之快令人震惊。

次日，主力再用1个涨停板将均线综合得分增加至50分，如图4－39所示，可见主力势在必得，再加上当时特高压板块火热，带动了一批股票大幅上涨，龙头像十足。后来连续打出了10连板的高度，如图4－40所示，也给2018年沉闷的行情留下了一抹亮色。

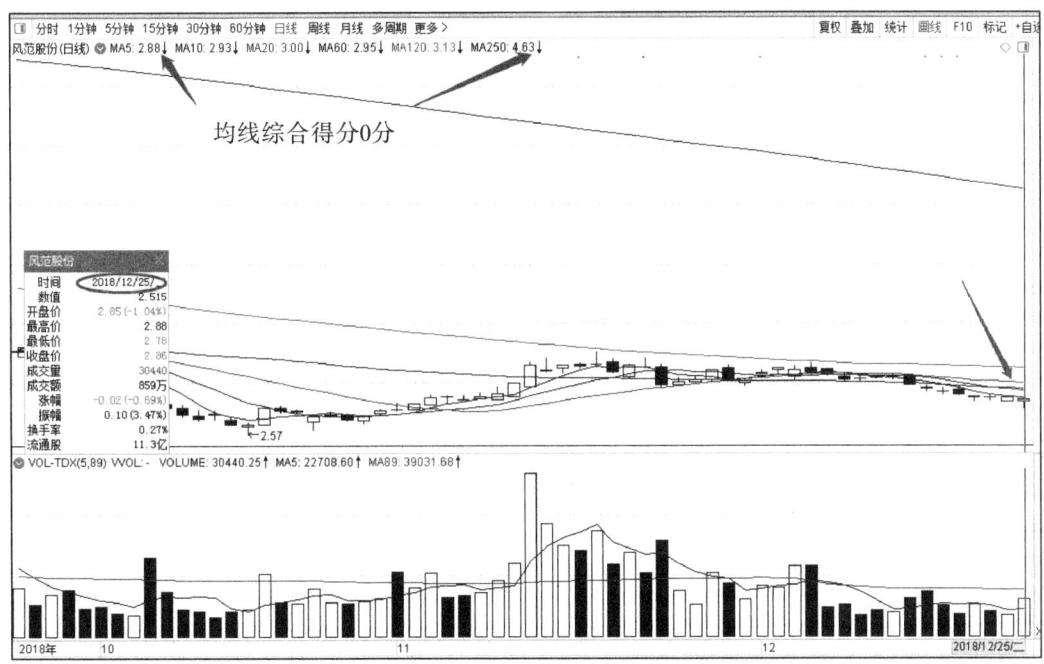

图 4—37　风范股份（股票代码 601700）

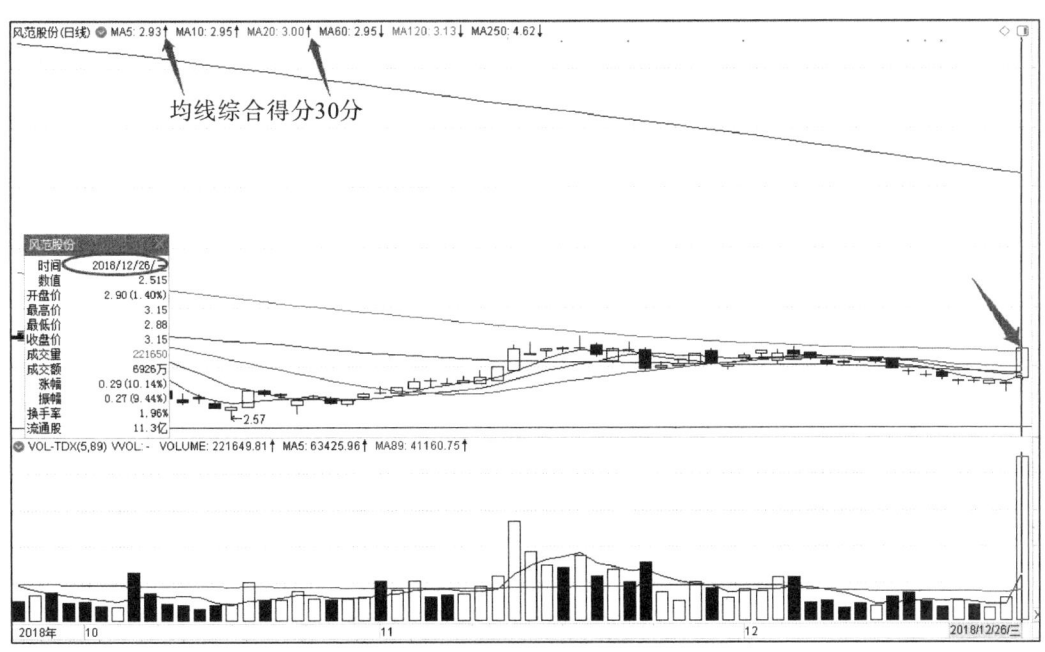

图 4—38　风范股份（股票代码 601700）

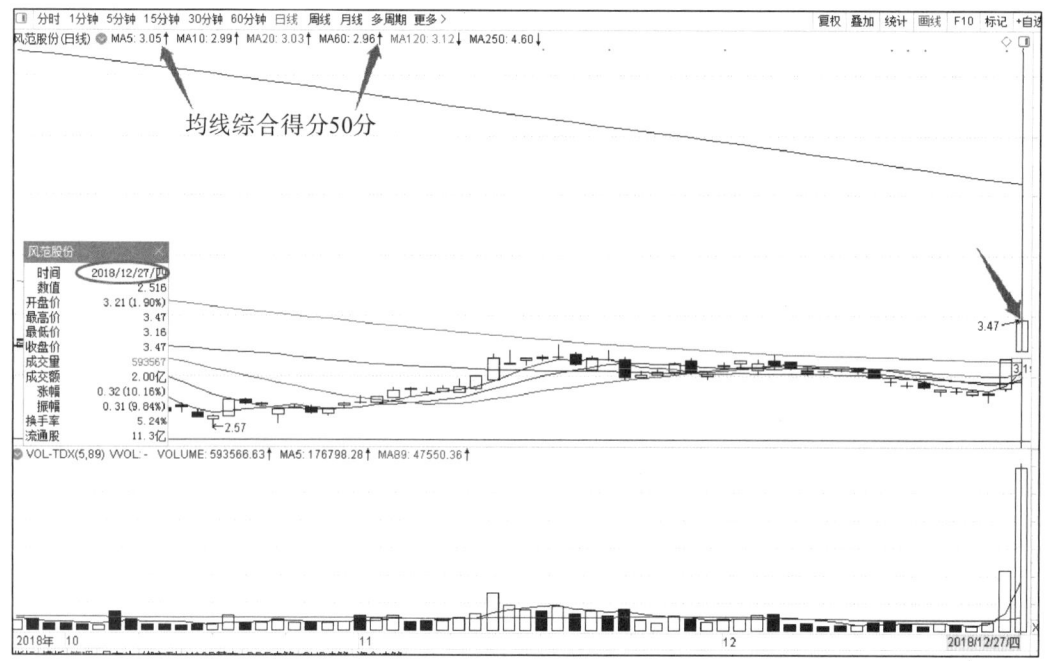

图 4—39 风范股份（股票代码 601700）

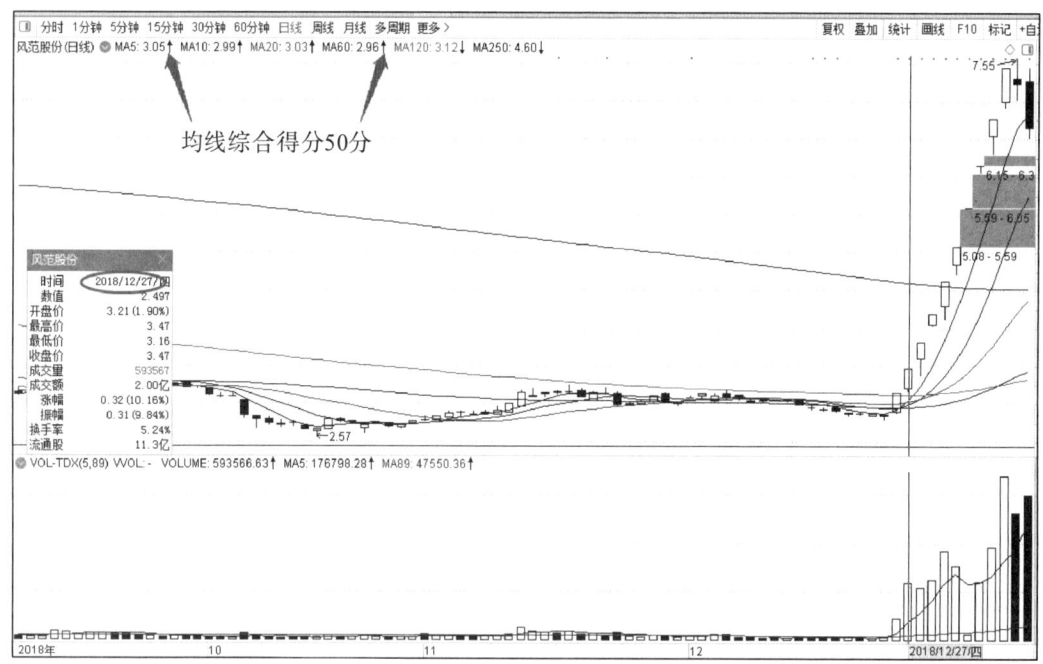

图 4—40 风范股份（股票代码 601700）

实战案例二 如图4-41所示群兴玩具（股票代码002575）2018年10月19日，群兴玩具经过一波长期的下跌，在60天内出现了最低价2.85元，均线综合得分为0分。经过4天的拉升，综合得分为30分。

再次回调，在2018年10月30日，5日均线上穿10日均线，达到第二个条件且综合得分为20分。次日10月31日，股价站稳5日均线且5日均线的形态平滑顺溜。10日均线的上翘角度也大于10°。同时当天成交量柱大于5日均量线，量价配合完美，符合短线不"破五"的股价狂欢走势。

2018年11月2日，股价成功突破120日均线，当天均线综合得分为50分。如图4-42所示，从0分到50分，主力只用了10个交易日，再加上当时创投板块是热点题材，随后便走出了一波波澜壮阔的行情。如图4-43所示，主力连续拉升7个涨停板，不到1个月的时间，股价就从底部启动的3元左右拉升到了8元，涨幅超过2倍。

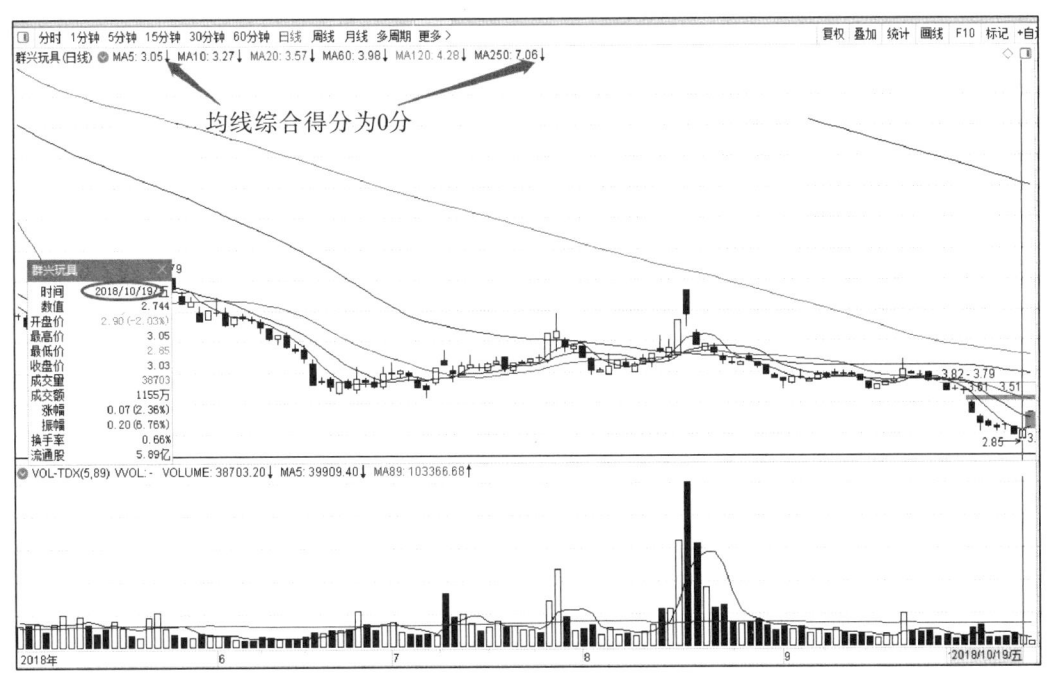

图4-41 群兴玩具（股票代码002575）

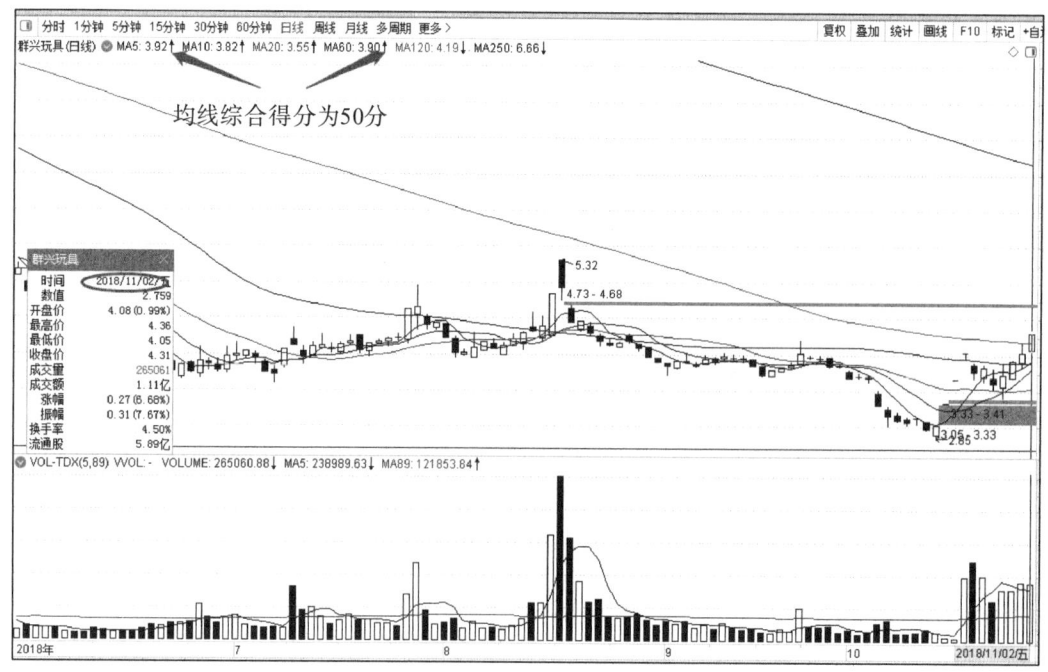

图4—42 群兴玩具（股票代码002575）

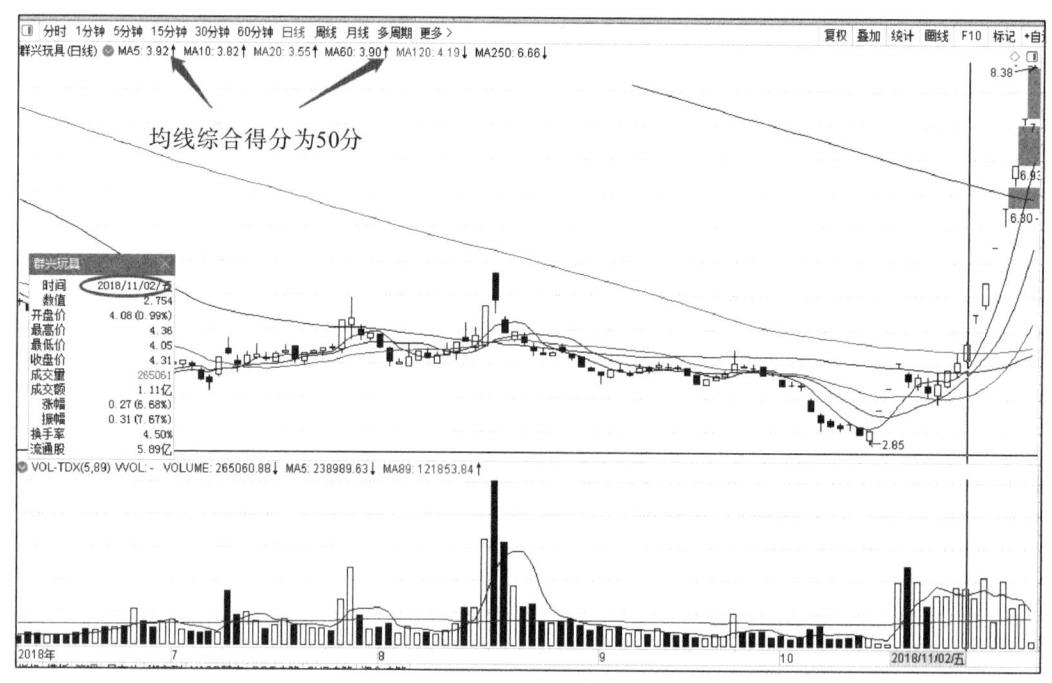

图4—43 群兴玩具（股票代码002575）

实战案例三 如图4—44所示恒立实业（股票代码000622）经过一波长期大幅的下跌，2018年10月19日，该股收出了60日内最低价2.42元，随着三天的大幅拉升，主力快速地将均线综合得分 0 分变成了 50 分，说明短期主力的控盘力度非常强，如图 4—45 所示。同时，5 日均线也上穿了 10 日均线。2018 年 10 月 23 日，5 日均量线上穿 89 日均量线。当天成交量柱大于 5 日均量线，和前一日成交量形成标准倍量，量

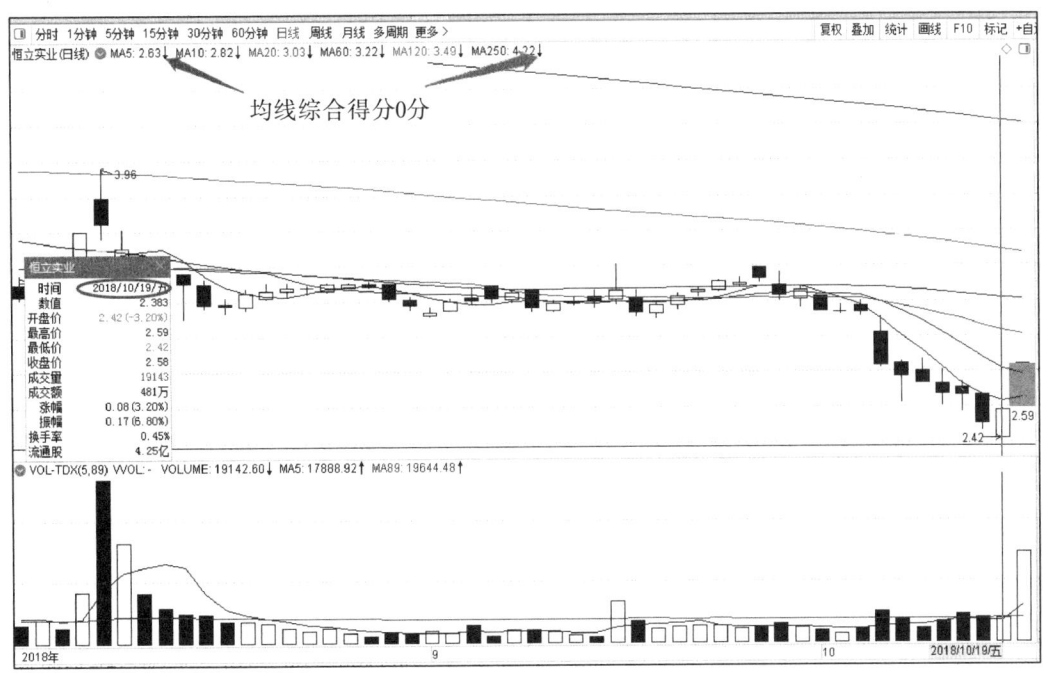

图 4—44 恒立实业（股票代码 000622）

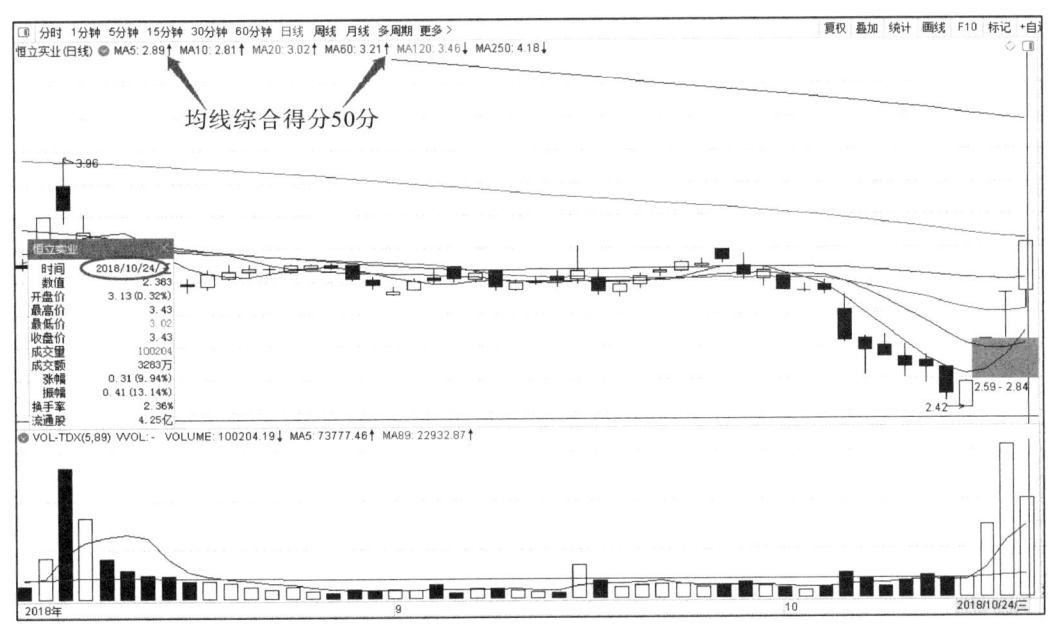

图 4—45 恒立实业（股票代码 000622）

价配合完美，再加上创投板块的热点题材。火借风势，一波大的行情随即展开。如图4－46所示，曾经走出了17个交易日里14个涨停板的高度。

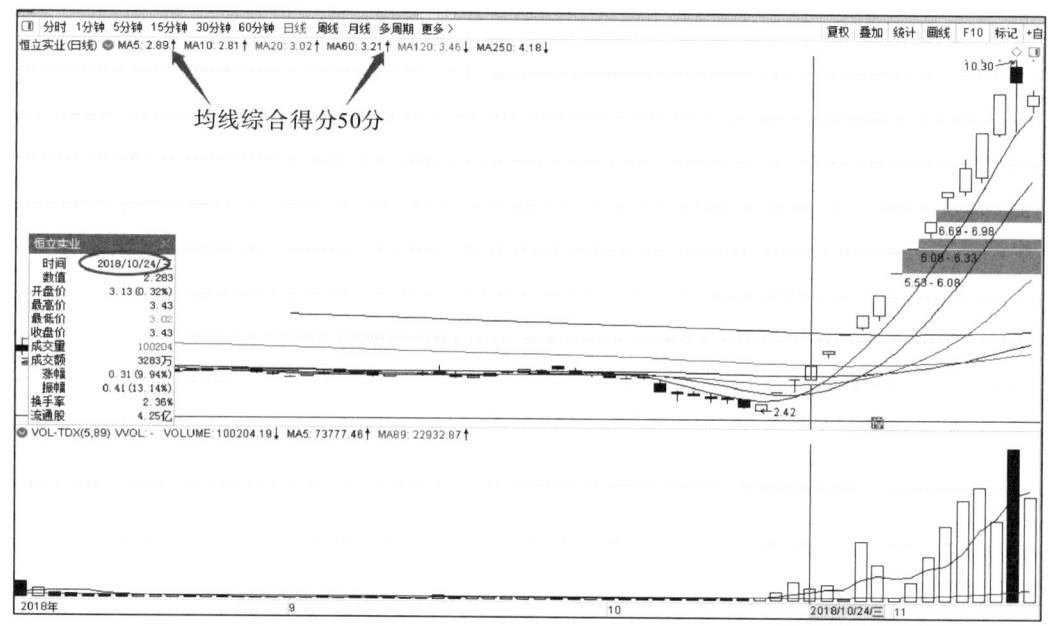

图4－46 恒立实业（股票代码000622）

实战案例四 如图4－47所示市北高新（股票代码600604）2018年10月19日出

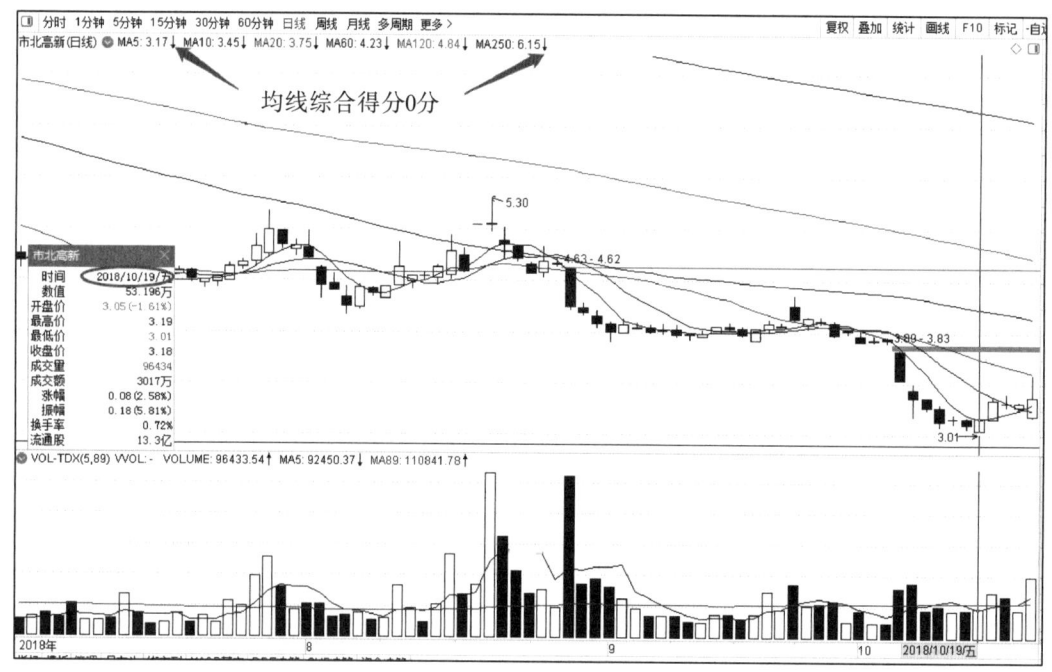

图4－47 市北高新（股票代码600604）

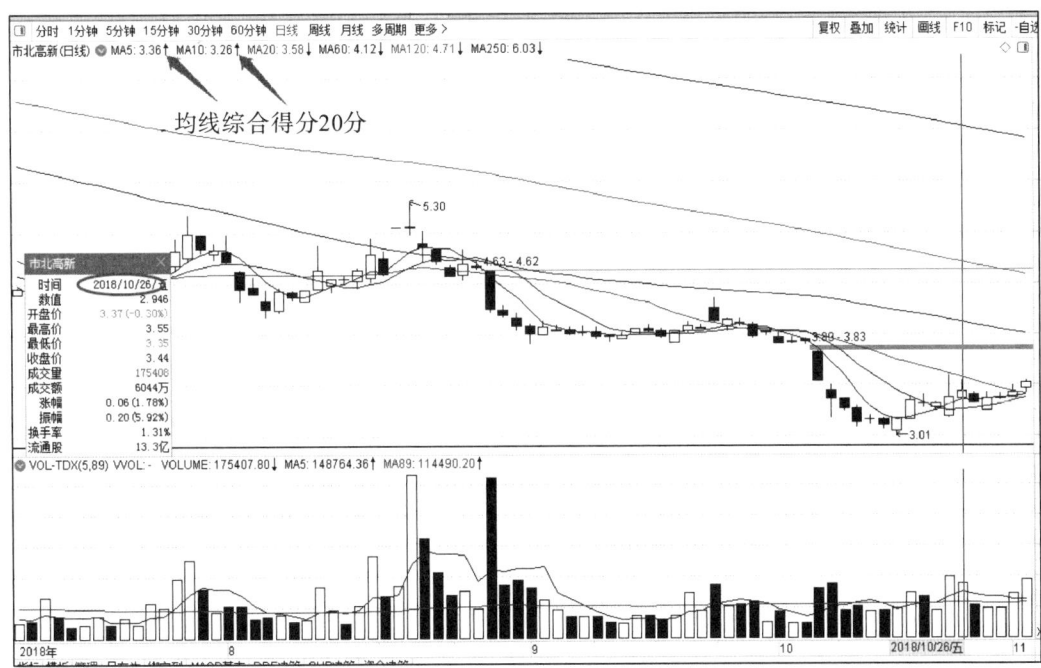

图 4—48　市北高新（股票代码 600604）

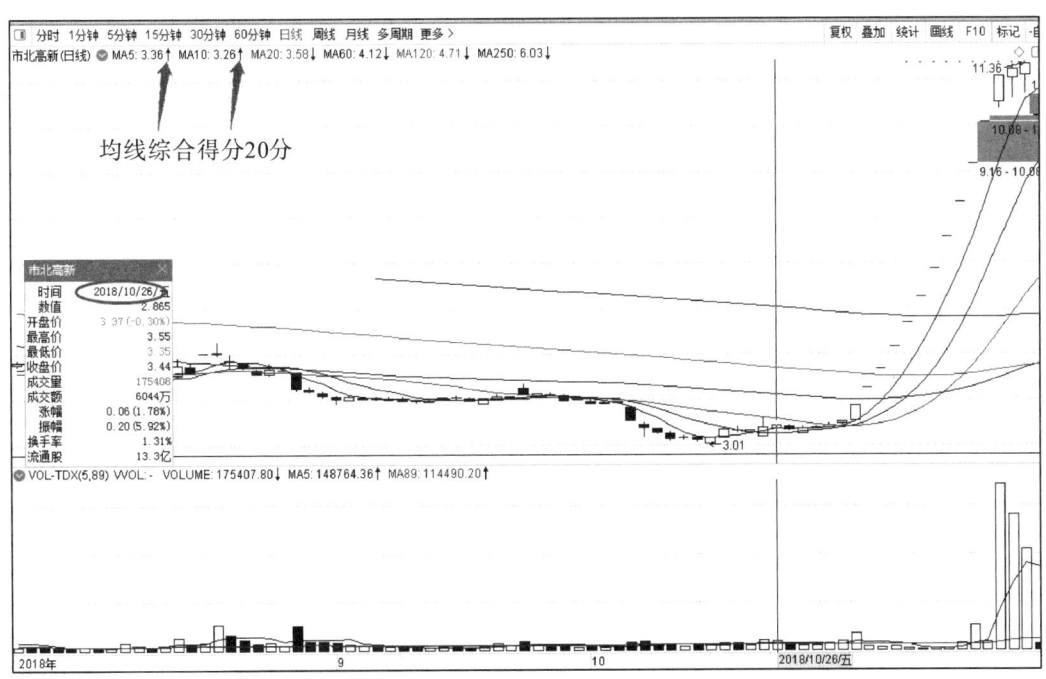

图 4—49　市北高新（股票代码 600604）

现了 3.01 元的 60 日内最低价，出现双零抄底信号。四天以后，5 日均线成功上穿 10 日均线，仅仅过了一周的时间，在 10 月 26 日，主力完成了均线综合得分从 0 分到 20 分的操作。如图 4－48 所示，当天成交量柱大于 5 日均量线，和前一日成交量形成标准倍量，量价配合完美，再加上热点题材创投板块的东风，短短两周就走出了几倍行情，如图 4－49 所示，连续 12 个涨停板，其中有 10 个是一字涨停板。

实战案例五　如图 4－50 所示大智慧（股票代码 601519）2019 年 2 月 1 日该股均线综合得分处在 0 分状态，说明空头一直占有优势。

2 月 12 日，5 日均线成功上穿 10 日均线，主力完成了均线综合得分从 0 分到 30 分的操作，如图 4－51 所示，当天成交量柱大于 5 日均量线，和前一日成交量形成标准倍量，量价配合完美。

又过了一周的时间，均线综合得分达到了 70 分，可见主力势头很猛，如图 4－52 所示。再加上热点题材金融供给侧的东风，短短两周就走出了 4 倍行情，如图 4－53 所示，曾走出了 16 个交易日中有 12 个涨停板的骄人战绩。

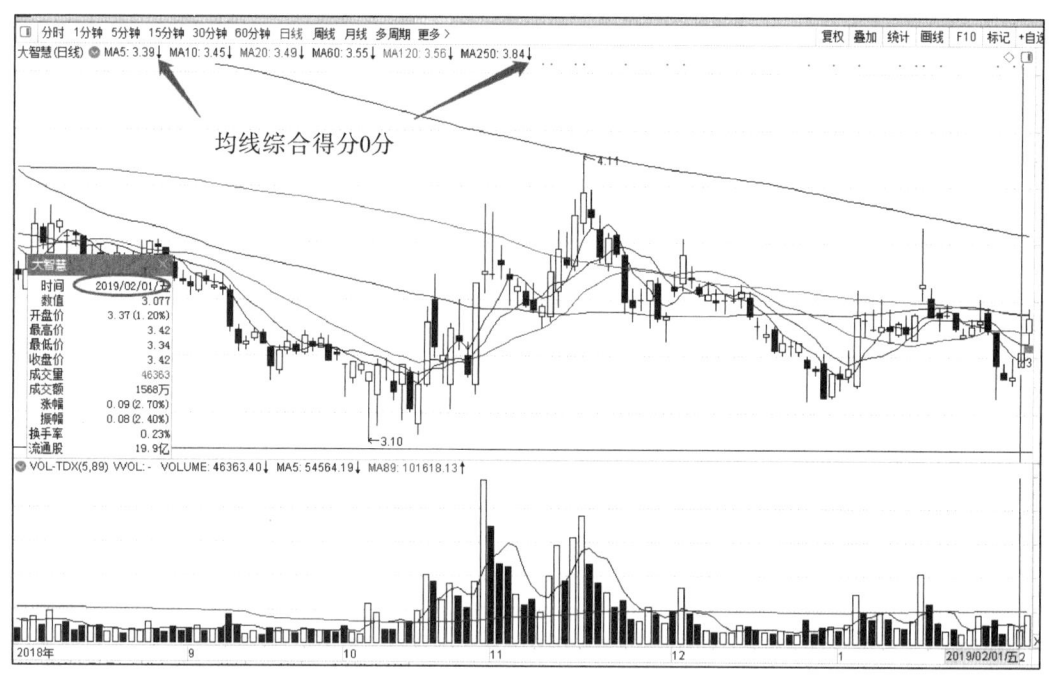

图 4－50　大智慧（股票代码 601519）

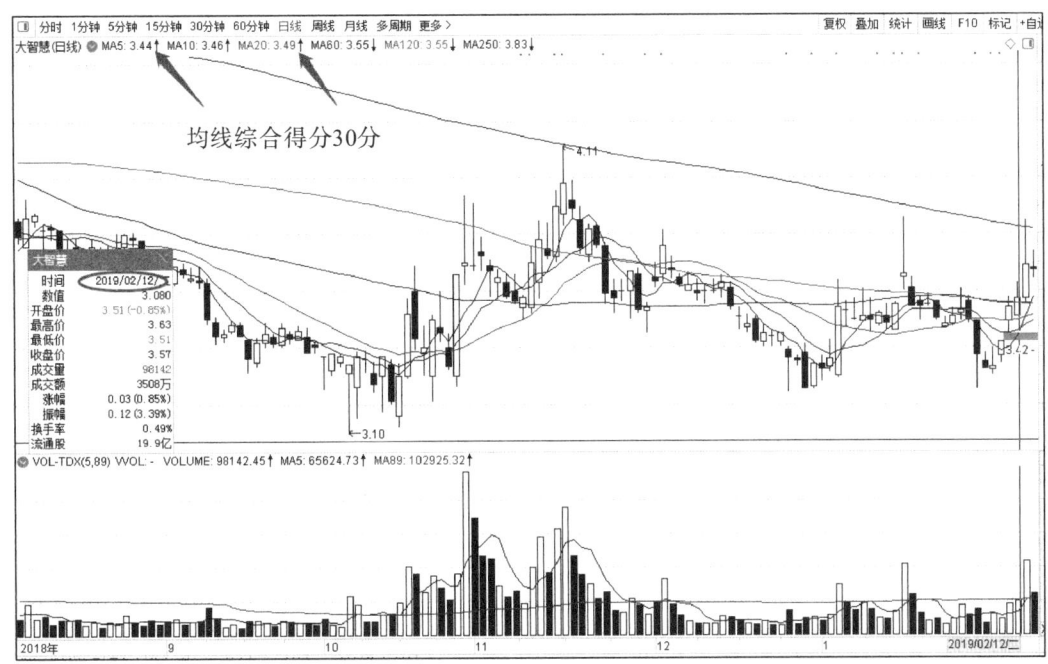

图 4—51 大智慧（股票代码 601519）

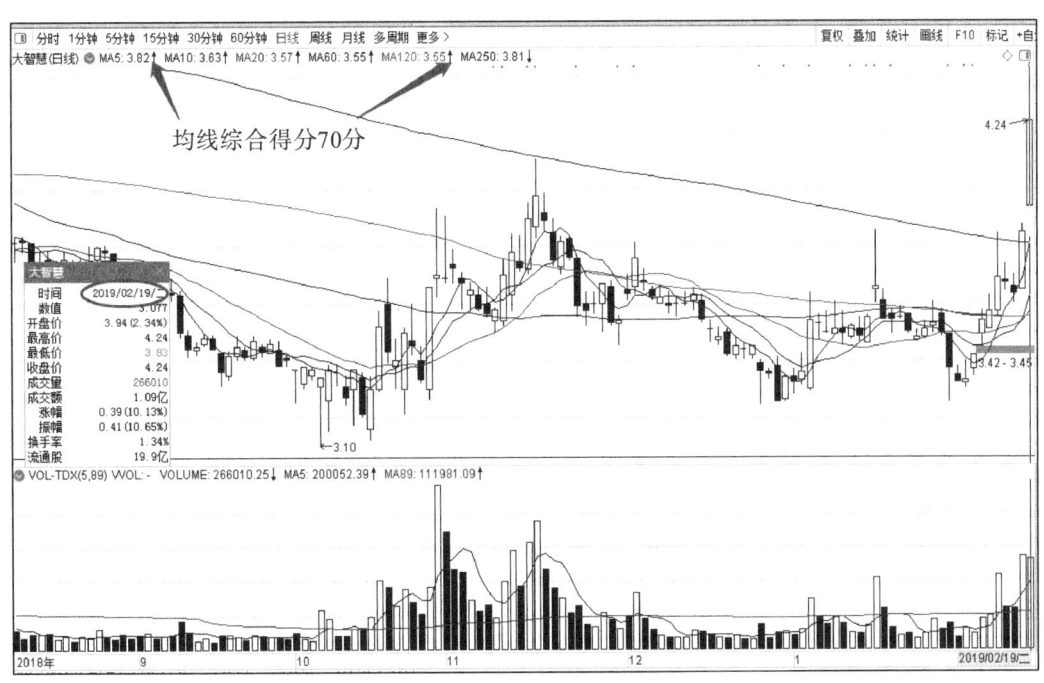

图 4—52 大智慧（股票代码 601519）

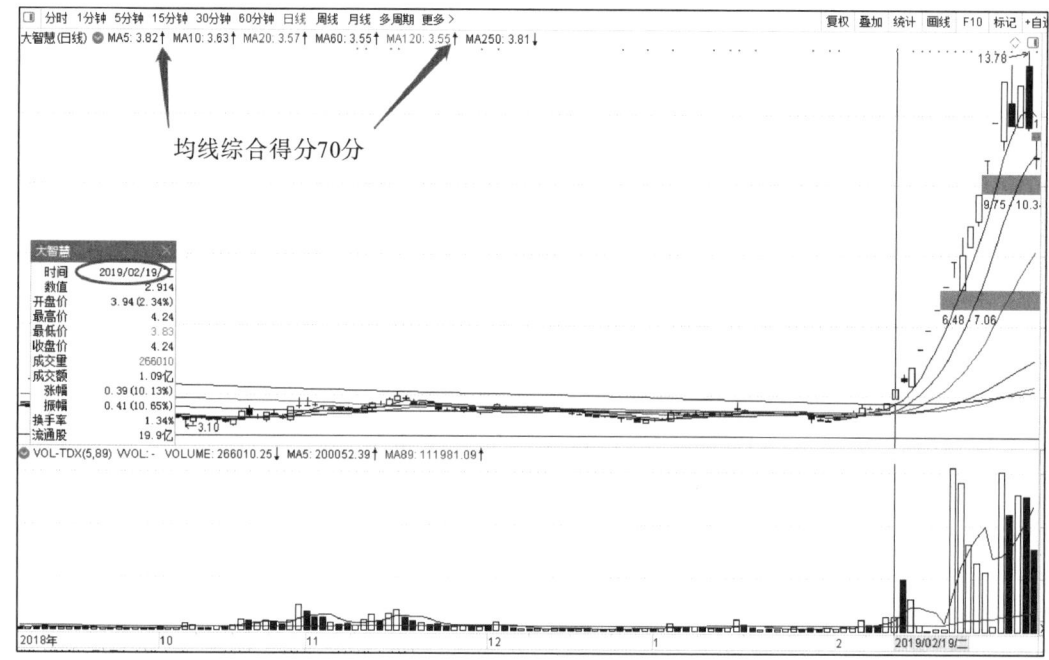

图 4—53 大智慧（股票代码 601519）

实战案例六 如图 4—54 所示维信诺（股票代码 002387）2019 年 1 月 23 日该股均线综合得分为 0 分，说明空头一直占有优势，仅仅过了 2 个交易日，5 日均线成功上穿

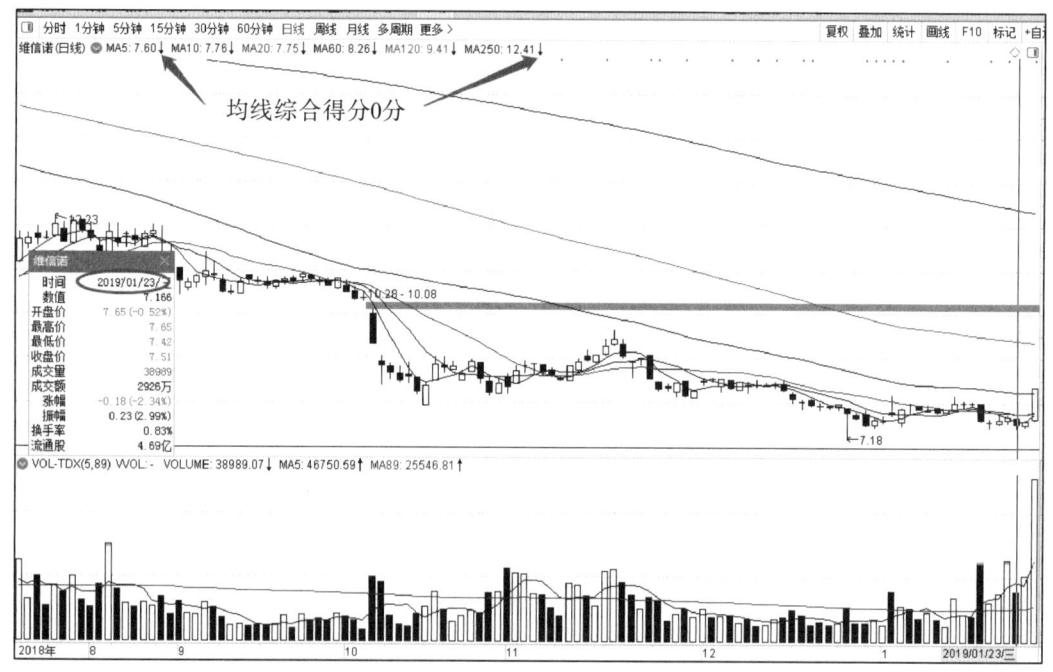

图 4—54 维信诺（股票代码 002387）

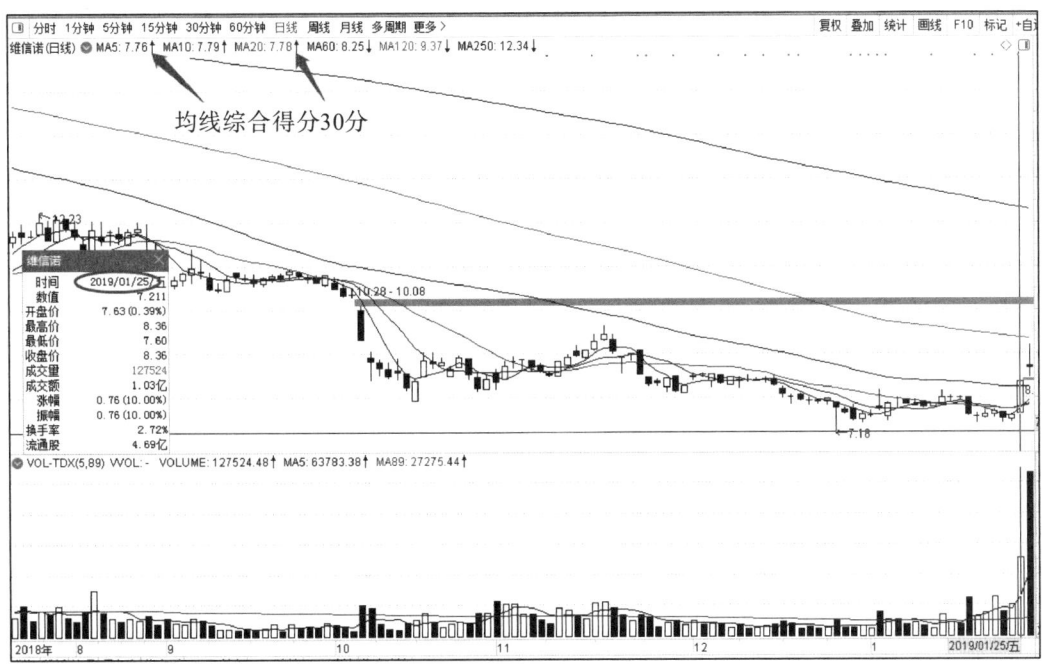

图 4—55　维信诺（股票代码 002387）

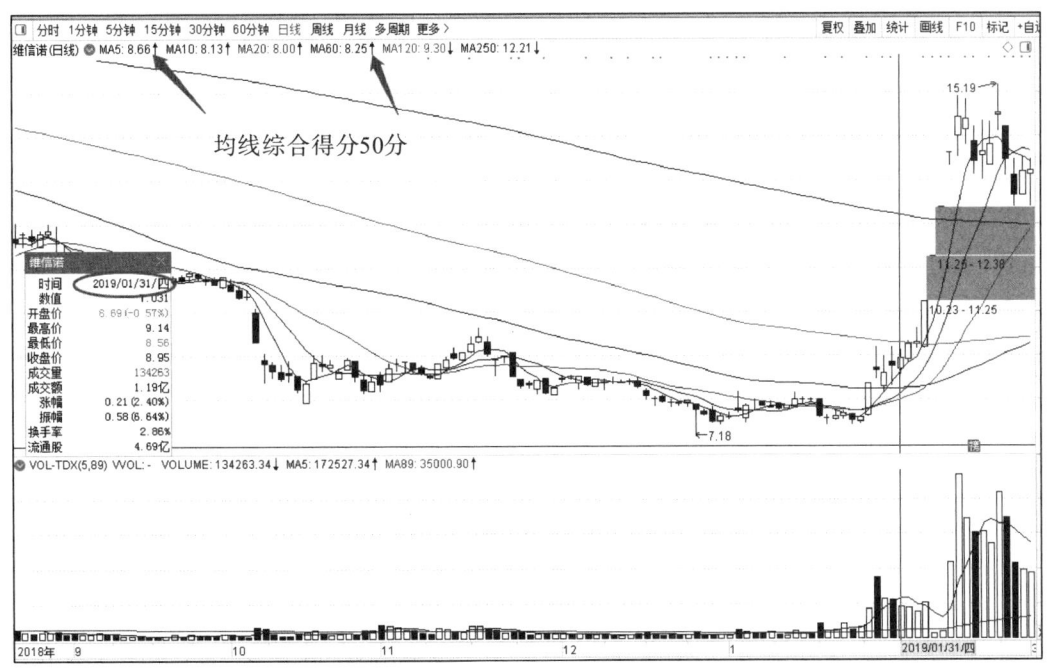

图 4—56　维信诺（股票代码 002387）

10日均线，主力完成了均线综合得分从0分到30分的操作。同时也形成了"三均会师"的暴涨形态，1个涨停板势如破竹穿过了4条均线，如图4－55所示。当天成交量柱大于5日均量线，和前一日成交量形成标准倍量，量价配合完美。又过了一周的时间，均线综合得分达到50分，短短8个交易日，可见主力势头很猛。再借助热点OLED柔性屏的题材，短短一周股价涨幅就高达60%以上，如图4－56所示。

实战案例七　如图4－57所示领益智造（股票代码002600）2019年2月1日该股均线综合得分只有10分，说明空头一直占有优势。2月11日，主力用1个涨停板同时穿过4条均线，此时5日均线成功上穿10日均线，主力完成了均线综合得分从0分到30分的操作，同时也形成了"三均会师"的暴涨形态。

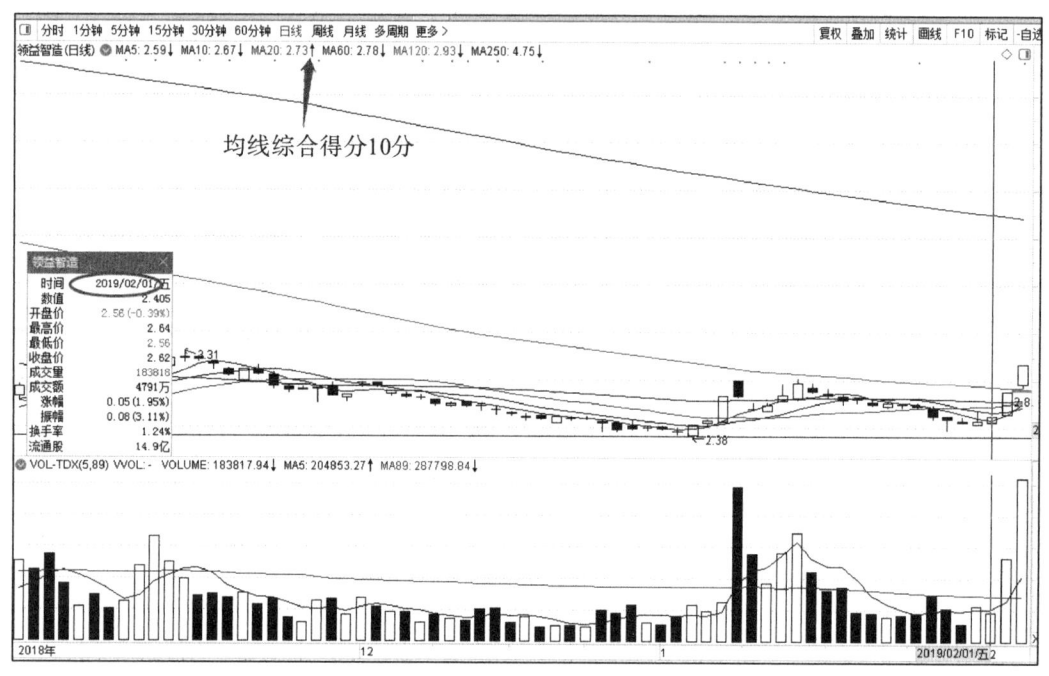

图4－57　领益智造（股票代码002600）

仅仅过了1个交易日，均线综合得分从30分又变成了50分。同时当天成交量柱大于5日均量线，和前一日成交量形成标准倍量，量价配合完美。这也给未来的大涨打下了坚实的基础。再加上OLED柔性屏的热点题材的助力，短短20个交易日股价涨幅就超过了200%，如图4－58所示。

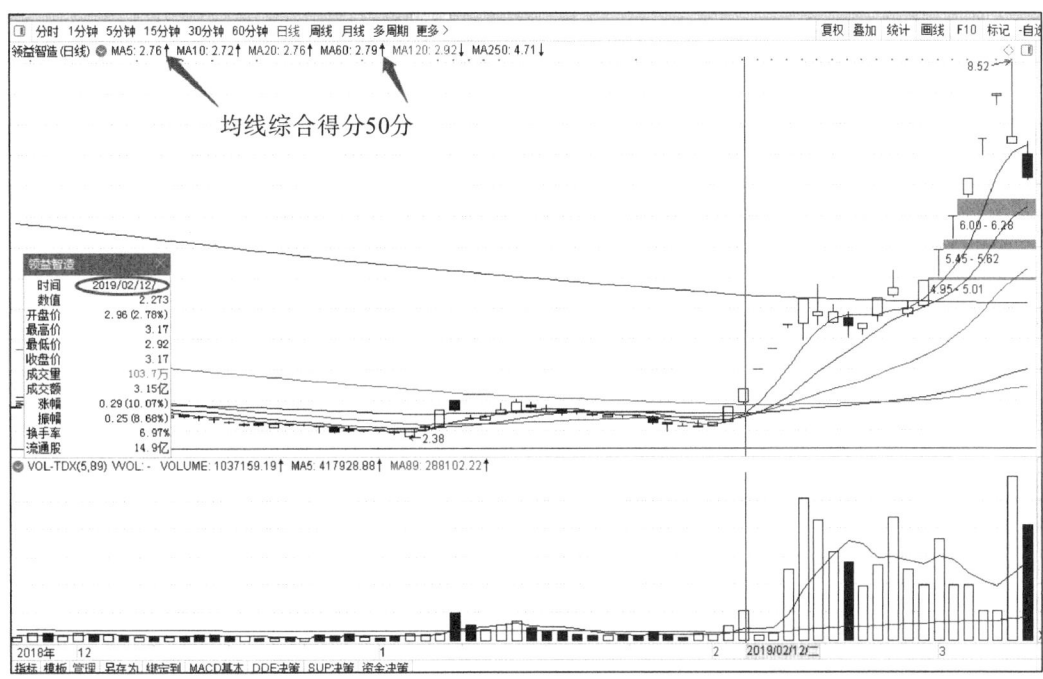

图4—58 领益智造（股票代码002600）

实战案例八 如图4—59所示华映科技（股票代码000536）2019年2月11日该股均线综合得分为0分，说明空头一直占有优势。2月19日，10日均线成功上穿20日均

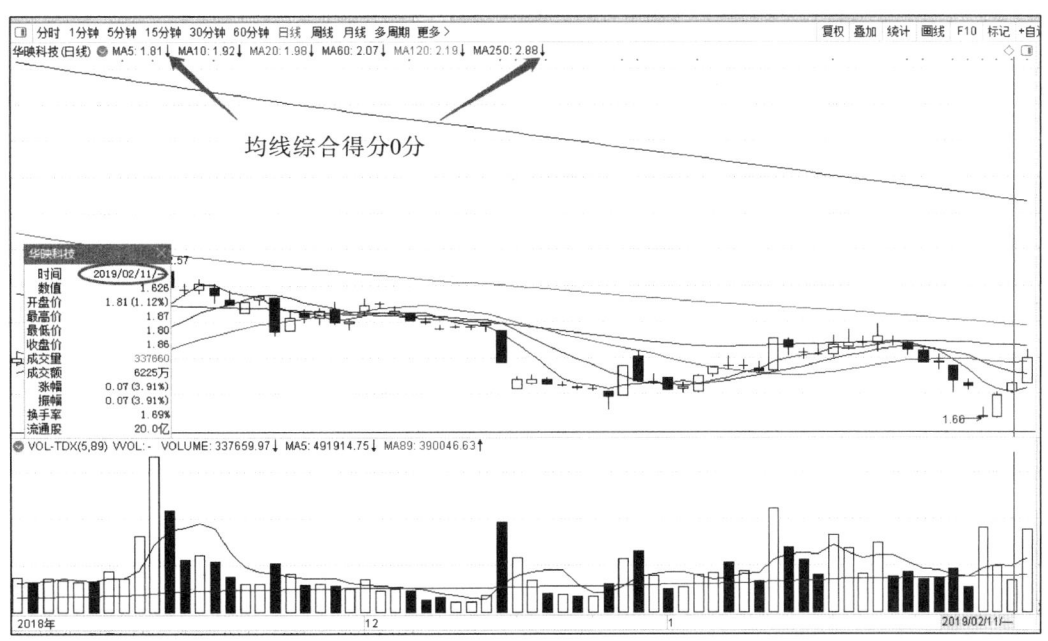

图4—59 华映科技（股票代码000536）

线，主力完成了均线综合得分从0分到70分的操作，同时用2个交易日完成了"银山谷"和"黄金砖"的复合暴涨形态。当天成交量柱大于5日均量线，和前一日成交量形成标准倍量，量价配合完美。看来主力来势凶猛，再加上热点题材OLED柔性屏的东风，短短两周就走出了2倍行情，如图4—60所示。

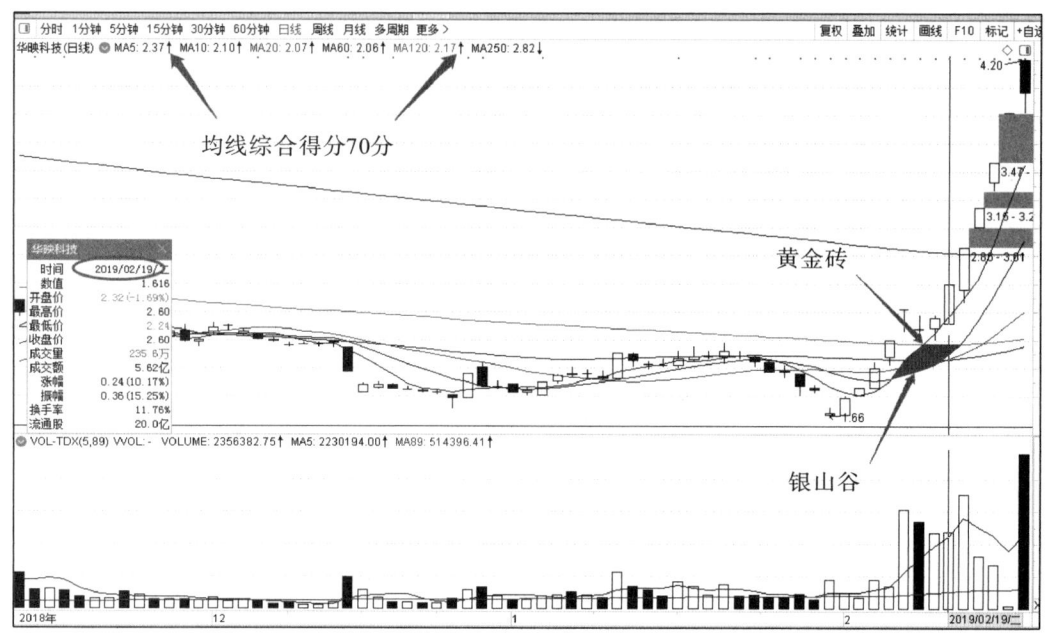

图4—60　华映科技（股票代码000536）

第五章 上涨中继的均线实战

DIWUZHANG

什么是上涨中继？就是上涨过程中的整理形态，整理结束后将会继续上涨，这叫上涨中继。这种中继形态是股价在经过一段时间放量上涨之后，遇到压力开始连续冲高回落，通常出现这种情况是属于真实的上涨受阻，所以主力会选择以时间换空间来进行整理。

由于主力在前面的一波拉升中积累了不少获利盘，因此为了清洗获利筹码和抬高投资者的平均持股成本，就必须要构筑一个平台。这个平台的位置决定了横盘周期的长短，一般情况下强势股横盘一周左右就会选择突破。但也有个别情况，比如主力会在这个平台上横盘一至三周。如果是这种情况，说明主力在前期的吸筹不够充分，在低位建仓的时候没有拿到太多筹码，所以这个平台属于拔高后的二次建仓行为。需要注意的是前面的波段上涨幅度不能太大，最好是刚刚脱离底部区域，如果从低位已经上涨了50%以上，主力就有利用平台出货的嫌疑了。在均线多头排列的条件下，当后市股价突破前期高点的阻力线时，就意味着新的波段上涨开始运行，当日成功突破后可以作为一个介入点，或者在次日阴线回踩的时候关注。

一、不破 5 日均线的股价狂欢

5日均线,属于超短期操盘的指标。其操作手段也都是以超短或短线为主。当价格离开5日均线过远、高于5日均线过多,也即"5日乖离率"太大,则属于短线卖出时机。一般股票价格高于5日均线7%～15%,属于偏高,适宜卖出。价格回落、跌不破5日均线的话,再次启动时适宜买入。一般说,当价格在上升途中,大多数时间往往不会跌破5日均线或者10日均线。只要不跌破,就可结合大势、市场、基本面,继续持仓。股票价格如果跌破5日均线、反抽5日均线过不去的话,需要谨防追高风险,注意逢高卖出。

股票的5日均线就好像是股票里的财神爷,它主宰了股价短期波动,承载了股民太多的期待与希望。反之有"破五"卖出之说,就是股票收盘价一旦跌破5日均线,或者5日均线走平或者掉头,表明阶段性的高点已经出现。

不"破五"的股价狂欢,可以出现在股票的底部启动、上涨中继、主升浪的任何位置,量价关系只要符合不"破五"的条件,那么你就等着大口吃肉、大碗喝酒吧,一直持续到5日均线走平或者掉头,并且量柱小于5日均量线时卖掉股票,止盈(或者止损)出局。(备注:本书所提到的不破5日均线价格都是指当天收盘价,不是最低价。)

图形特征:5日均线作为攻击线,类似于古代打仗的急先锋,如果单兵作战能力突出,也可以以一抵十。

(1)经过一波超过20%的涨幅,然后回调,收盘价不破10日均线,均线综合得分大于10分,在0至8天时间内股票综合得分由10分变为50分以上。

(2)当天K线的收盘价站稳5日均线,且是涨幅大于5%的阳线。如果出现在底部,必须是在5日均线上穿10日均线,并且5日、10日均线综合得分为20分。

(3)5日均线像抛物线那样平滑、顺溜,且上翘角度大于30°,10日均线上翘角度大于10°。

成交量特征:量柱要大于5日均量线,并且5日均量线上穿89日均量线,量柱要求,放量更好,放量说明多空双方成交意愿强烈(放量不能超过3.8倍,否则主力可能是真出货),缩量也可以,说明主力控盘程度已经很高。

市场逻辑:中国有句古话:"三岁看大,七岁看老。"吸筹时不破5日均线,未来就有可能成长为大牛股,短期暴涨的可能性非常大。

操作策略：股价站稳 5 日均线买入，持股待涨。

及时止损：跌破前一天的最低价，止损出局。

实战案例一　如图 5—1 所示摩恩电气（股票代码 002451）股价经过一波短期上涨

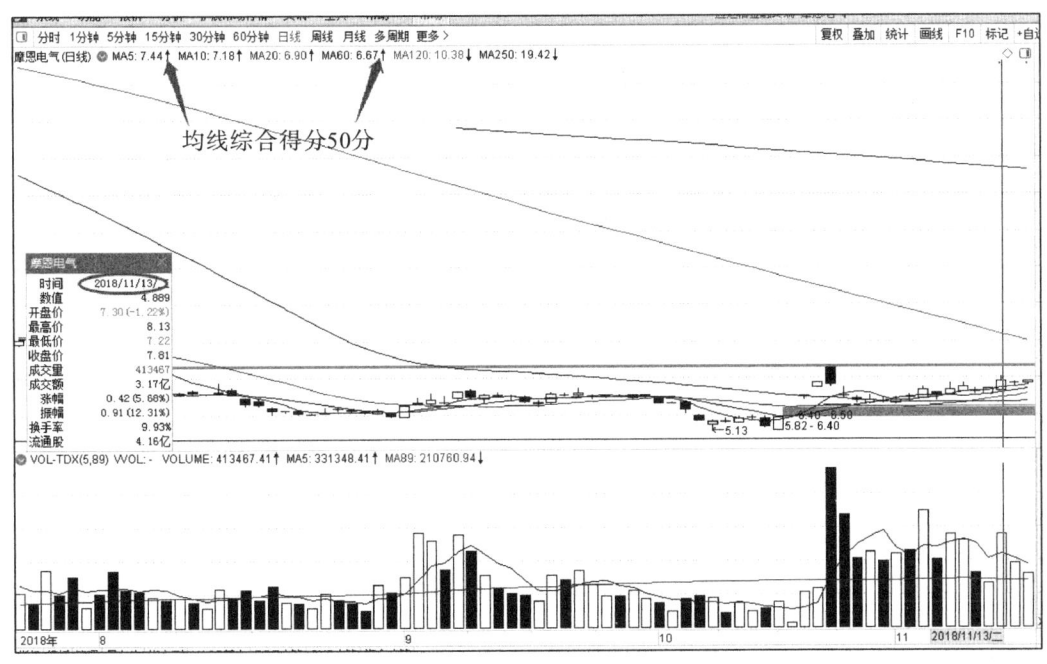

图 5—1　摩恩电气（股票代码 002451）

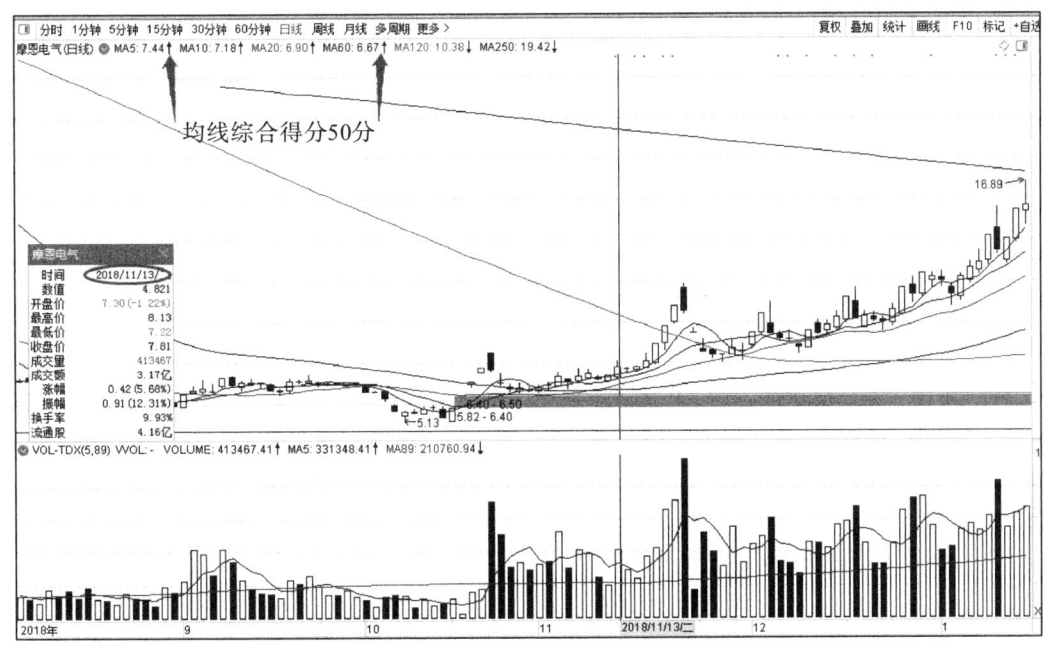

图 5—2　摩恩电气（股票代码 002451）

之后回调，2018年11月2日均线综合得分为10分。经过五六天的横盘整理，2018年11月12日股票收盘价成功站稳了5日均线，均线综合得分为50分。成长速度快得惊人，短短时间成长了40分。2018年11月13日，成交量柱大于5日均量线，是前一日成交量柱的倍量，量价配合完美，收盘价也稳稳站在了5日均线之上。所以未来三天是散户的最佳介入时机，如图5－2所示，随后3个涨停板收入囊中。

实战案例二 如图5－3所示春兴精工（股票代码002547）经过一波长期的下跌，2018年10月19日，收出了2.55元的双零抄底信号。次日用高开1分钱的跳空一线天战法，说明主力高度控盘。随后是一波超过30%的涨幅，主力吃满了一肚子货，股价也涨了不少了，里面获利盘也有一些了。同时越到建仓后期，看好该股的人可能就越多，短线获利盘自然就会增加。这个时候进行洗盘，是主力一个非常好的选择，既可以清洗里面的浮筹，又可以降低自己的成本。所以洗盘回调，横盘震荡。

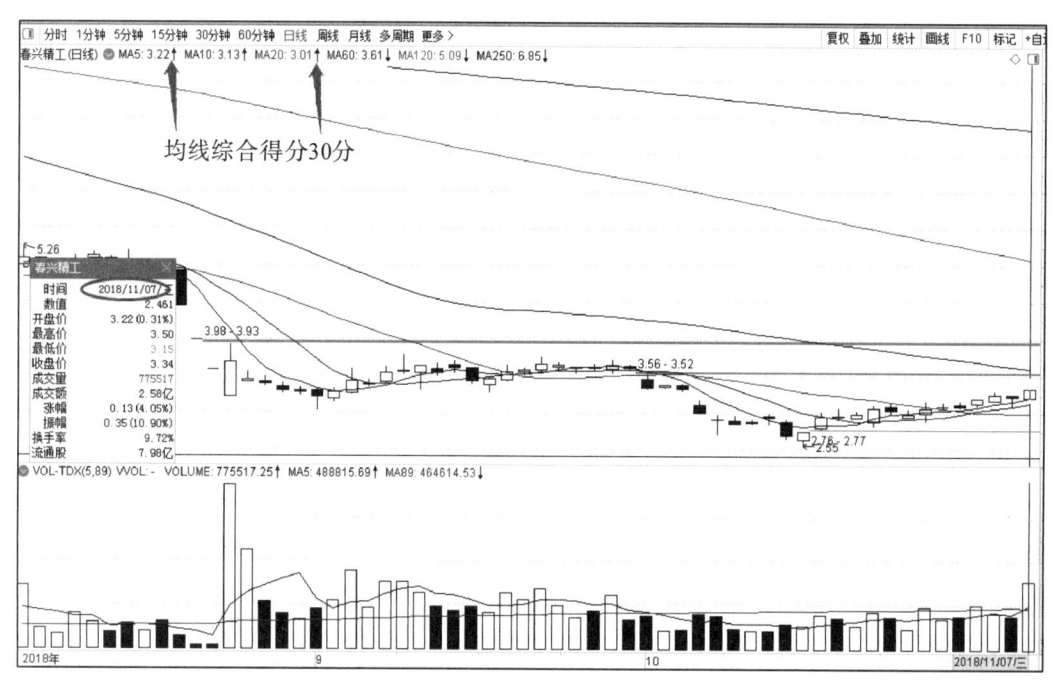

图5－3 春兴精工（股票代码002547）

2018年11月7日，该股均线综合得分30分，同时股价也站稳了5日均线，成交量柱当大大于5日均量线，和前一日成交量形成标准倍量，量价配合使均线顺位，不"破五"的股价狂欢开始。随后短短5个交易日便收获了两个涨停板，如图5－4所示。2018年12月13日，三天的收盘价稳稳地站在了5日均线之上，股票综合得分增至50分。成长速度惊人，也说明主力实力很强，均线同时走出了经典的"三均会师"的暴涨图形，当天均线综合得分为 50 分。同时 K 线也走出了"龙凤三胞胎"（三根 K 线是两阳夹一阴，形态非常相似，高低点大致相当且都是光头光脚）。随后三天内主力用三根 K 线组成"品"字洗盘。回踩一线天不破跳空缺口。从 2018 年 12 月 21 日，股价一直沿着 5 日均线往上运行，随即走出了一波 60％以上的涨幅。

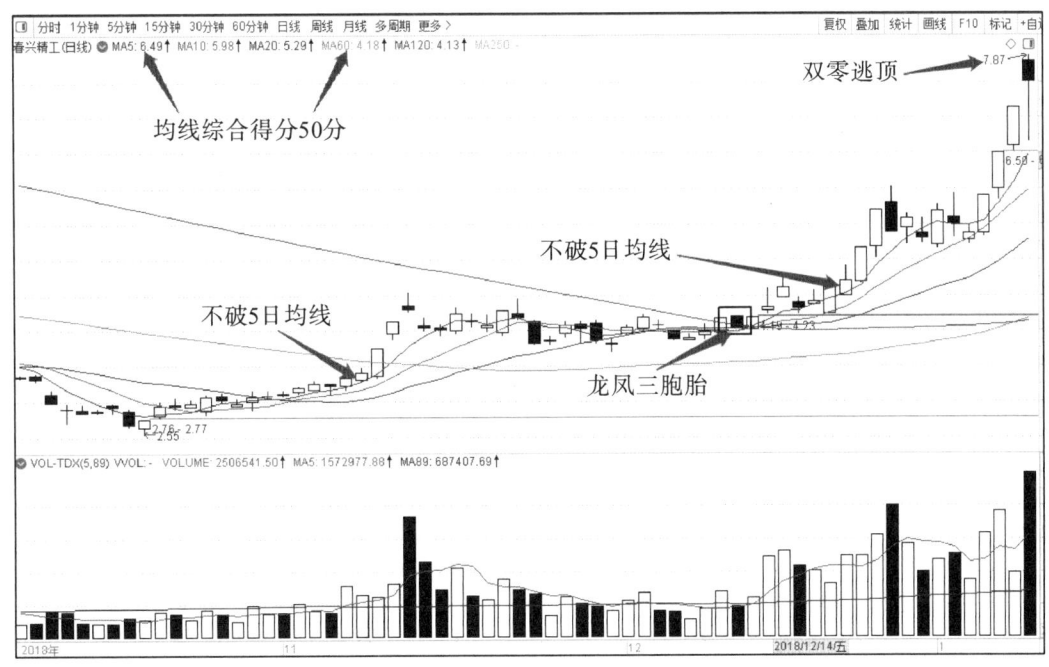

图 5—4　春兴精工（股票代码 002547）

实战案例三　如图 5—5 所示中元股份（股票代码 300018）2018 年 11 月 19 日之前连续拉升 5 个涨停板后，在 2018 年 11 月 21 日，出现了阶段性的最高点 6.67 元的双零逃顶信号，同时也走出了穿头破脚的大阴线。于是股价开始回调，次日收盘价已经跌破 5 日均线。5 日均线掉头向下，如果当时持有这只股票必须立刻止损。

又经过短期的筹码收集，2019 年 1 月 2 日，该股均线综合得分只有 20 分。只经过了一天的操作，1 月 3 日均线综合得分就达到了 50 分，如图 5—6 所示，成长速度非常快，说明主力实力非常强。同时量柱也大于 5 日均量线，和前一日成交量形成标准倍量，量价配合完美，随后的三天股价再也没有跌破 5 日均线，且 5 日均线角度大于 30°，线条平滑顺溜，10 日均线的上翘角度也大于 10°，符合短期暴涨的不"破五"的股价狂欢。

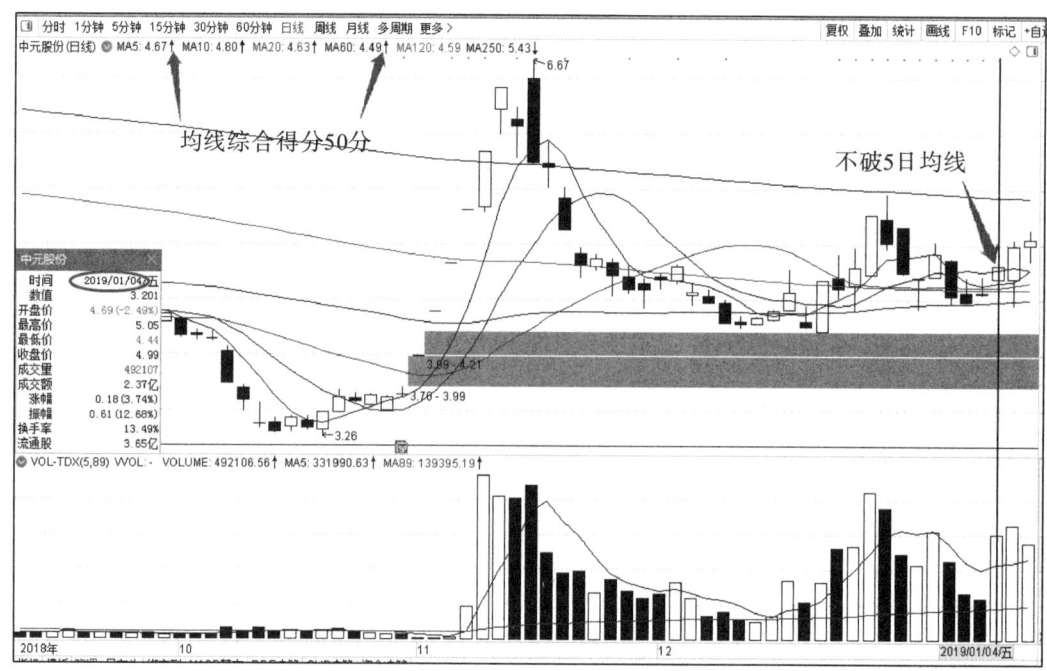

图 5—5 中元股份（股票代码 300018）

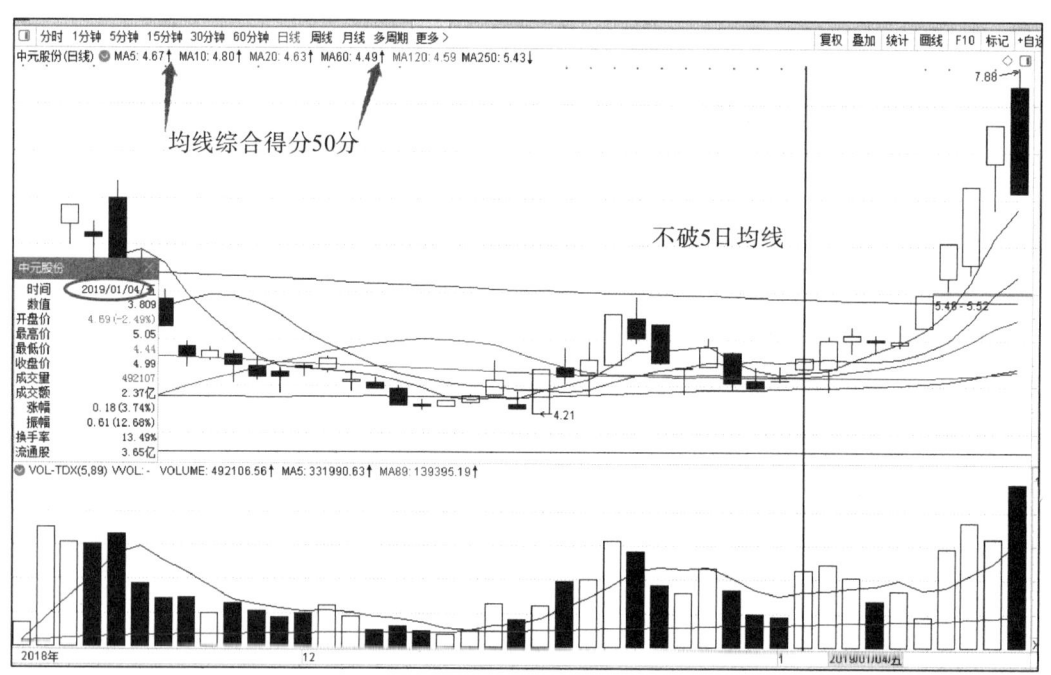

图 5—6 中元股份（股票代码 300018）

实战案例四　如图5-7所示八菱科技（股票代码002592）2018年10月17日，主力用一根带有长下影的锤头线，拉开了进攻的序幕。次日便用一字涨停板甩开了主力建仓成本，走出了一条宽宽的护城河，短线达到了暴力抢筹的目的。同时也抬高了市

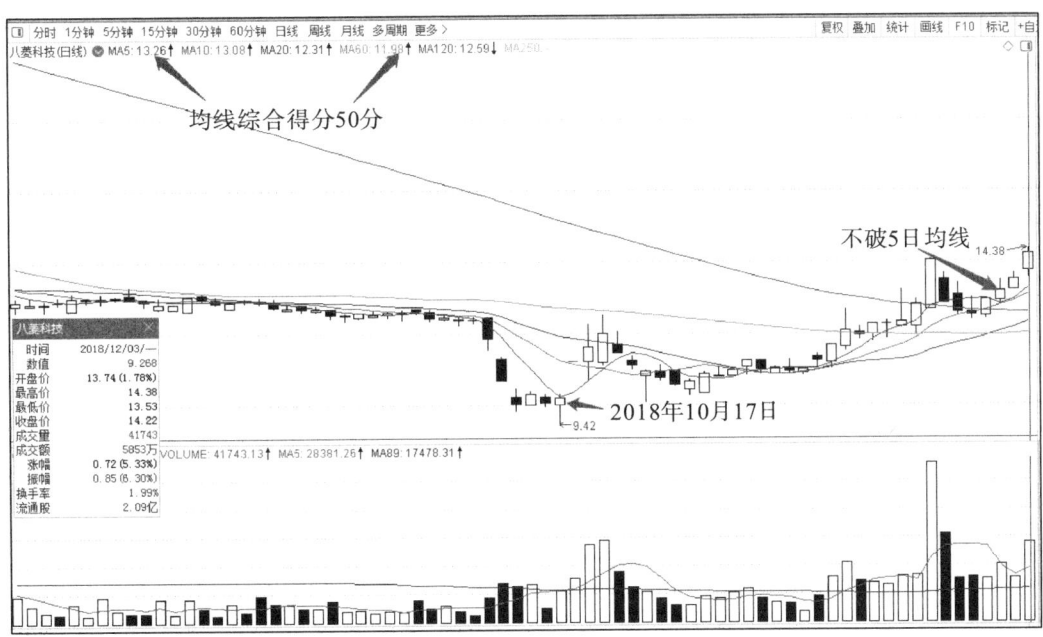

图5-7　八菱科技（股票代码002592）

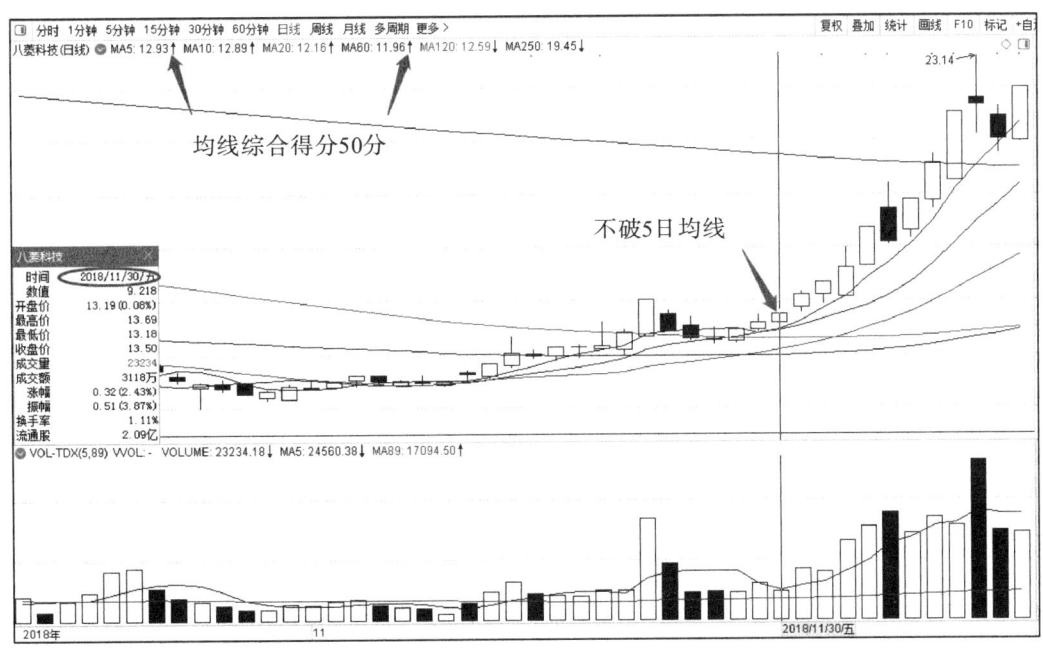

图5-8　八菱科技（股票代码002592）

场成本，以后买入的投资者要想赚这只股票的钱，就增加了难度。随后回调，经过一波拉升，到2018年11月22日，完成了经典的"龙凤呈祥"（详情见《均线为王之二：暴涨形态》）经典形态，并且股价成功地突破了120日均线的重要压力位。经过三天短暂的洗盘（重点关注洗盘时没有跌破前面涨停板的开盘价，也符合了经典的"金凤还巢"暴涨形态，详情见《均线为王之二：暴涨形态》），2018年11月30日股价重新站稳5日均线，并且均线综合得分达到了50分，次日量柱大于5日均量线，量价配合完美，如图5－8所示。于是不"破五"的股价狂欢开始，短短一个月的时间，股价从12元直接拉升到23元，走出来一波令人叹为观止的翻倍行情。

实战案例五 如图5－9所示雄韬股份（股票代码002733）2018年12月18日，收盘价突破120日均线的重要压力位，预示着股价要大幅拉升，因为主力敢于解放半年来的套牢盘，一定是志在高远，同时当日均线综合得分70分。随后经过短暂回调，于2018年12月27日，股价再次站稳5日均线，且成交量柱大于5日均量线，量价配合完美，如图5－10所示。开启了不"破五"的股价狂欢之旅。短短14个交易日就完成了翻倍行情。

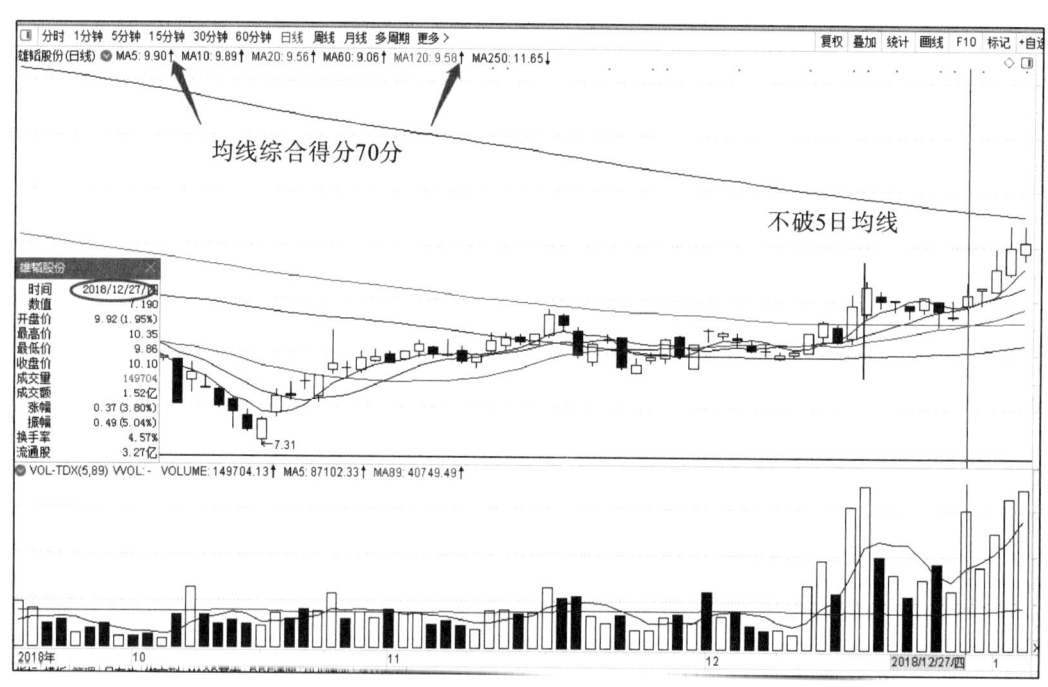

图5－9 雄韬股份（股票代码002733）

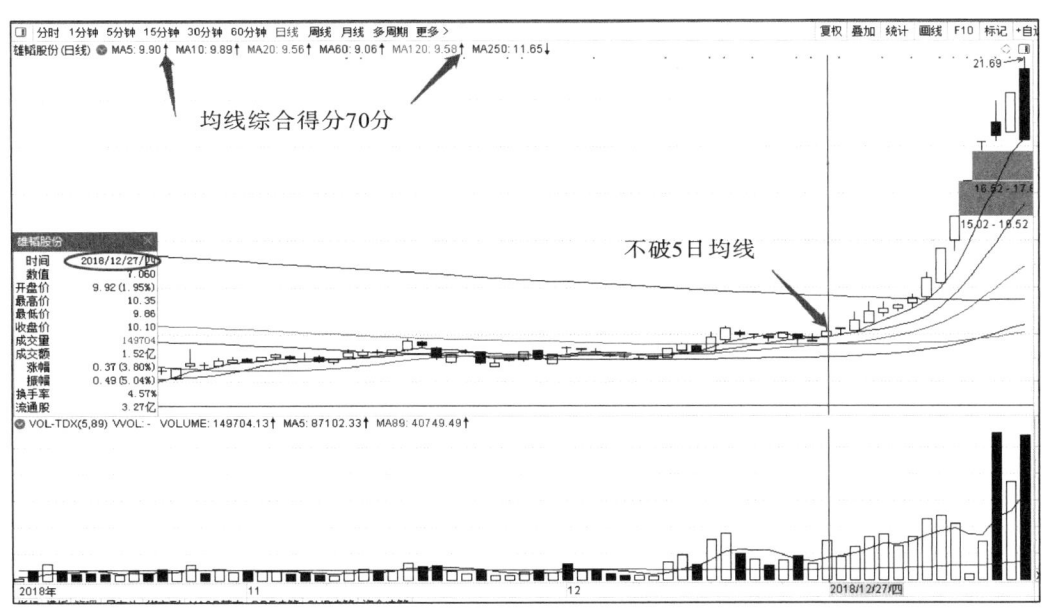

图 5—10 雄韬股份（股票代码002733）

实战案例六 如图 5—11 所示华菱钢铁（股票代码000932）2017 年 7 月 18 日，受业绩大增影响主力将股价成功地站稳了 5 日均线。同时，在 2017 年 7 月 21 日形成了"黄金砖"的强势吸筹形态，主力意图明显，2017 年 7 月 27 日，成交量柱大于 5 日均量线，收盘价稳站 5 日均线之上，如图 5—12 所示。随后股价便开始了一轮不"破五"的股价狂欢之旅，40 多个交易日就走出了涨幅 70％的行情。

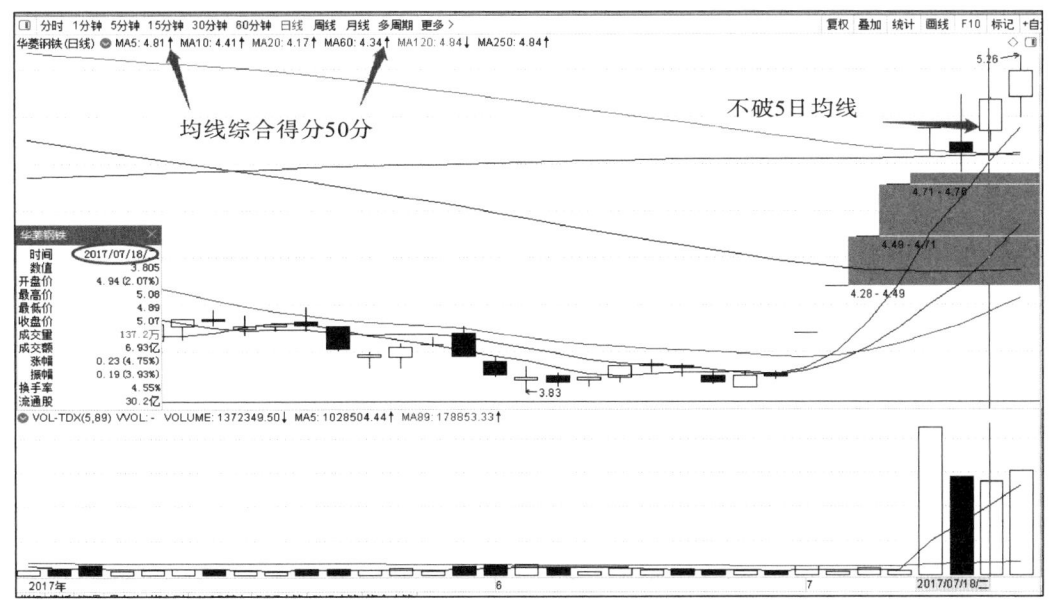

图 5—11 华菱钢铁（股票代码000932）

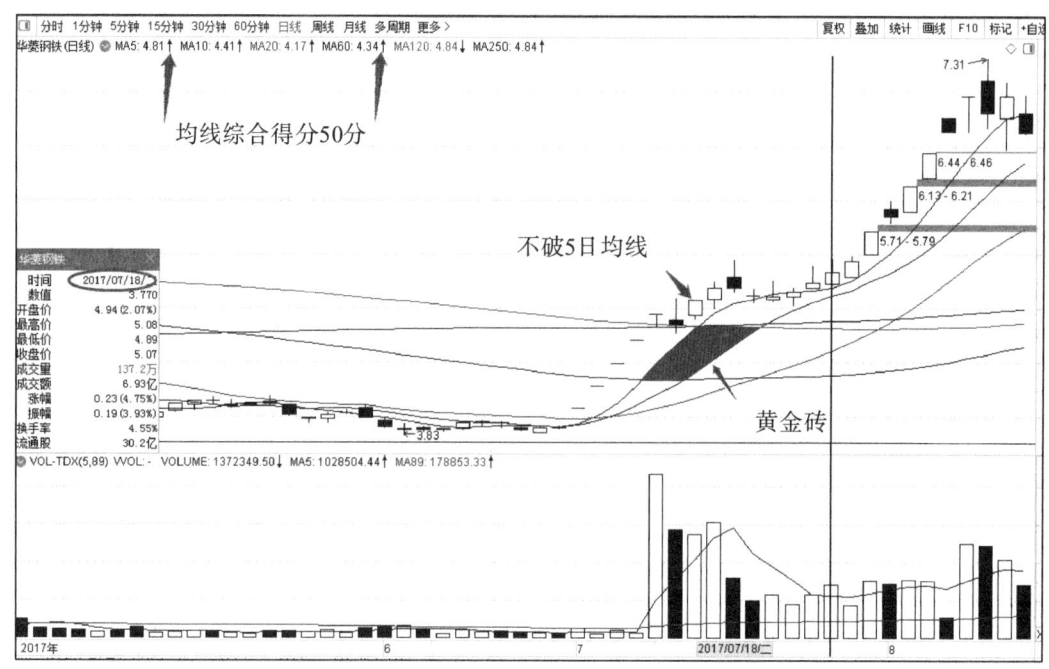

图 5—12 华菱钢铁（股票代码000932）

由上可见均线综合得分 50 分及以上、不破 5 日均线的股票，任你开足马力，一往无前。

二、均线密码

资金在大幅拉升股票后由于短期获利筹码丰厚，股票抛压盘很重，主力借此打压股价达到洗盘效果，为继续拉升股价或出货做准备。入选股票必须是前期市场火爆龙头，一般有 2 至 3 个涨停板。因为不是龙头，就不容易聚集人气；没有几个涨停板，打压空间不够，反弹的力度也不会太强，很容易陷于复杂的调整。前期拉升过程中，必须要有量能的积累，操盘手法越凶悍越好；回落整理过程中，尽量极度缩量，没有像样的反弹越好。量能的积累是主力资金进场的标志；操盘手法越凶悍，越容易洗掉跟风盘，也说明主力志在高远；下跌极度缩量，说明主力资金并没有退场，很容易开始第二波拉升。

这就提到了神奇的"均线密码"，第二波何时介入很关键，介入早了，时间成本太高，很容易被洗走；介入晚了，成本又高了，增加了风险系数。那何时才是最佳介入点呢？我们都知道有压力的股票不会大涨，需要我们找到压力点，等股价再次突破这个压力点，问题就解决了。5日均线下穿10日均线的死叉和5日均线的弧顶在回调时聚集了大量的套牢盘，所以就被认定为重要压力位，笔者称之为"均线密码"。因为那个死叉点聚集了大量的套牢盘，所以短期进场的股民全部被套牢，中小投资者又急于解套，主力正是利用了散户这种心理，会故意制造假突破，以迫使其套牢盘快速割肉，"均线密码"的横空出世为破译股价为什么回调、为什么不大涨提供了逻辑上的支持。

实战案例一 如图5－13所示华自科技（股票代码300490）2018年2月9日，股价经过长期的下跌，出现9.91元双零抄底信号，经过短暂的一组五连阳的吸筹，主力拉升出了一波超过40%的涨幅。2018年3月20日、3月21日、3月22日三天，股价没有站稳5日均线，5日均线走平后方向掉头，说明股价有回调需求。此时必须马上止损出局，否则连吃2个跌停板。

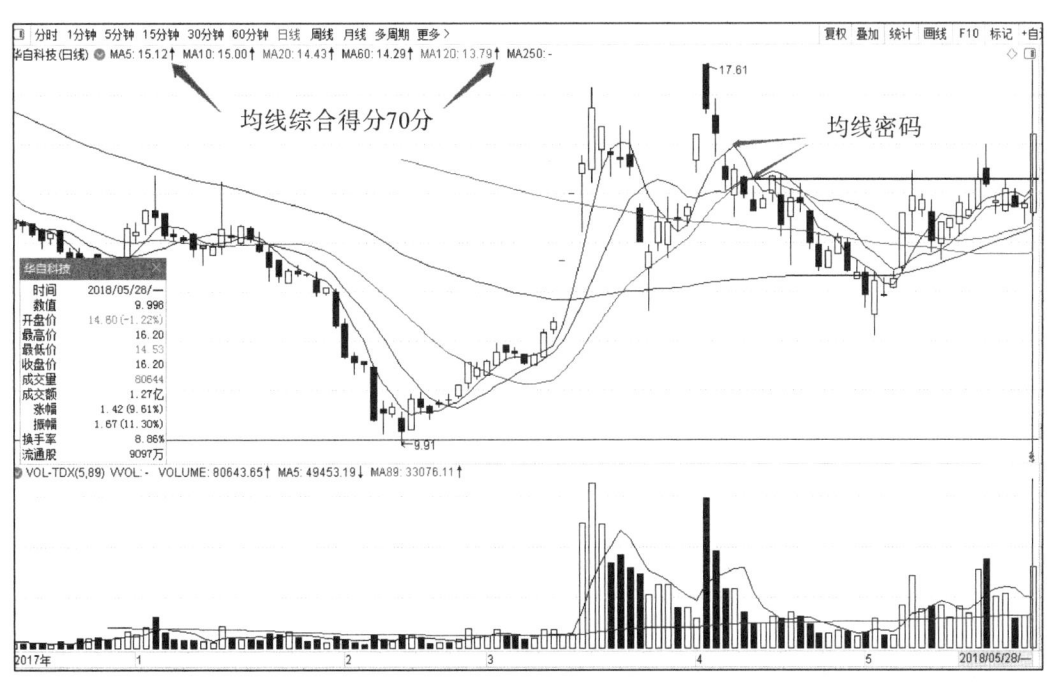

图5－13 华自科技（股票代码300490）

随后，2018年3月26日，股价重新站稳20日均线，又拉出一波超过20%的涨幅。到2018年4月3日与前面高点形成"M"头双头见顶信号。同时4月3日出现海市蜃楼经典的出货形态。2018年4月12日，5日均线同时下穿10日均线、20日均线，形成"均线密码"的死叉。

随后股价一路下跌，直到2018年5月8日，5日均量线上穿89日均量线，同时收出涨停板，但当天该股均线综合得分只有40分，不符合买入要求。主力分别在5月9

日、5月18日和5月21日尝试突破"均线密码"压力未果,但是均线综合得分在5月18日达到了50分。直到5月28日,股价成功突破5日均线,均线综合得分达到70分,符合买入要求。如图5-14所示,5月29日,又走出跳空一线天的强势行情,5个涨停板收入囊中。

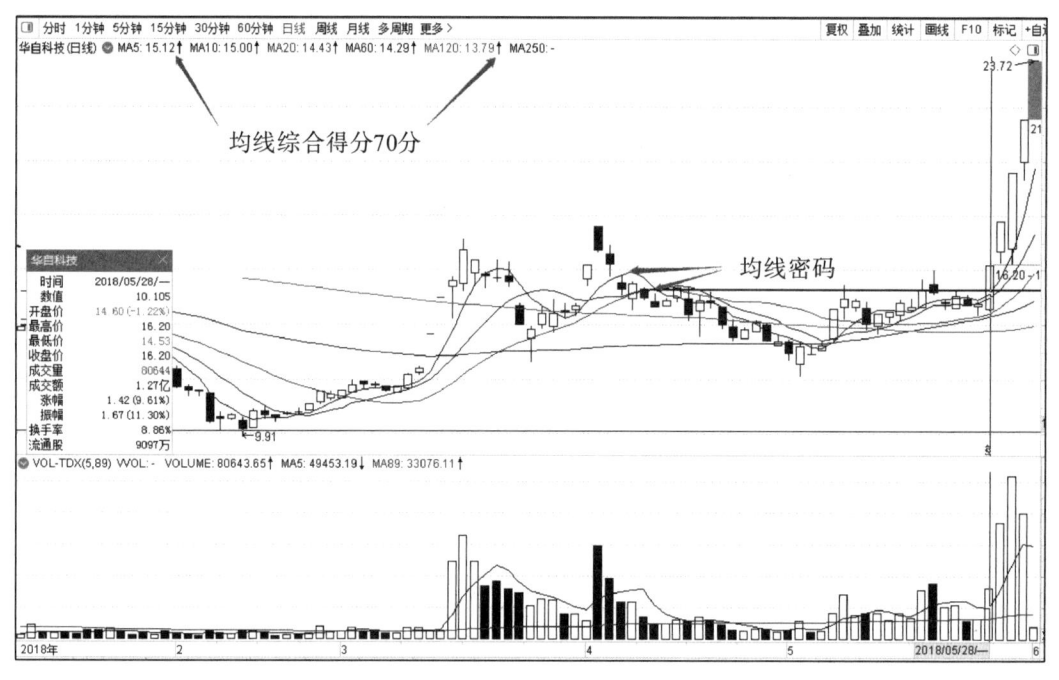

图5-14 华自科技(股票代码300490)

实战案例二 如图5-15所示康盛股份(股票代码002418)自2018年6月14日闪崩到2018年8月24日止跌企稳,主力经过长达两个半月的横盘震荡吸筹。在2018年9月27日,K线收出了一个带有长上影线的"射击之星"。同时,出现了3.99元的双零逃顶信号。10月9日,5日均线走平出现弧度。10月12日,5日均线下穿10日均线形成"均线密码"。随后,经过主力的再次吸筹,于11月13日冲击左侧"均线密码"压力未果,可见"均线密码"压力之大。一般中小投资者会在这个位置买入,认为很可能突破。

2018年12月6日再次冲击,再次试图突破压力,仍然没有成功。在2018年12月17日和2019年1月9日、10日,分别三次又试图突破"均线密码"压力,仍然没有成功。直到2019年1月14日均线综合得分达到了50分,成功收出涨停板才实现有效突破,如图5-16所示。

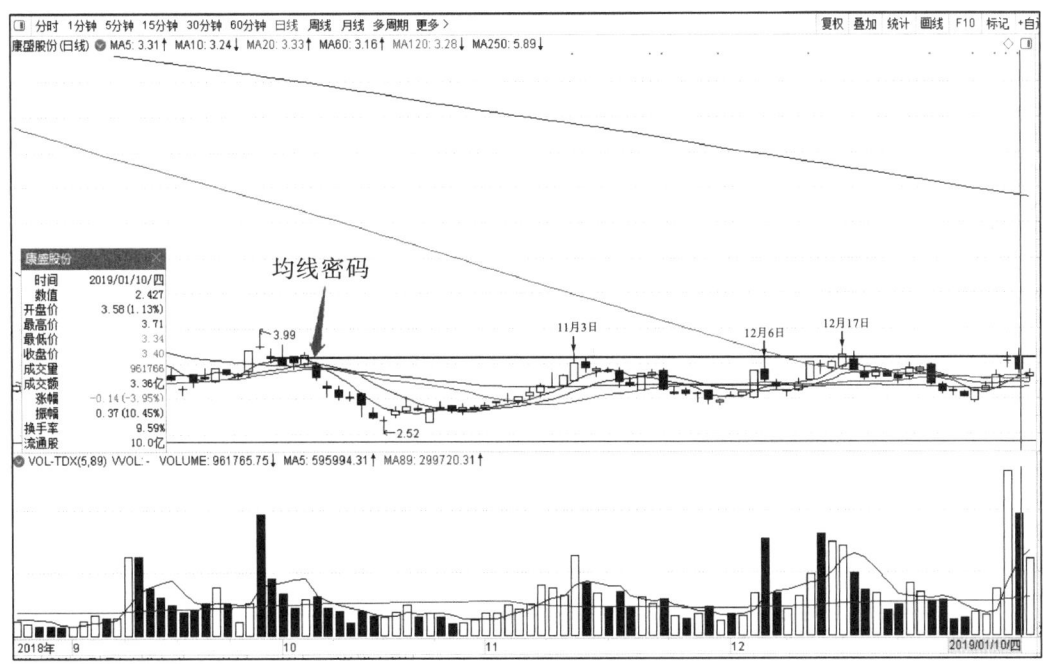

图 5—15 康盛股份（股票代码002418）

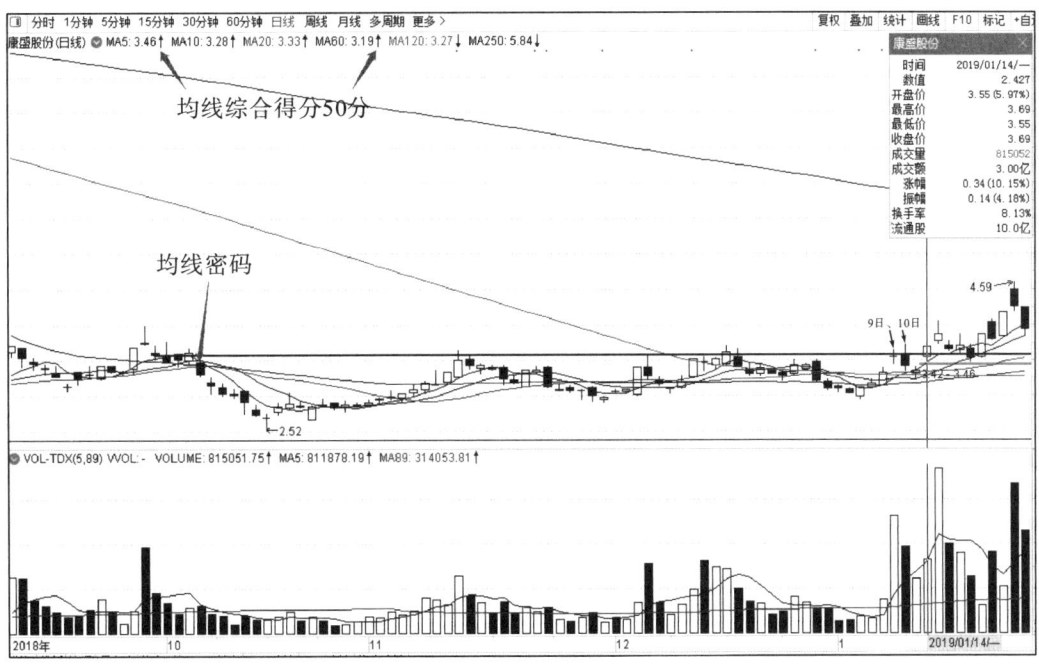

图 5—16 康盛股份（股票代码002418）

实战案例三　如图5－17所示圣阳股份（股票代码002580）自2017年11月9日闪崩以来，直到2018年6月20日止跌企稳。主力经过快速拉升吸筹，在2018年7月24日收出了一个带有长上影线的"射击之星"。同时，2018年7月26日，5日均线走平出现弧度。8月2日，5日均线下穿10日均线形成"均线密码"。随后，经过主力的再次吸筹，于2018年8月29日冲击左侧"均线密码"压力未果，可见"均线密码"压力之大。

2018年11月28日再次冲击，试图突破压力，仍然没有成功。

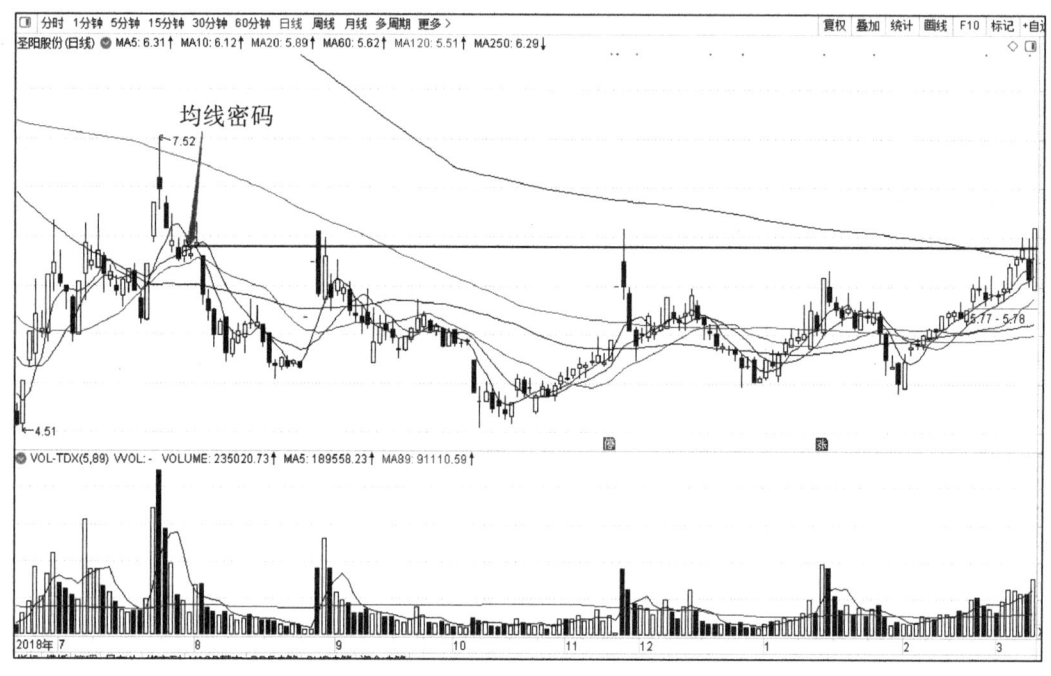

图5－17　圣阳股份（股票代码002580）

实战案例四　如图5－18所示华明装备（股票代码002270）经过一波连续3个涨停板的抢筹，主力派发意愿明显，自2018年8月17日，5日均线走平。8月20日，5日均线下穿10日均线形成"均线密码"。随后，经过主力的再次吸筹，于2019年1月2日至11日多次冲击左侧"均线密码"压力未果，可见"均线密码"压力之大。虽然多次努力没有结果，但是该股均线综合得分已经悄悄地达到了70分，符合买入条件。直到2019年1月14日，主力用一个跳空高开的一字涨停板，成功实现有效突破，突破后一片艳阳天，随后主力连续拉出3个涨停板，如图5－19所示，让您赚得盆满钵满。

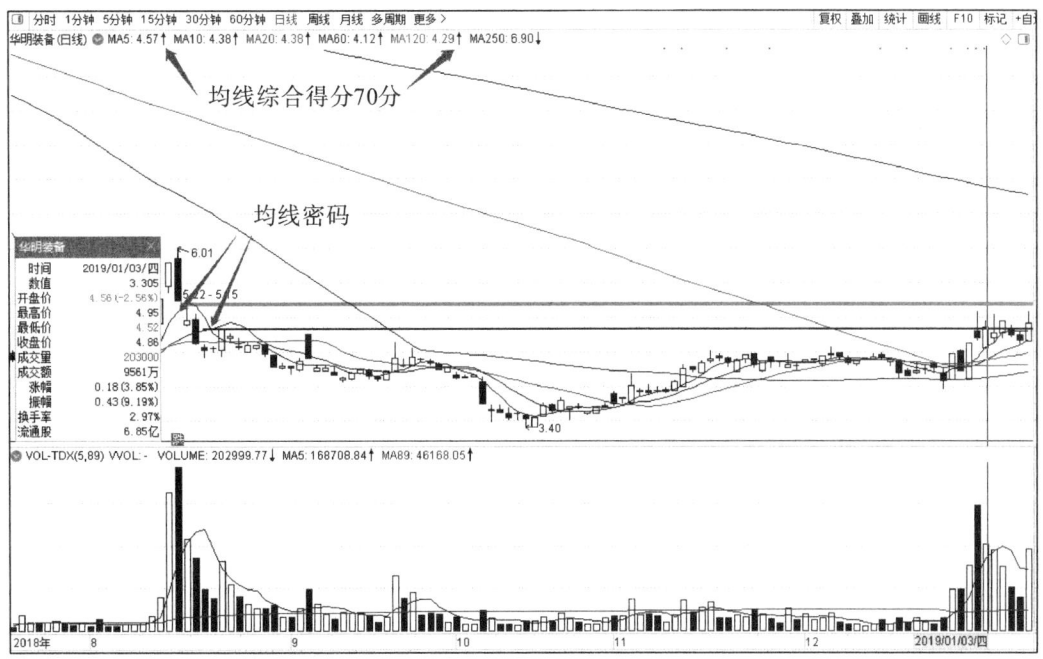

图 5—18 华明装备（股票代码 002270）

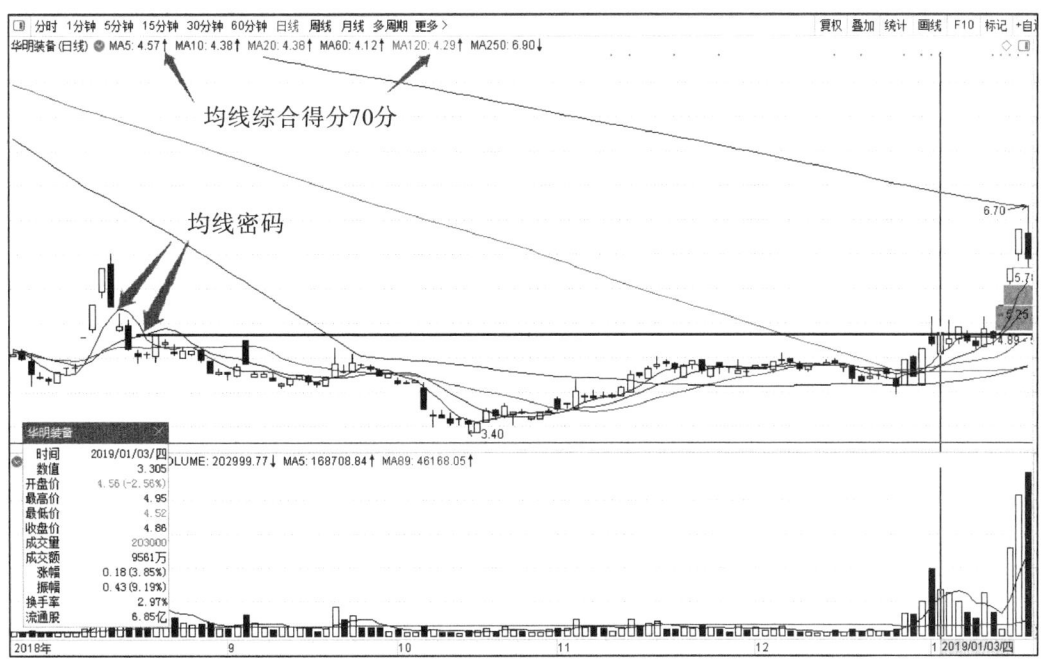

图 5—19 华明装备（股票代码 002270）

实战案例五 如图5-20所示襄阳轴承（股票代码000678）经过一波连续3个涨停板的抢筹，主力派发意愿明显，自2018年7月4日，5日均线走平，次日出现弧度，随后，经过主力的再次吸筹，于2018年7月27日至28日冲击左侧"均线密码"压力

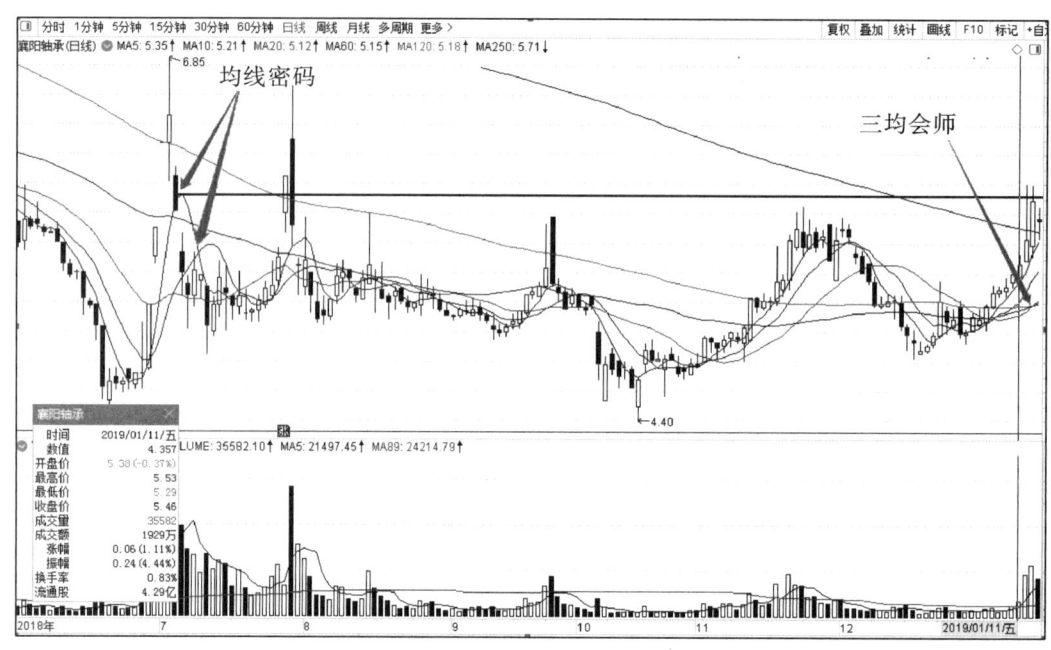

图5-20 襄阳轴承（股票代码000678）

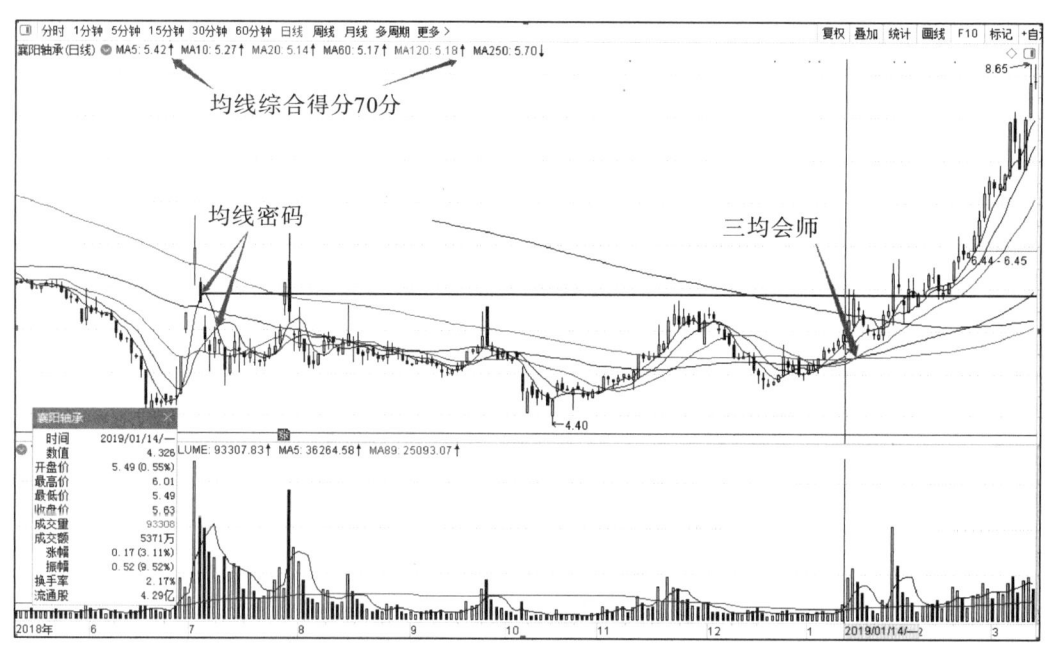

图5-21 襄阳轴承（股票代码000678）

未果，可见"均线密码"压力之大。在 2019 年 1 月 14 日至 15 日再次尝试突破，仍然以失败告终，虽然突破失败，但是均线综合得分却悄悄地达到了 70 分，如图 5－21 所示。同时 1 月 15 日也完成了"三均会师"的经典形态，说明主力蓄势很久了，果不其然，再次突破"均线密码"压力后，不到两个月的时间，便完成了超过 60% 的涨幅。

实战案例六　如图 5－22 所示久立特材（股票代码 002318）2018 年 10 月 19 日，一个倒锤头 K 线预示着股价见底，随后便开始连续拉升，暴力抢筹，说明主力做多意愿强烈。分别在 2018 年 11 月 20 日和 2019 年 1 月 17 日，形成两次"均线密码"。

1 月 28 日主力试图突破"均线密码"压力直接拉升，没有成功，K 线也留下了长长的上影线，次日便使用长下影线探明了支撑位后，一举突破"均线密码"。此时均线综合得分 60 分，未来的涨幅值得期待。

果不其然，仅仅过了 4 个交易日均线综合得分便达到了 100 分，如图 5－23 所示，主力突破"均线密码"后不到 1 个月的时间，股价就有了超过 20% 的涨幅。

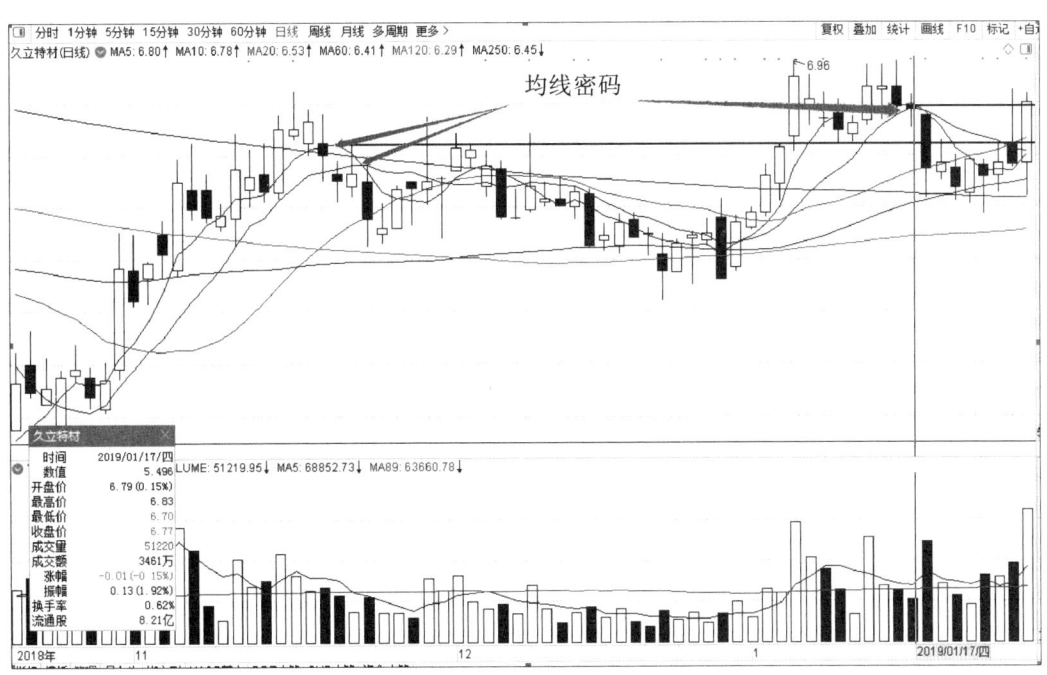

图 5－22　久立特材（股票代码 002318）

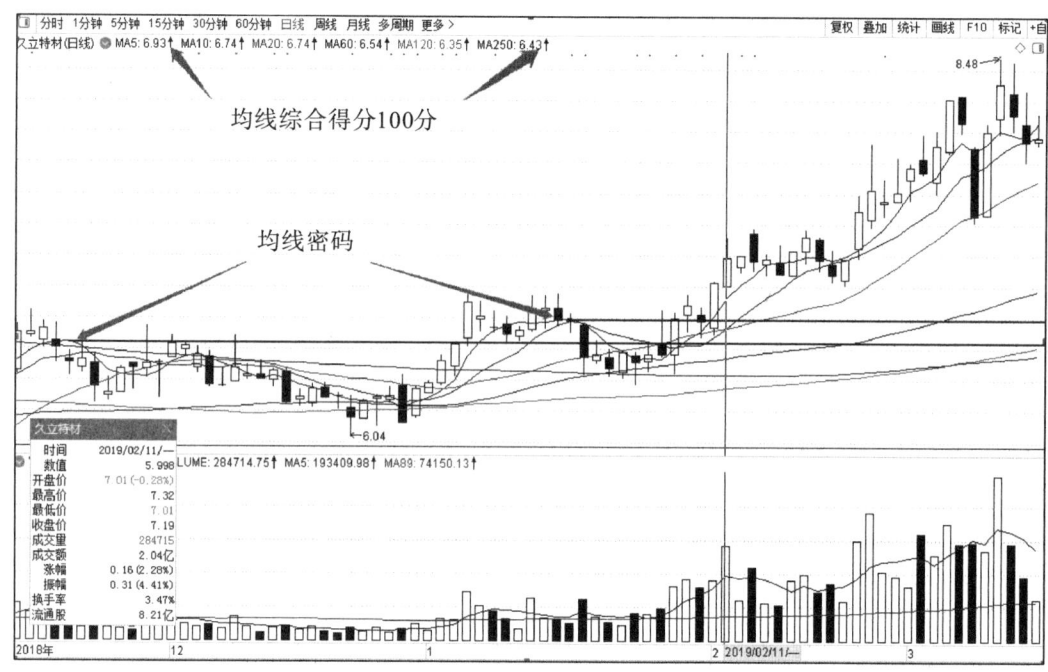

图 5—23 久立特材（股票代码 002318）

实战案例七 如图 5—24 所示天成控股（现名 ST 天成 股票代码 600112）自 2017 年 10 月 30 日出现 8.72 元以来，股价便一路走低，直到 2018 年 6 月 20 日止跌企

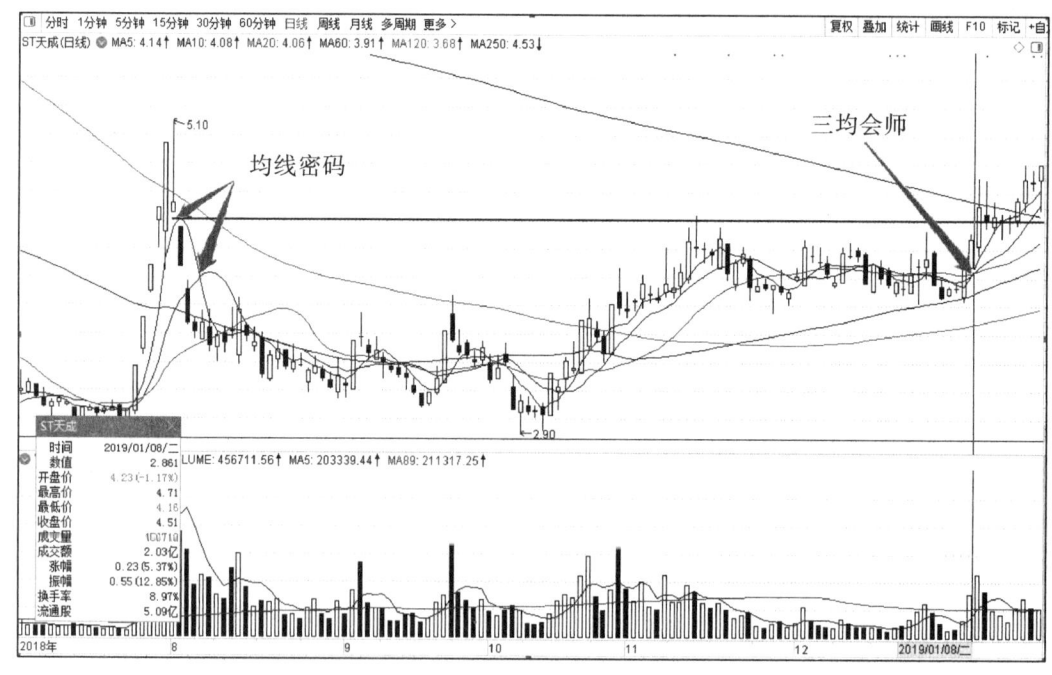

图 5—24 天成控股（现名 ST 天成 股票代码 600112）

稳。经过近一个多月的横盘震荡，筹码已经足够便宜。主力不会放过这么大好的机会，于是连续拉升5个涨停板暴力抢筹。2018年8月1日收出一根长上影线预示着该股阶段性顶部成立。8月2日，5日均线掉头形成圆弧状。2018年8月7日，5日均线下穿10日均线，形成"均线密码"。11月13日、14日尝试突破"均线密码"压力均未能成功。11月19日再次试图突破"均线密码"压力，依然没有成功，直到2019年1月7日主力完成了"三均会师"的短线暴涨形态。1月8日成功突破"均线密码"压力，同时几天以后也突破了年线压力，未来涨幅值得期待。

认识了"均线密码"的压力，就能很熟练地避开压力，中小投资者可以借此避免损失，同时突破"均线密码"压力后的快速拉升会让您的财富快速增值。

三、"一穿一托"的波段王者

只要股市开盘，股票就会出现上涨或下跌，就会有波峰和波谷，就会有波段产生，理论上每一只股票都是可以赚钱的，关键是要踏准节奏，所谓的节奏就是对波段的波峰和波谷的判断，波段好比"钻石"，因为它避开了长线的时间成本和大幅回调，也避免了短线的追涨杀跌。

因此，每一个投资者都在股市里赚过钱，又都赔过钱。但绝大多数是赚的少、赔的多。究其原因，最主要的是天天在股市里杀进杀出，总想抓住每一只股票的上涨机会，频繁交易、过度投机。如何踏准股票节奏呢？需要有处变不乱的良好心态，进退自如的操作技巧，眼观六路的应变能力，善于割肉斩仓的胸襟气魄，没有这些功夫，想通过波段操作增加财富又谈何容易。

在上升趋势和下跌趋势当中，我们可以顺势而为，采取吃大波段的策略或是休息的策略，而在震荡市中，波段操作对赢利就显得尤为重要了。对于绝大多数强势股而言，在小波段上涨中出现中阳线和长阳线的天数为3至5天，也就是平均在4天左右，所以我们将之称为"4天法则"。而且这4根长阳线和中阳线是比较连续的，一般仅夹杂着为数不多的几根小阴线和小阳线。但也有一种情况是，个股涨2至3天就调整1至2天，这样波段运行的时间会有所加长，但中阳线和长阳线出现的天数也不会很多。而对于强势个股，长阳线出现的天数会明显增多，有时会出现5至6根的长阳线，甚至有的超级强势股是先涨3至4天，然后再调整1至2天后才拉3至4根长阳线。

小波段上涨结束后，股价随之进入调整，但是调整的幅度一般不会很大，时间一般不会很长。除非是那些一步到位的超级强势股或者已经满足了主升浪条件的一些个股。对于每一个小波段而言，一旦股价确立上涨，且满足我们的选股标准的话，我们就应该及时地、果断地进场交易，否则可能会买在波段高点之上，给我们的交易带来麻烦。这个标准是什么呢？就是我们的"一穿一托"。

在股票实战中，相对于5日均线，10日均线的运用要多得多，也重要得多，"一穿一托"形态就是凭借10日均线便能够取得长期的赢利。那么，什么是"一穿一托"的理论根据，或者说为什么"一穿一托"胜率较大呢？

先分析一下为什么在"一托"10日均线以上可以买入。在股票价格的上升和下跌过程中，很显然在上升过程中买入胜率较大，而价格在10日均线之上说明该股正在上升，因此在10日均线上买入股票的胜率就大于在10日均线之下买入。

股市有一种说法："掐头去尾吃中段。"但如何知道哪是"中段"呢？"一穿一托"的形态正是提供一个客观的判断"中段"的方法。当股票价格从底部上来穿越10日均线时，可以初步认定"鱼头"已现，后面就是"鱼的中段"，所以可以买入。如果股票价格在10日均线以上继续攀升，"鱼的中段"在不断地展现，但当时不能看到"鱼的全身"，所以不能卖。直到股票价格最后跌破10日均线，此时"鱼尾"出现，整个"鱼身"已经很清楚了，而后选择落袋为安，方为上策。

在交易当中，不仅仅充满了机会，同时也充满了陷阱。如何在市场中赚钱，其实归结于如何抓住机会和规避陷阱。"一穿一托"的形态正是为中小投资者提供了一种避凶趋吉的手段。

先说避凶。股市下跌可能呈现不同的方式，有阴跌、急跌、反弹再跌。中小投资者往往一见反弹就以为见底就去追，不料想却买到了反弹的顶点，成为下一波下跌的牺牲品；高明一些的投资者就趁机买入做反弹，但这些差价一般不大，风险很高。就像打篮球，篮球落地如果没有外力的作用，反弹高度会越来越低，股票也一样，所以建议中小投资者不要接"下跌途中的飞刀"。学会了"一穿一托"方法后，仅凭一条股价站稳10日均线之上就可以考虑买入，就可以过滤掉80%以上的错误买入的风险，其余20%多半可以综合其他因素滤掉。即使买错了，也可以及时止损。所以"一穿一托"的形态可以最大限度地避免风险。

再说趋吉。一旦通过"一穿一托"的形态买对了，股价就进入快速拉升阶段，就不能轻易放过。有些中小投资者看见涨了一段或到了心理价位就抛，还有的在上涨过程的震荡调整中，把持不住，被洗盘洗了出来，而"一穿一托"的形态提供一种客观持股的方法，让我们不会轻易受到市场气氛的影响，不容易被洗出来。"一穿一托"的形态实际上给了中小投资者一把标尺，是一个取舍的依据。

由于"一穿一托"形态可以出现在股票的底部启动、上涨中继、主升浪各个位置，所以我们就用均线综合得分来区别底部启动、上涨中继和主升浪，均线综合得分在30分至50分的为底部启动，均线综合得分在50分至70分的为上涨中继，均线综合得分在70分至100分的为主升浪，次新股因为没有长周期均线，所以只要5日均线、10日均线、20日均线、60日均线后面箭头方向向上，均视为满分100分。

（一）底部启动的"一穿一托"

图形特征：当天K线的收盘价站稳5日均线，K线必须是涨幅大于2%的阳线，可以有上下影线，同时当日K线的最低价大于或者等于10日均线的价格。"一穿"是指5日均线穿当日股价，"一托"是指10日均线托住股价不再下跌。

均线趋势：5日均线、10日均线、20日均线，自上而下多头排列，综合得分大于30分。5日均线上翘角度需大于30°，10日均线上翘角度需大于10°，20日均线只要有分就行。

成交量特征：量柱一定要大于5日均量线，并且5日均量线必须上穿89日均量线，量柱要求放量更好，放量说明多空双方成交意愿强烈（放量不能超过3.8倍，否则主力可能是真出货），缩量也可以，说明主力控盘程度已经很高。

市场逻辑：当一只股票经过主力一段时间的建仓洗盘。收盘价大于5日均线的时候说明主力做多意愿强烈。盘中最低价大于或者等于10日均线的时候，说明股价已经拒绝下跌，10日均线有强力支撑。同时均线综合得分超过30分，证明这只股票已经可以买入。

操作策略：盘中股价突破5日均线买入。

及时止损：跌破10日均线出局。

实战案例一 如图5－25所示珠江钢琴（股票代码002678）经过一段长时间的大幅下跌，主力已经觉得筹码足够的便宜，股价在2019年1月31日出现了5.44元的双零见底信号，2月21日形成"银山谷"，1个交易日之后，主力完成了"一穿一托"的形态，当天盘中最低价5.89元和10日均线对应的价格5.89元正好相吻合，而收盘价6.26元也远远高于5日均线对应的6.00元的价格，5日均线完成了"一穿"，10日均线完成"一托"。均线综合得分为30分，符合买入条件。如图5－26所示，后面果然主力开始拉升，不到三周便有了20%左右的涨幅，直到遇到年线的压力才开始回调。

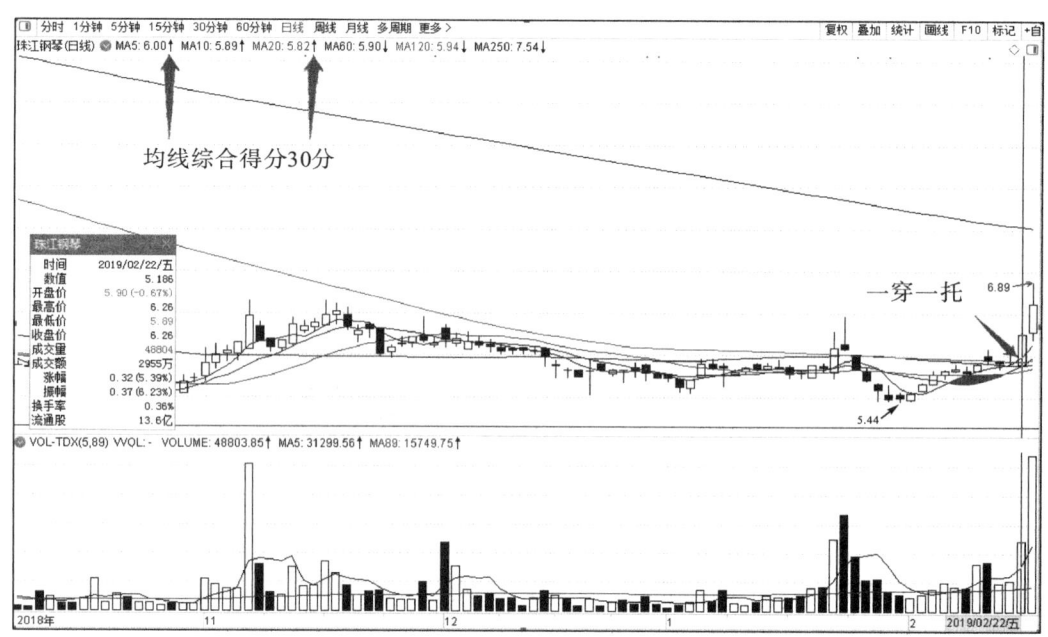

图5—25 珠江钢琴（股票代码002678）

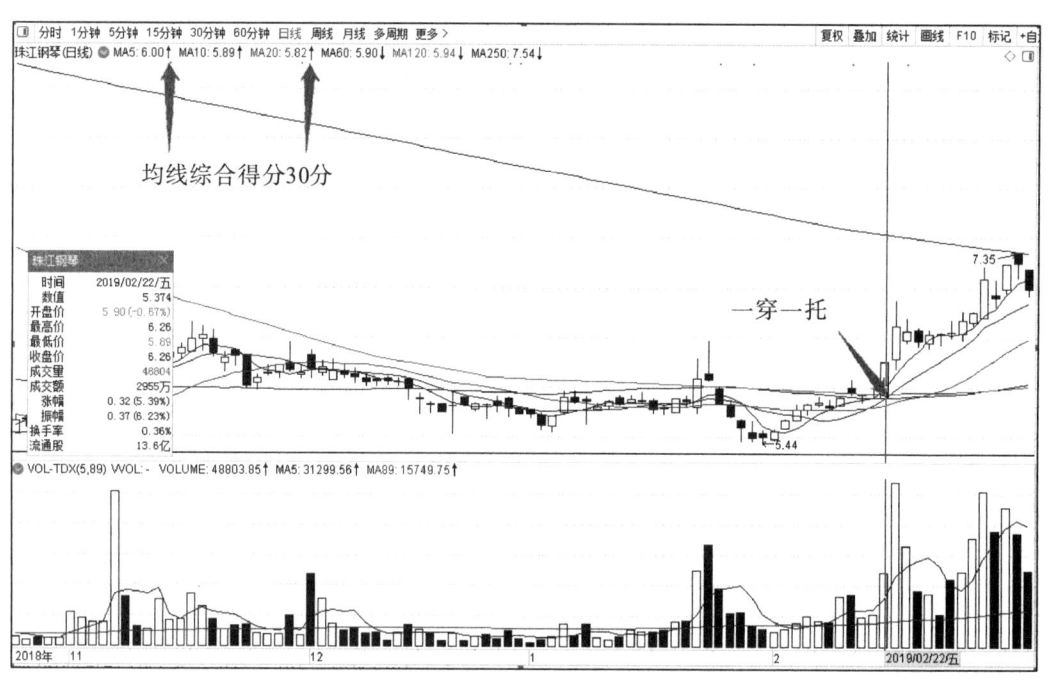

图5—26 珠江钢琴（股票代码002678）

实战案例二 如图5—27所示浪潮信息（股票代码000977）经过一段长时间的大幅下跌，主力已经觉得筹码足够的便宜，股价在2019年1月4日止跌企稳，1月24日形成"银山谷"，4个交易日之后，主力便完成了"一穿一托"的形态，当天盘中最低价 16.53 元和 10 日均线对应的价格 16.57 元基本吻合，而收盘价也大于了 5 日均线，5 日均线完成了"一穿"，10 日均线完成"一托"。均线综合得分为 30 分，符合买入条件。后面果然主力开始拉升，如图 5－28 所示，不到两周股价便有了超过 20％左右的涨幅。遇到 120 日均线压力短暂回调后，2 月 22 日再次形成了"一穿一托"的形态，当

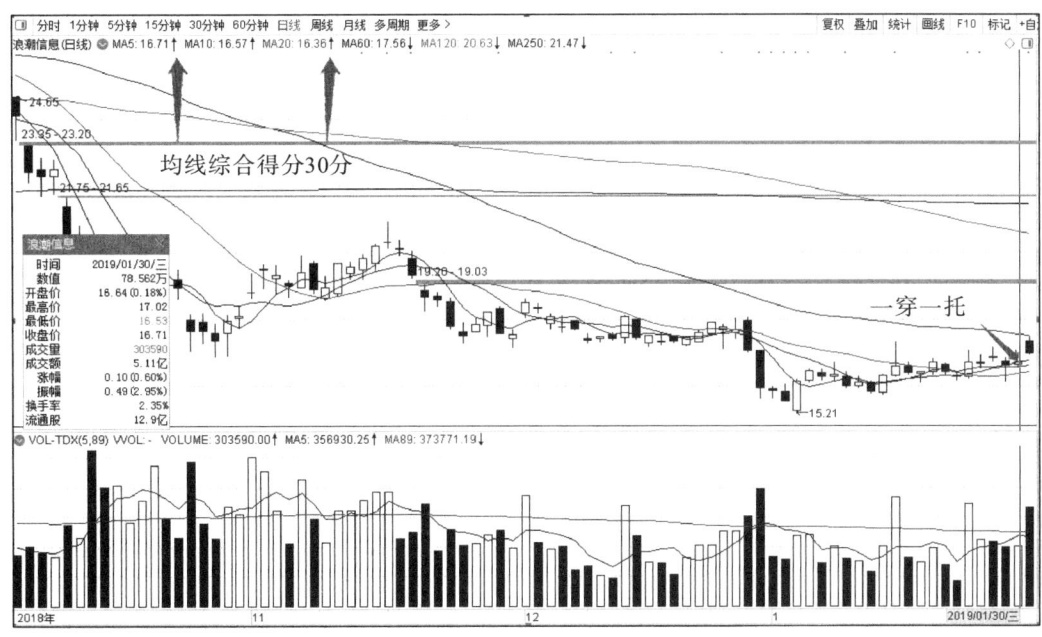

图 5－27　浪潮信息（股票代码 000977）

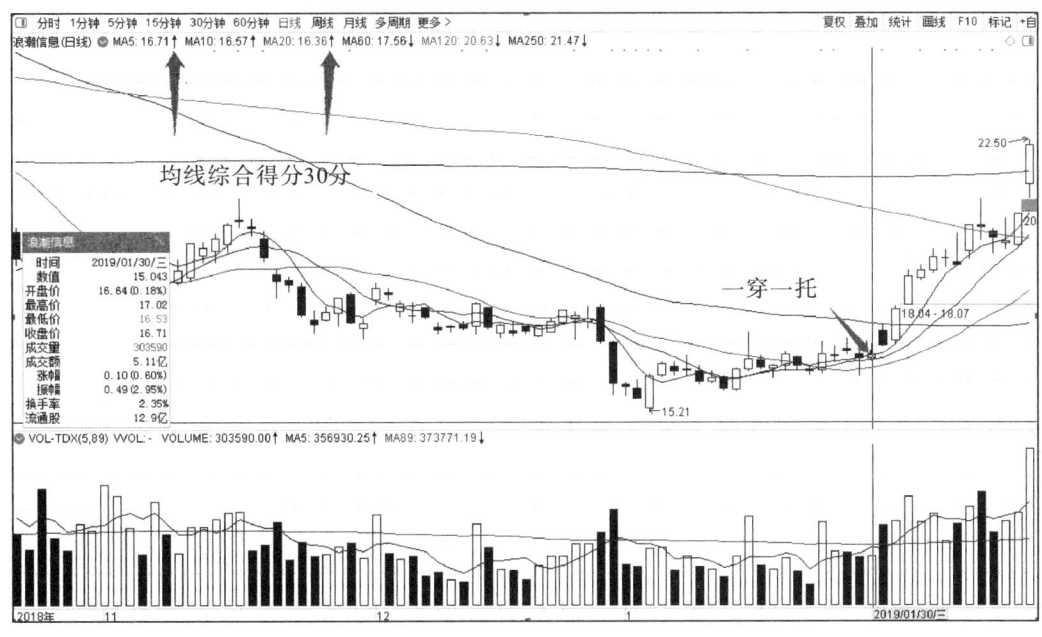

图 5－28　浪潮信息（股票代码 000977）

天盘中最低价 19.60 元和 10 日均线对应的价格 19.59 元只有 1 分之差，基本吻合，而收盘价也大于了 5 日均线，5 日均线完成了"一穿"，10 日均线完成"一托"。如图 5－29 所示，此时均线综合得分为 50 分，符合上涨中继的买入条件，预示着股价进入快速通道，果不其然，主力开始快速拉升，经过 2 次跳空高开，不到两周时间，股价就有了超过 40% 的涨幅，如图 5－30 所示。

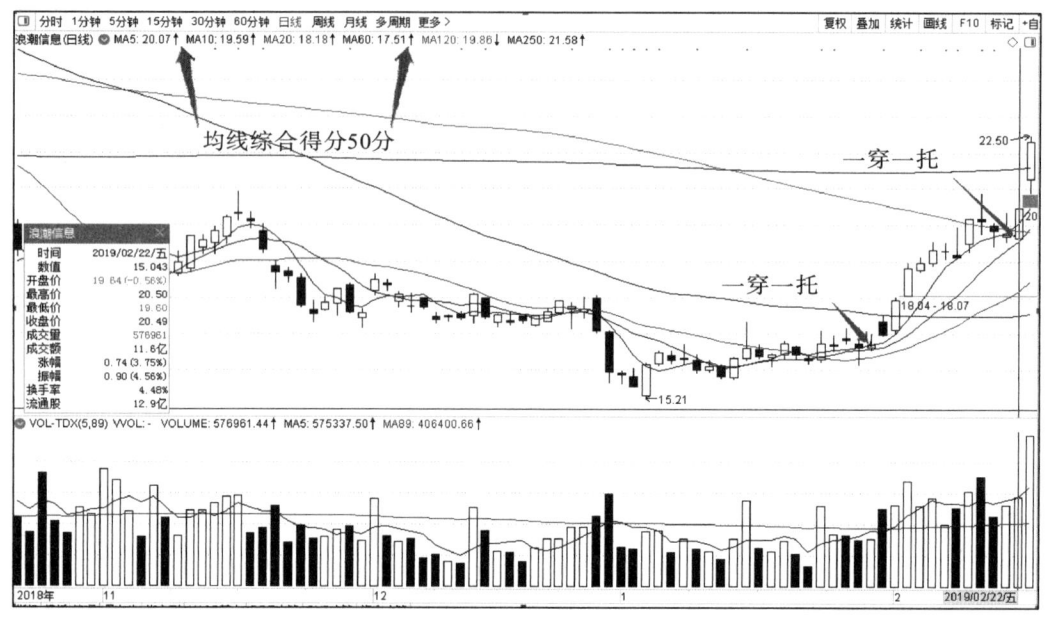

图 5－29　浪潮信息（股票代码 000977）

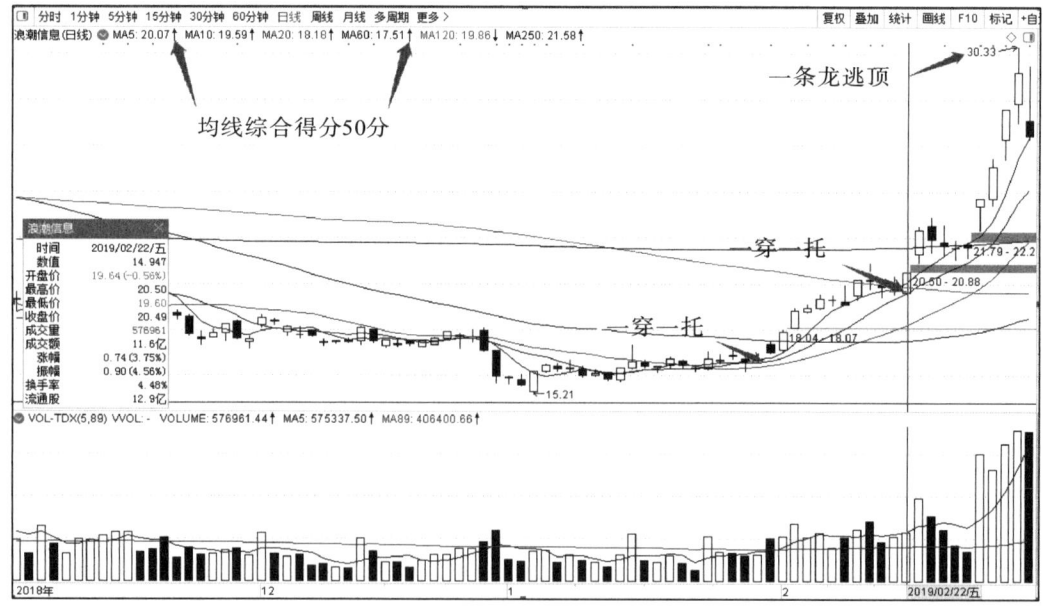

图 5－30　浪潮信息（股票代码 000977）

实战案例三 如图 5－31 所示数据港（股票代码 603881）经过一段长时间的大幅下跌，主力已经觉得筹码足够便宜，股价在 2018 年 11 月 8 日出现 10 日均线上穿 20 日均线，"银山谷"形态形成，仅仅过了 1 个交易日，主力便完成了"一穿一托"的形态，

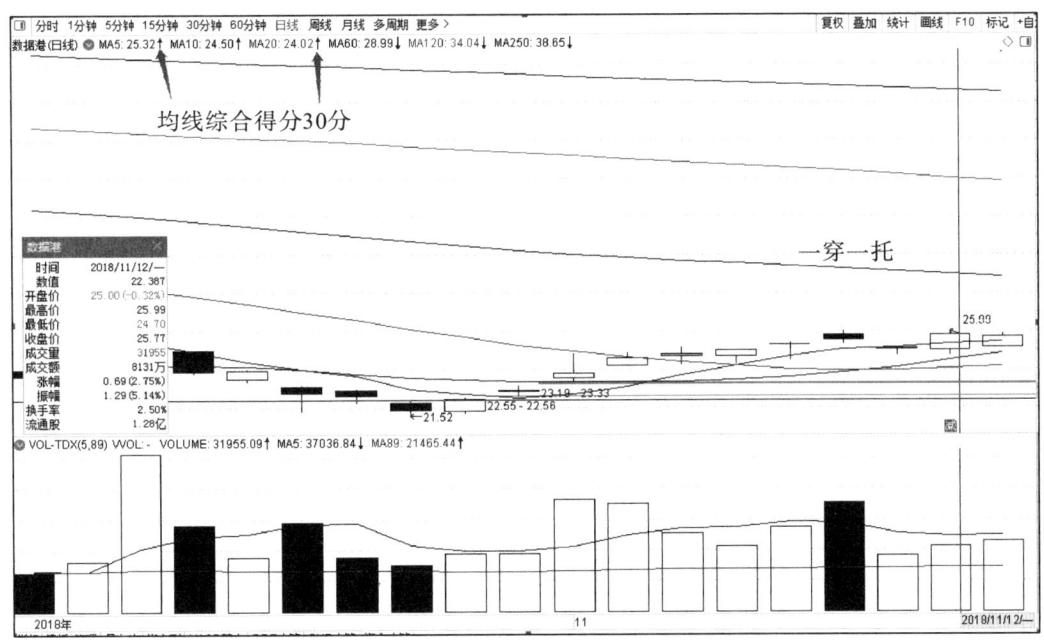

图 5－31 数据港（股票代码 603881）

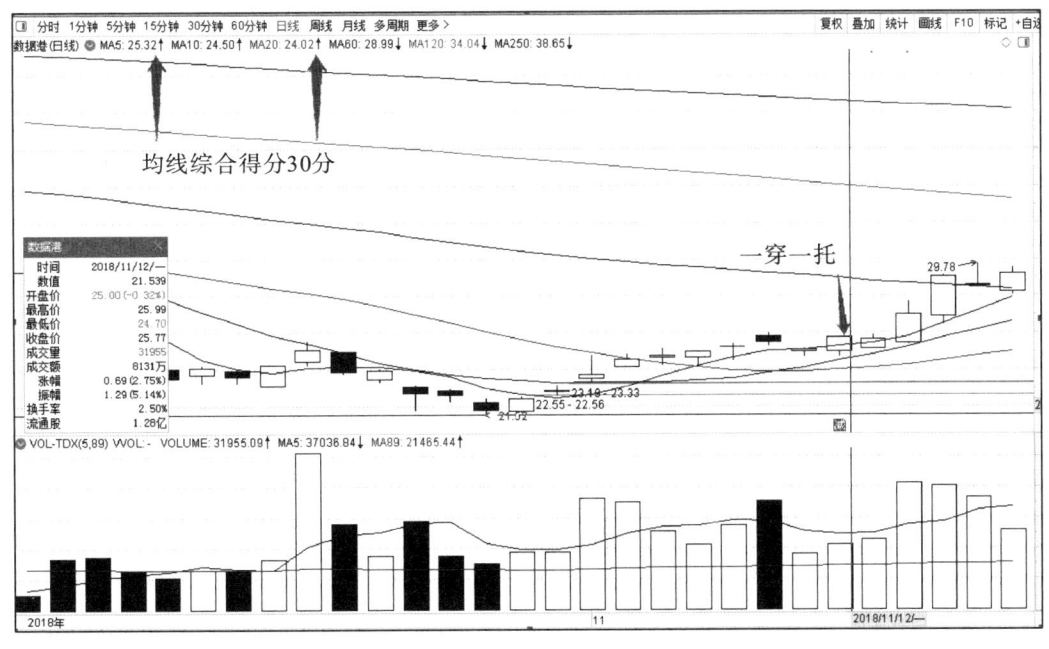

图 5－32 数据港（股票代码 603881）

当天盘中最低价 24.70 元明显高于 10 日均线对应的价格 24.50 元，而收盘价 25.77 元也远远高于 5 日均线对应的 25.32 元的价格，5 日均线完成了"一穿"，10 日均线完成"一托"。均线综合得分为 30 分，符合买入条件。如图 5－32 所示，虽然公告提示重要股东减仓，显然是重大利空，但是依然没有挡住股价上涨的步伐，一周内便完成了超过 15％的涨幅，可见"一穿一托"的形态在底部启动是非常安全且有效的。

（二）上涨中继的"一穿一托"

均线趋势：5 日均线、10 日均线、20 日均线、60 日均线自上而下多头排列，综合得分大于 50 分。5 日均线上翘角度需大于 30°，10 日均线上翘角度需大于 10°，20 日均线和 60 日均线只要有分就行。

实战案例一 如图 5－33 所示金自天正（股票代码 600560）经过一段长时间的大幅下跌，主力已经觉得筹码足够的便宜，股价在 2018 年 10 月 19 日出现了 6.01 元的双零见底信号，第二天主力利用一线天跳空高开，暴力抢筹。2018 年 11 月 8 日，5 日均线走平掉头出现圆弧状，形成"均线密码"，2018 年 11 月 23 日，出现 5 日均线下穿 10 日均线，至此"均线密码"压力位形成。经过一个多月的横盘整理，股价 12 月 28 日走出了"三均会师"的暴涨行态，同时均线综合得分 70 分，成为优质股票。横盘震荡

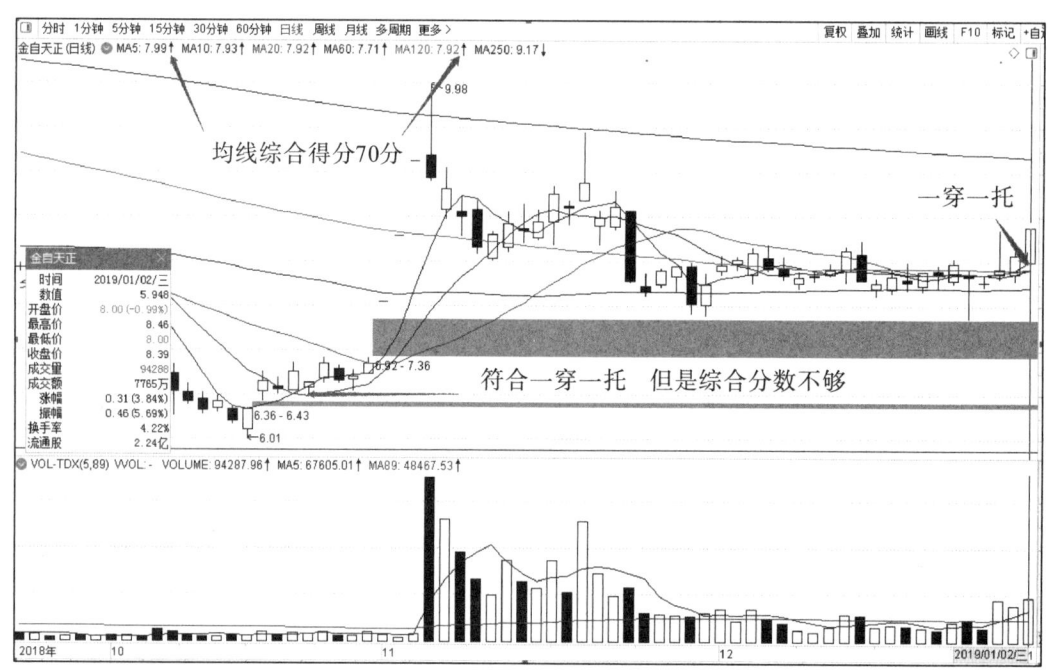

图 5－33　金自天正（股票代码 600560）

期间曾经三次下探"护城河",所谓"跳空不补,后市如虎",2019年1月2日,走出了"一穿一托"的经典暴涨形态,当天盘中最低价8.00元明显高于10日均线对应的价格7.93元,而收盘价8.39元也远远高于5日均线对应的7.99元的价格,5日均线完成了"一穿",10日均线完成"一托"。如图5-34所示,"一穿一托"形态一直持续到1月10日、11日、14日,和"三均会师"珠联璧合,随后拉出涨停板。

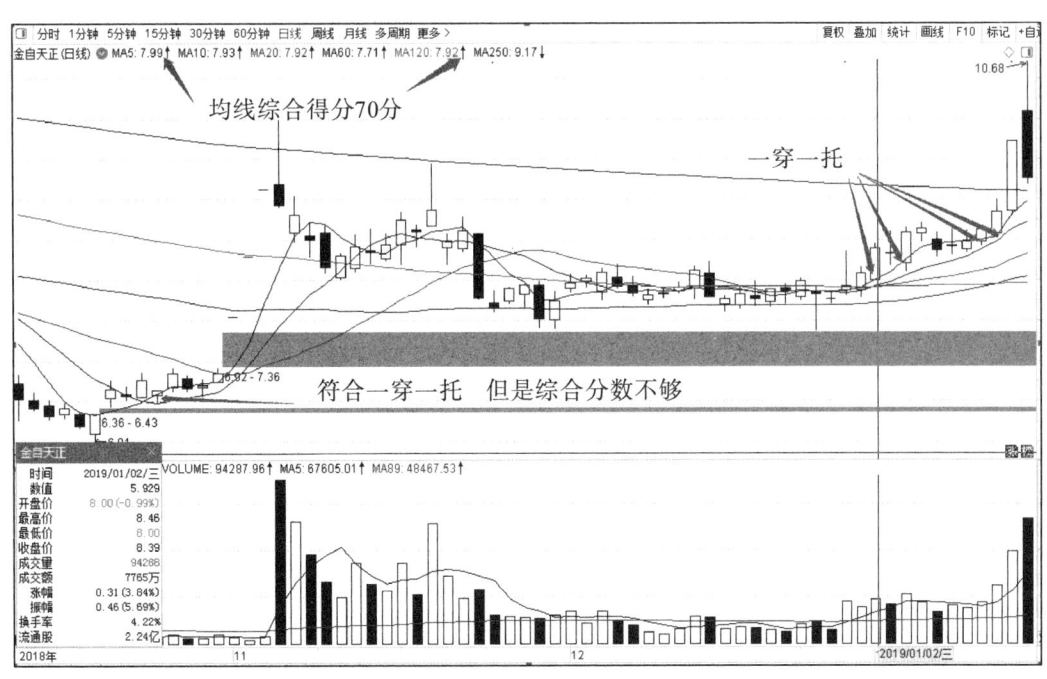

图5-34 金自天正(股票代码600560)

实战案例二 如图5-35所示雄韬股份(股票代码002733)股价在2017年9月21出现了21.96元双零逃顶信号以来,一路下跌,直到2018年10月19日止跌企稳。11月1日,完成了"银山谷"经典形态,随后一路震荡走高。12月17日,5日均线、10日均线、20日均线、60日均线和120日均线后面的箭头方向均向上,完成了均线综合得分70分,成为优质股票。随后经过短暂的回调,12月27日,5日均线和10日均线叠加在一起,当天盘中最低价9.86元明显和10日均线对应的价格9.89元吻合,而收盘价10.10元也远远高于5日均线对应的9.90元的价格,形成了"一穿一托"的经典暴涨形态,如图5-36所示。同时成交量柱大于5日均量线,量价配合完美。2018年12月27日,2019年1月2日、1月3日,走出了不"破五"的股价狂欢。短短不到一个月,股价出现翻倍行情。直到2019年1月16日,出现了19.90元的双零见顶信号后,本波行情才画上完美的句号。

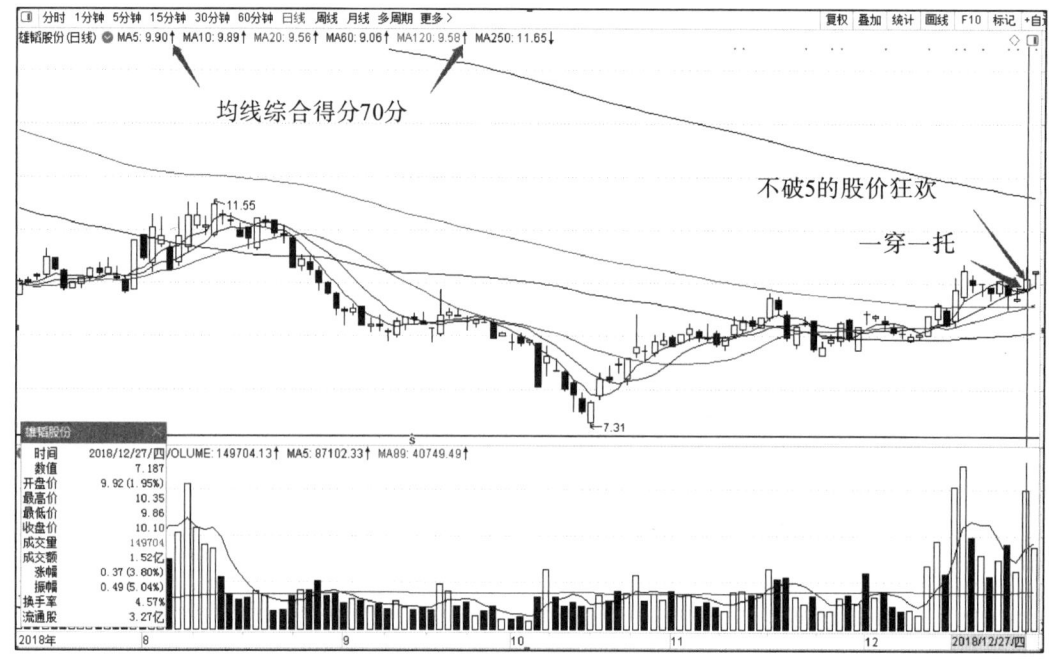

图 5—35 雄韬股份（股票代码 002733）

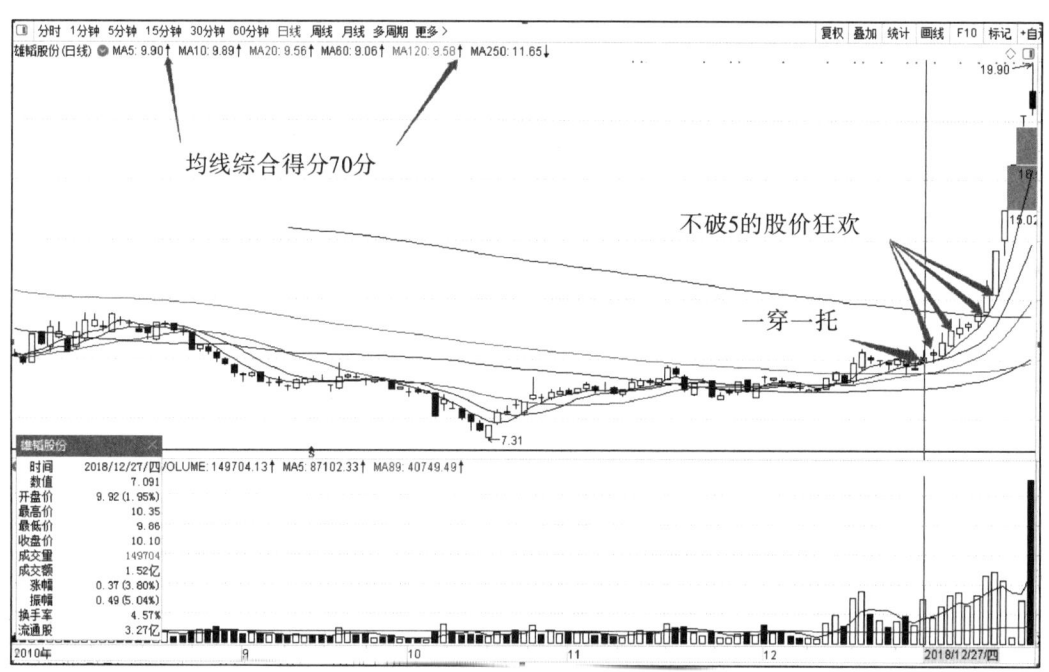

图 5—36 雄韬股份（股票代码 002733）

实战案例三 如图5-37所示第一医药（股票代码600833）2018年12月18日收出振幅很小的阴十字星，说明股价开始止跌企稳，随后四天时间连续收了4个十字星，

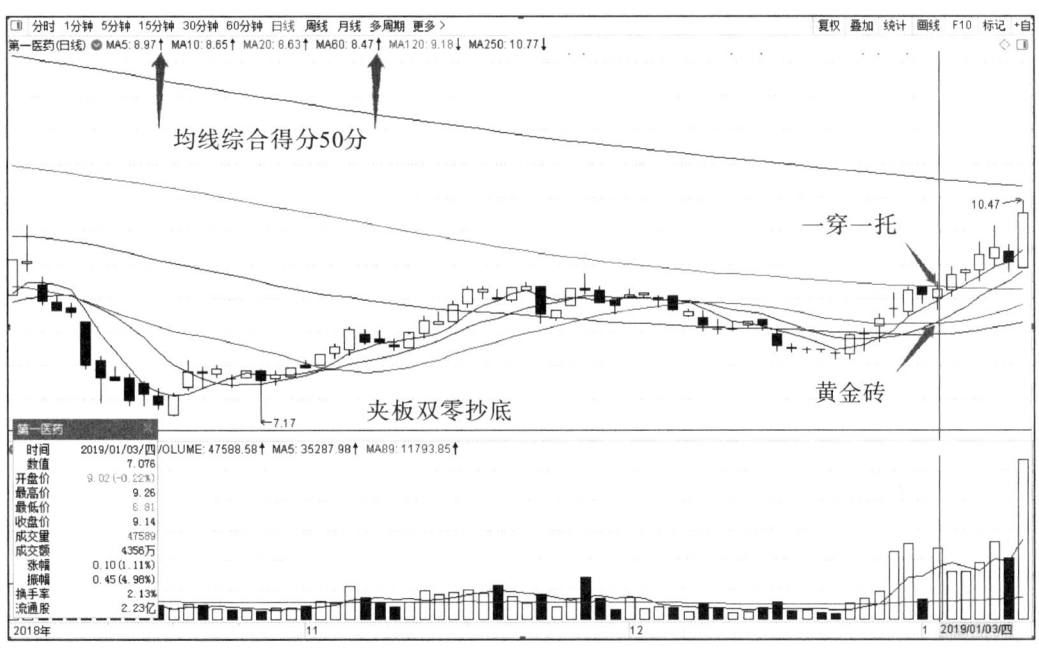

图5-37 第一医药（股票代码600833）

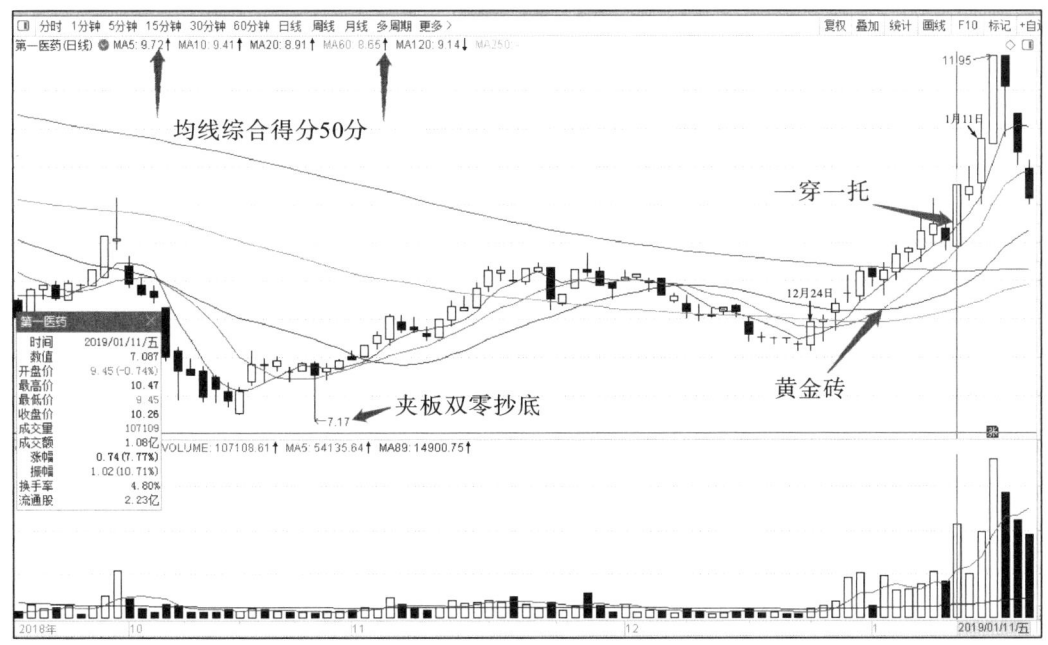

图5-38 第一医药（股票代码600833）

预示着行情拐点即将来临。2019年1月3日，5日均线上穿10日均线，形成了"黄金砖"的走势。从2018年12月24日至2019年1月10日。走出了两组五连阳加"投石问路"的经典形态（详情见《均线为王之二：暴涨形态》）。1月11日，当天盘中最低价9.45元明显高于10日均线对应的价格9.41元，而收盘价10.26元也远远高于5日均线对应的9.72元的价格，主力完成了"一穿一托"的暴涨形态，同时均线综合得分达到了50分。如图5-38所示，随即快速拉升展开。从2018年12月24日开始，收盘价再也没有跌破5日均线，于是股价走出了不"破五"的股价狂欢，这就是强势股上涨的逻辑。

实战案例四　如图5-39所示华仪电气（股票代码600290）2019年3月5日，5日均线、10日均线、20日均线、60日均线和120日均线后面的箭头方向均向上，完成了均线综合得分70分，成为优质股票。同时当天K线最低价5.24元明显高于10日均线对应的价格5.20元，而收盘价5.46元也远远高于5日均线对应的5.28元的价格，主力完成了"一穿一托"的暴涨形态，如图5-40所示，随后经过一周的横盘整理，两周时间股价便有了60%以上的涨幅。

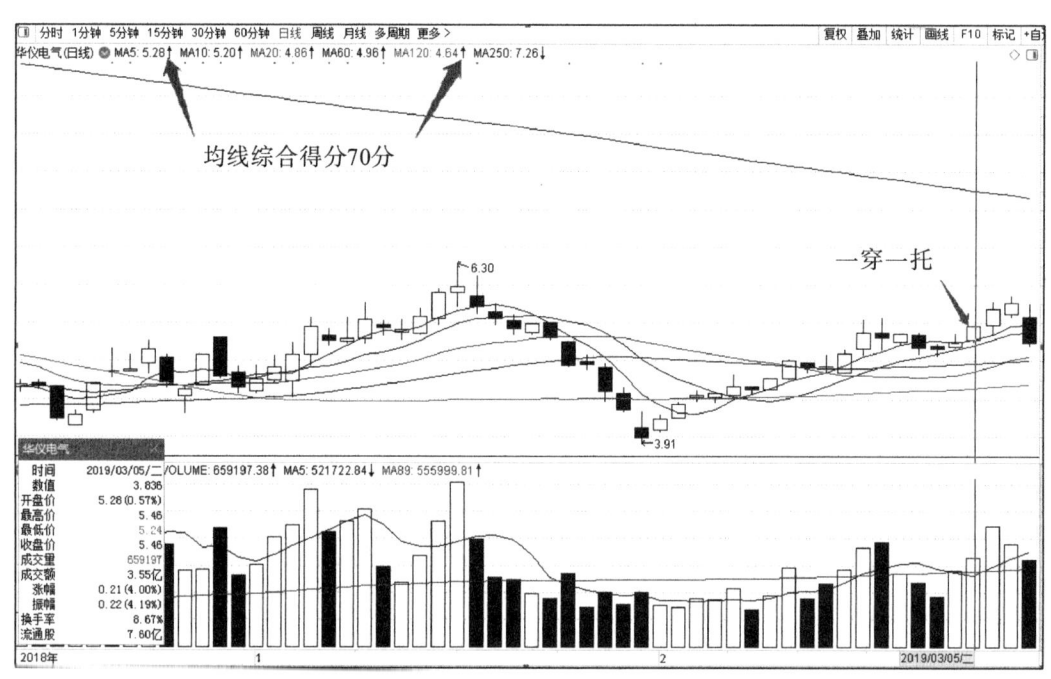

图5-39　华仪电气（股票代码600290）

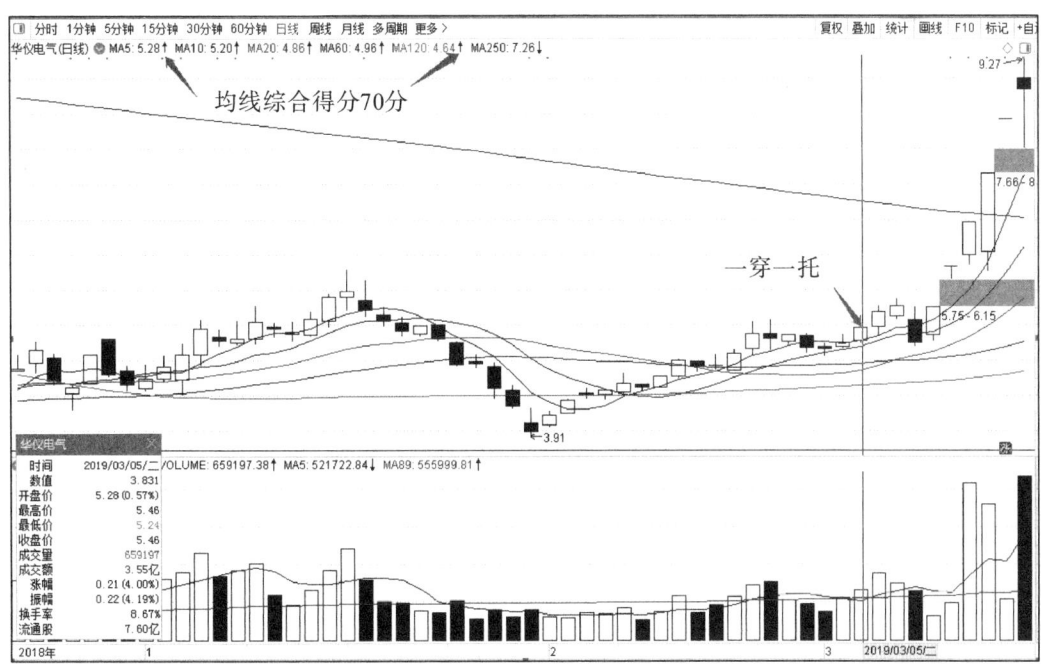

图 5-40　华仪电气（股票代码 600290）

（三）主升浪的"一穿一托"

均线趋势：5 日均线、10 日均线、20 日均线、60 日均线、120 日均线自上而下多头排列，综合得分大于 70 分。5 日均线上翘角度需大于 30°，10 日均线上翘角度需大于 10°，60 日均线、120 日均线和 250 日均线只要有分就行。

实战案例一　如图 5-41 所示春兴精工（股票代码 002547）2018 年 6 月 19 日，股价闪崩以来股价一路下跌走低，如水银泻地，直到 2018 年 6 月 27 日出现倒锤头止跌，窄幅震荡横盘整理，主力吸筹明显。2018 年 8 月 27 日，又收出一个放量倒锤头 K 线。同时，经过一个月的横盘震荡吸筹，振幅已经非常明显。9 月 11 日，重要股东增持 110.00 万（这是重要的牛股特征，因为主力利用它的信息优势，先知先觉）。随后，继续跳空低开下杀股价，这是典型的打压吸筹的案例。直到 2018 年 10 月 19 日，出现 2.55 元的双零抄底经典信号，次日，跳空高开一线天，随即拉开一波上涨的序幕，11 月 2 日，10 日均线成功上穿 20 日均线，完成了"银山谷"的暴涨形态，股价再也没有跌破 5 日均线。

2018 年 12 月 20 日，股价最低探到 10 日均线，K 线当天盘中最低价 4.24 元和 10 日均线对应的价格 4.25 元仅有 1 分之差，而收盘价 4.60 元也远远高于 5 日均线对应的

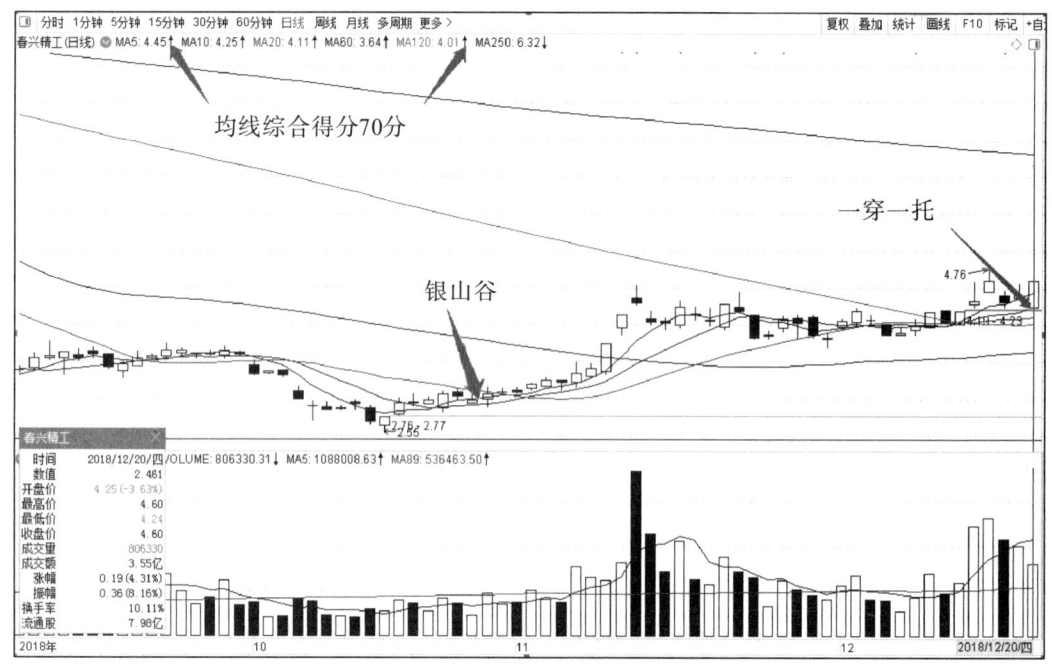

图 5-41 春兴精工（股票代码 002547）

4.45 元的价格，主力完成了"一穿一托"的暴涨形态，5 日均线、10 日均线、20 日均线、60 日均线、120 日均线自上而下多头排列，综合得分 70 分，如图 5-42 所示。随后在 2018 年 12 月 24 日、25 日连续拉出两个涨停板。2019 年 2 月 19 日，股价再次探到 10 日均线附近，虽然收了一根带有下影线的阴 K 线，当天盘中最低价 6.70 元远远高于 10 日均线对应的价格 6.49 元，而收盘价 6.98 元也高于 5 日均线对应的 6.90 元的价格，主力再一次完成了"一穿一托"的暴涨形态，5 日均线、10 日均线、20 日均线、60 日均线、120 日均线自上而下多头排列，综合得分 70 分，如图 5-43 所示。加上 5G 将用于商用的热点题材，主力再次将股价推向了一个新的高度，打出来连续 3 个涨停板，如图 5-44 所示，这就是为什么把"一穿一托"形态称为波段王者的原因。

当然"一穿一托"的神话还没有演绎完，2019 年 4 月 15 日，股价再次探到 10 日均线附近，但旋即回封 10 日均线，收盘价 8.75 元也高于 5 日均线对应的 8.38 元的价格，主力再一次完成了"一穿一托"的暴涨形态，5 日均线、10 日均线、20 日均线、60 日均线、120 日均线、250 日均线自上而下多头排列，综合得分为 100 分。此时股价离 2018 年年底的最低价 2.55 元已经翻了 3 倍。但是行情依然没有结束，如图 5-44 所示，随后打出了 6 个涨停板的新高度，股价从本波启动的 8 元迅速上涨至 14 元附近，6 个交易日股价就有了超过 70% 的涨幅。由于 5G 热点题材的持续发酵，"一代妖王"春兴精工的精彩估计还会继续，期待下一次的"一穿一托"形态出现。

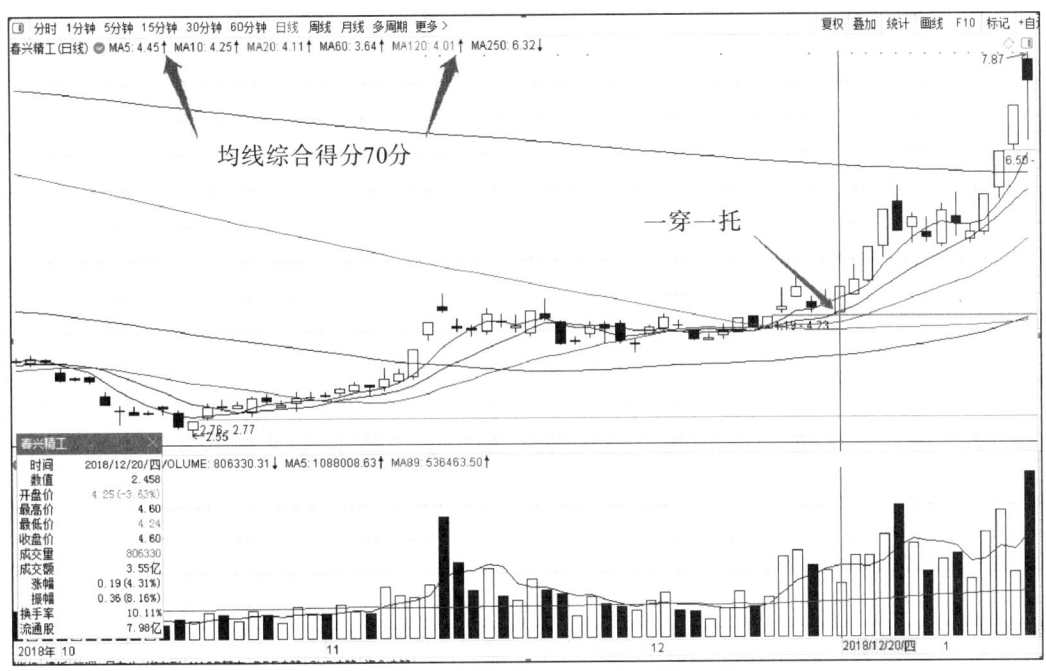

图 5—42 春兴精工（股票代码 002547）

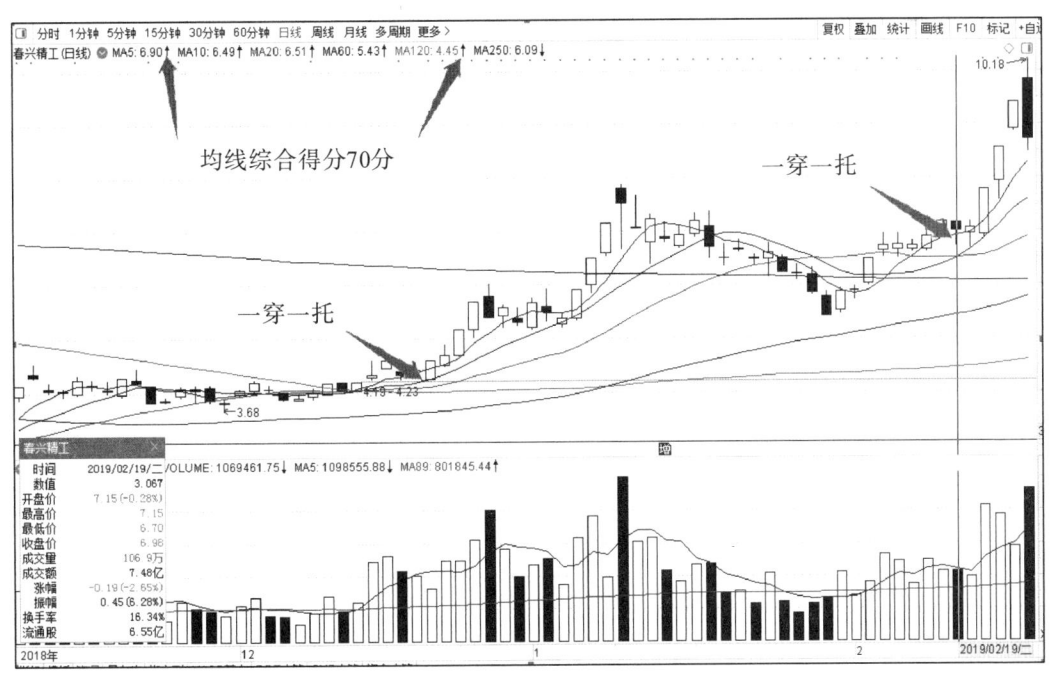

图 5—43 春兴精工（股票代码 002547）

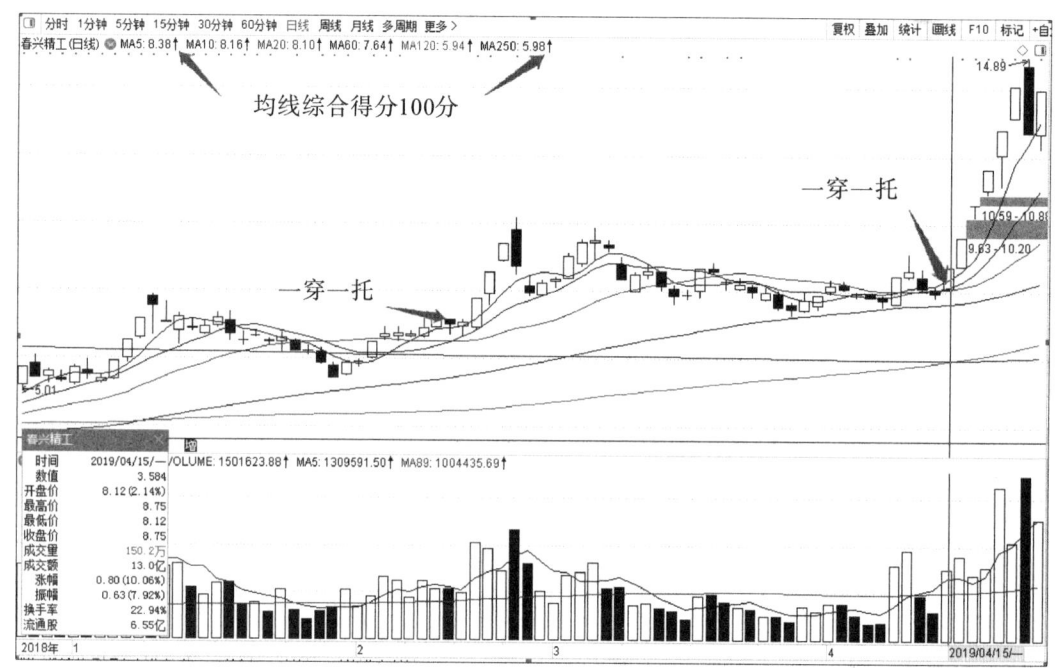

图5—44 春兴精工（股票代码002547）

实战案例二 如图5—45所示东方能源（股票代码000958），2019年3月15日，股价没有探到10日均线，K线当天盘中最低价4.56元和10日均线对应的价格4.53元

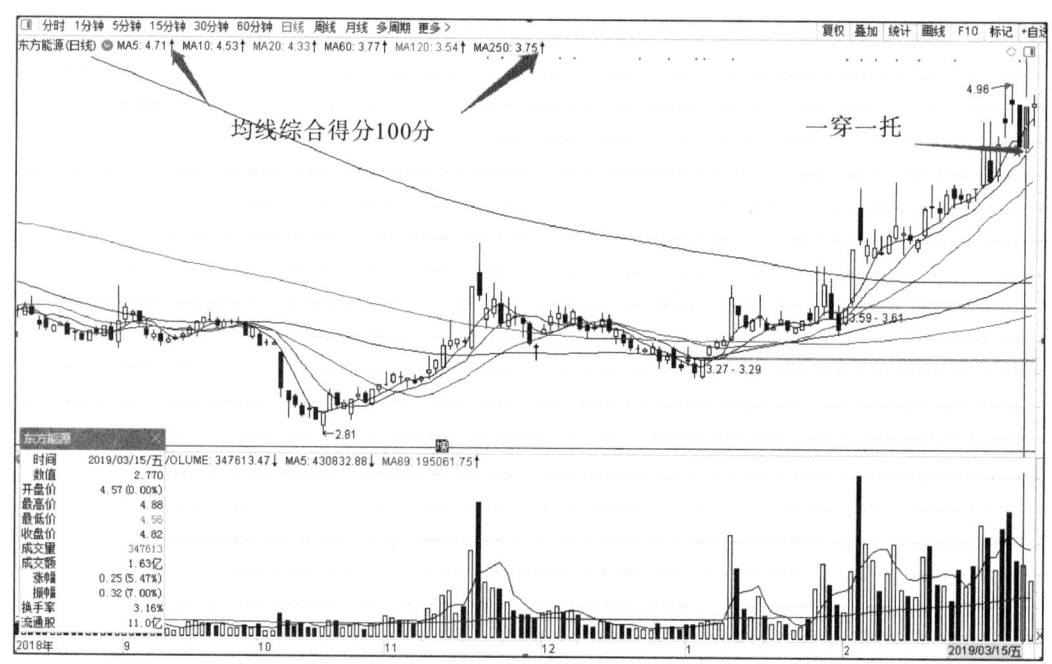

图5—45 东方能源（股票代码000958）

仅有3分之差，而收盘价4.82元也远远高于5日均线对应的4.71元的价格，用涨幅大于5.47%的阳线收复了前一日跌幅5.38%的阴线，主力完成了"一穿一托"的暴涨形态，5日均线、10日均线、20日均线、60日均线、120日均线自上而下多头排列，250日均线也上翘了，均线综合得分为满分100分。如图5-46所示。

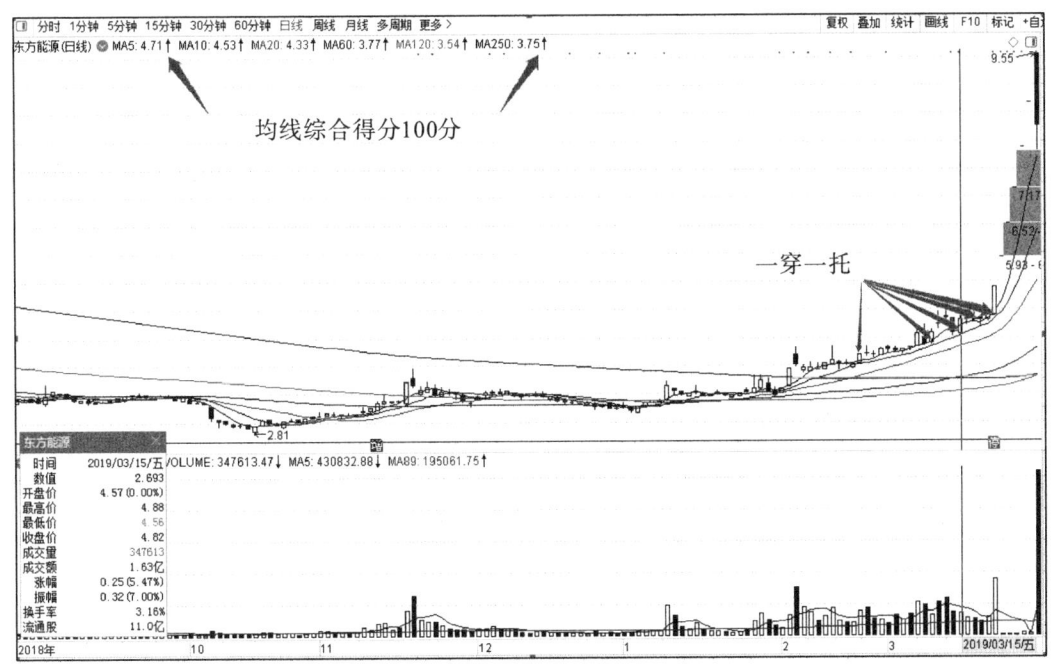

图5-46 东方能源（股票代码000958）

随后经过4个交易日的横盘整理，股价迅速启动，12个交易日便走出了翻倍行情，股价从启动的4元多快速拉升至9元多。

实战案例三 如图5-47所示南天信息（股票代码000948），2019年2月22日，股价最低探到10日均线，K线当天盘中最低价10.60元和10日均线对应的价格10.60元完美吻合，而收盘价11.50元也远远高于5日均线对应的10.91元的价格，主力完成了"一穿一托"的暴涨形态，5日均线、10日均线、20日均线、60日均线、120日均线自上而下多头排列，综合得分为100分。如图5-48所示。

次日便一字涨停板开盘，将股价快速拉升至18元附近，股价一波60%多的涨幅才告一段落。

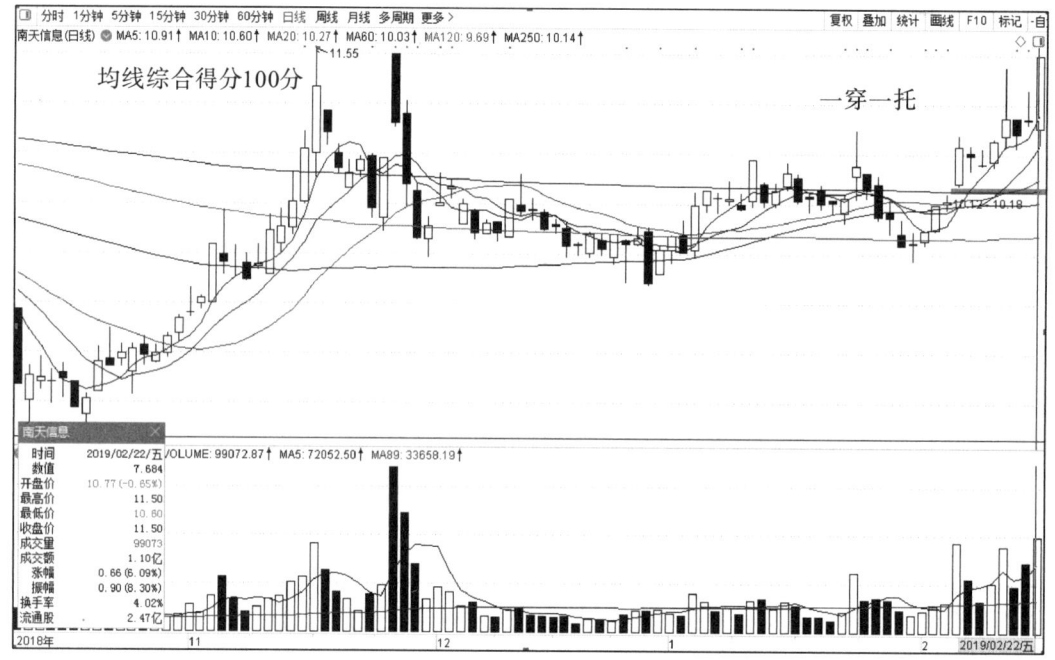

图 5—47 南天信息（股票代码 000948）

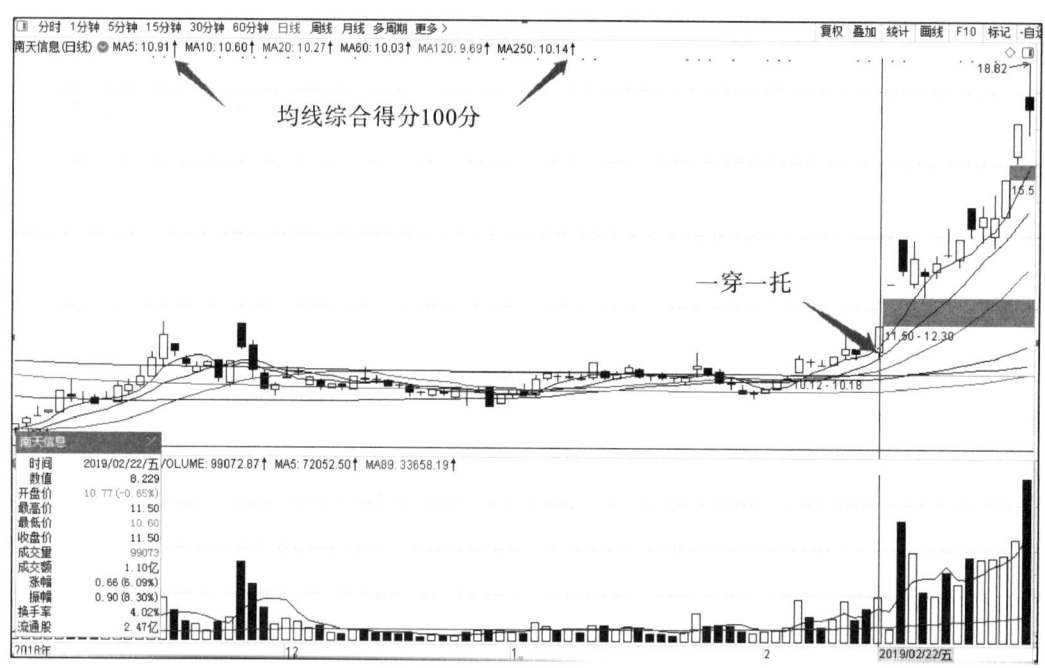

图 5—48 南天信息（股票代码 000948）

第六章 主升浪的均线实战

DILIUZHANG

一、"满分100、满意100"的次新股豪华盛筵

次新股,分为近端次新和远端次新,我们通常把上市超过60个交易日的次新股称为远端次新,也就是看到交易页面有了60日均线以及更长周期的如120日均线的都称为远端次新。上市一年后的不再称为次新股。次新股是个让中小投资者爱恨交加的品种,说爱它是因为假如中签一次,赚钱效应明显,说恨它,眼看它起高楼不敢买,跌起来多是深跌,尤其是创业板、中小板次新股,时常受到游资的炒作。如果掌握了正确的方法,是很有可能获得暴利的。

次新股有一个相对独特的优势,那就是次新股的资本公积金都比较高,具有强大的股本扩张潜力。强大的股本扩张潜力也是吸引机构资金青睐的一个重要原因,次新股的上市公司都潜伏了大量投资基金的身影。

次新股上涨阻力相对较轻。次新股质地优良,也没有什么历史包袱,而从市场角度来看,次新股的上市时间比较短,虽然前期股价也随大盘出现了同步的震荡下跌走势,但相对于其他个股而言,次新股的上涨阻力比较小,反弹行情一旦展开,次新股将表现出更强的弹性。事实上,如果我们追踪历史行情,可以发现一个重要的运行规

律,每次大盘展开反弹行情时,次新股中都会涌现出短线的强势品种,甚至次新股有可能会领涨短线大盘。

近端次新股上市时间很短,还没有60日均线、120日均线和250日均线,怎么界定它的分数,又如何判断它的优劣呢?即凡是有均线且后面箭头向上就是有分,如果有两条均线都有分就是满分,三条均线都有分就是满分,以此类推。

次新股由于它的特殊身份,股价一般都会经过多个一字板涨停,普通的中小投资者一般没有机会介入,等到涨停板打开时又是高位了,那么有没有机会捕捉到次新股的"满分100、满意100"的豪华盛筵呢?答案肯定是有的,记住是人为操作的都有规律,只要有规律我们就能捕捉到。

图形特征:开板后的收盘价一天比一天高,不歇脚,继续拉升,股价不能跌破5日均线,而且5日均线保持均速40°向上,同时10日均线跟得很紧,5日均线、10日均线就像一条飞机跑道,平整而且光滑,从开板第一天就是满分状态,所以就有了"满分100、满意100",一旦5日均线走平或者掉头向下了,豪华盛筵也就到了散席的时候。

成交量特征:量柱一定大于5日均量线。

实战案例一 如图6-1所示中科信息(股票代码300678)自2017年7月28日上市以来,连续走出一字涨停板,直到2017年8月11日涨停板打开,当天股价没有跌破

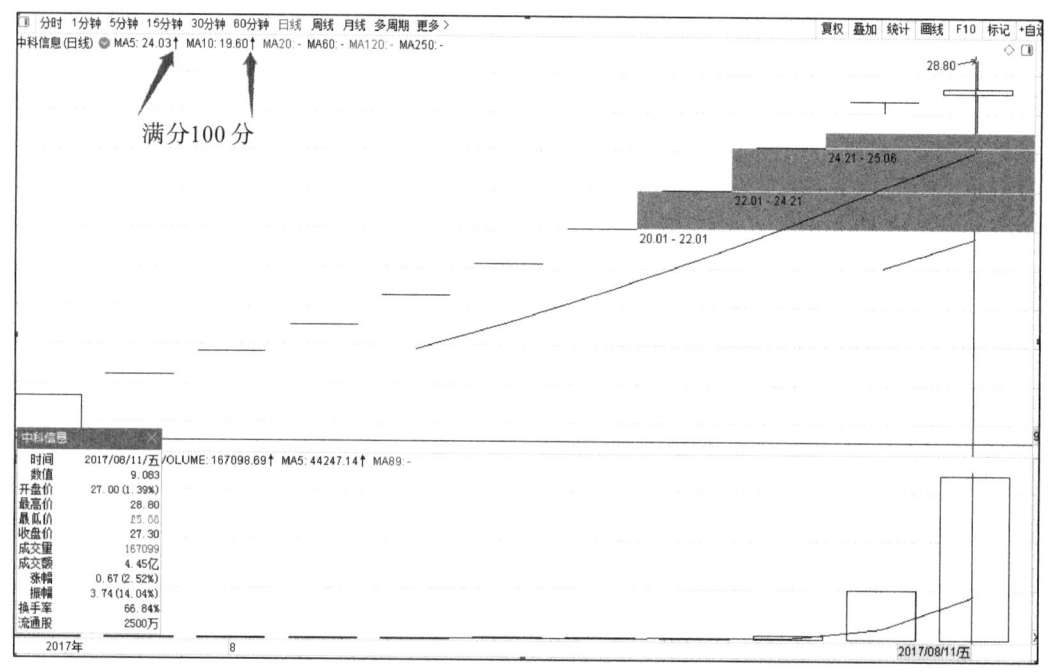

图6-1 中科信息(股票代码300678)

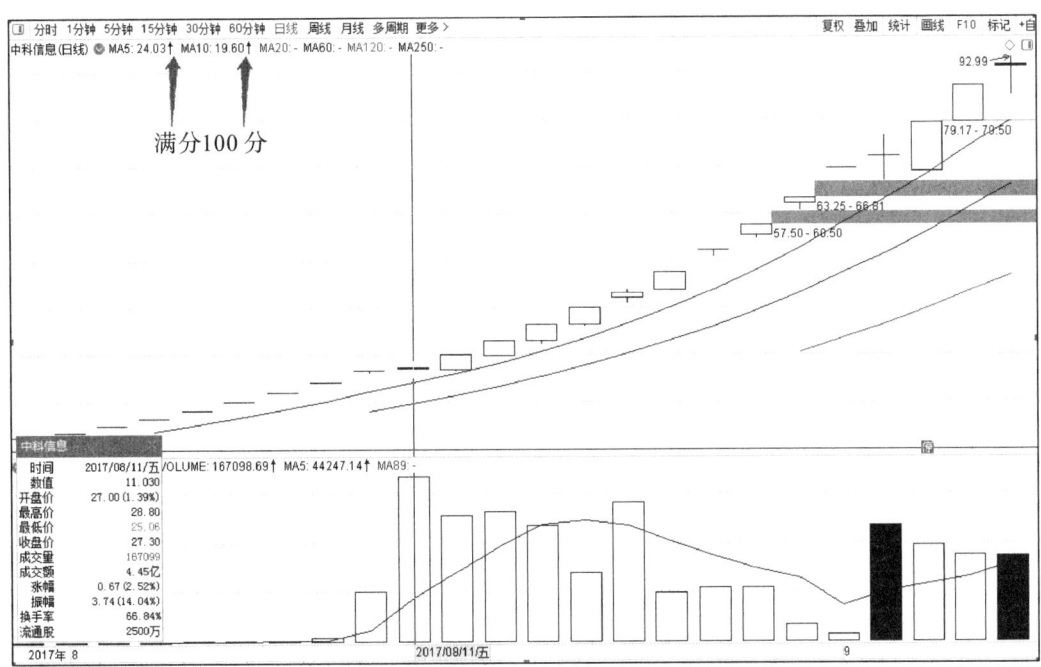

图 6—2 中科信息（股票代码 300678）

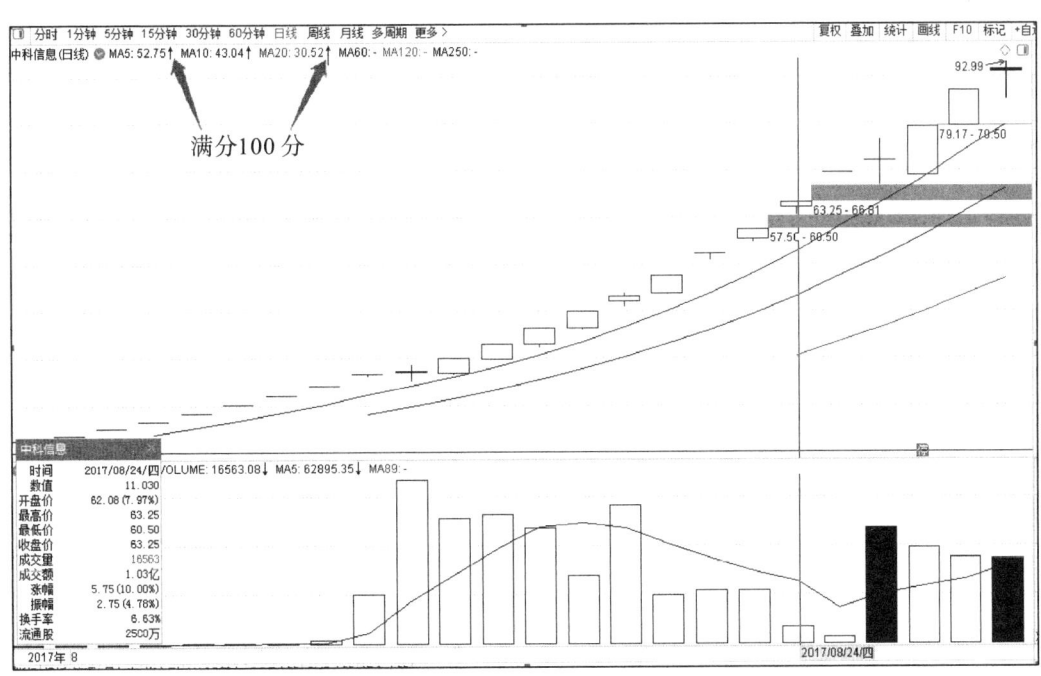

图 6—3 中科信息（股票代码 300678）

5日均线。由于是上市新股，只有两条均线，其中5日均线和10日均线后面的箭头均向上，符合"满分100、满意100"的形态，如图6－2所示。次日虽然低开，但是开盘即迅速上攻，回补了前一日的跳空缺口，尾盘收盘已经将昨天的收盘价全部吃掉，收复了昨天的阴线。随后，短短几天就拉升出了1倍的涨幅，赚钱效益明显。经过一阵暴力拉升之后，8月24日，出现了20日均线，20日均线后面的箭头方向依然向上，均线综合得分为100分，如图6－3所示，仍然符合"满分100、满意100"的形态，于是豪华盛筵继续，直到出现92.99元的双零逃顶信号，股价的豪华盛筵才曲终人散。

实战案例二 如图6－4所示和胜股份（股票代码002824）自2017年1月12日上市以来，连续走出一字涨停板，直到1月24日涨停板打开，而且当天均线显示只有5日均线，但是股价没有跌破5日均线。满足了"满分100、满意100"的形态，次日虽然低开，但是尾盘收盘已经将前一日的收盘价吃掉，收复了前一日的阴线。并且出现了10日均线，后面箭头方向还是向上，此时均线综合得分为100分，如图6－5所示，仍然符合"满分100、满意100"的形态，随后，短短几天股价就拉升出了1倍的涨幅。

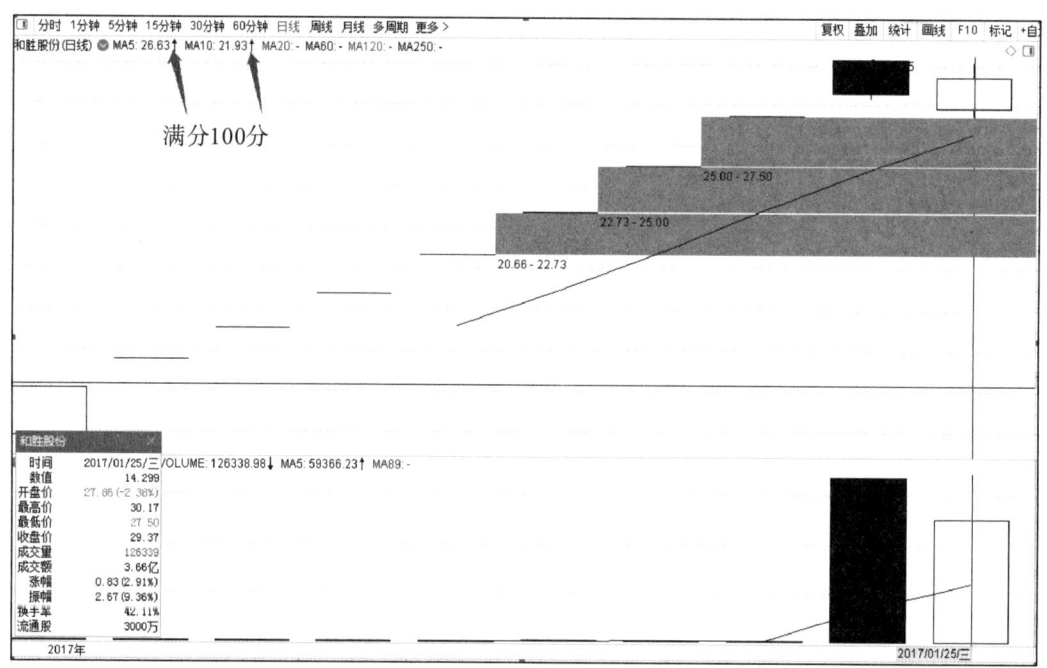

图6－4 和胜股份（股票代码002824）

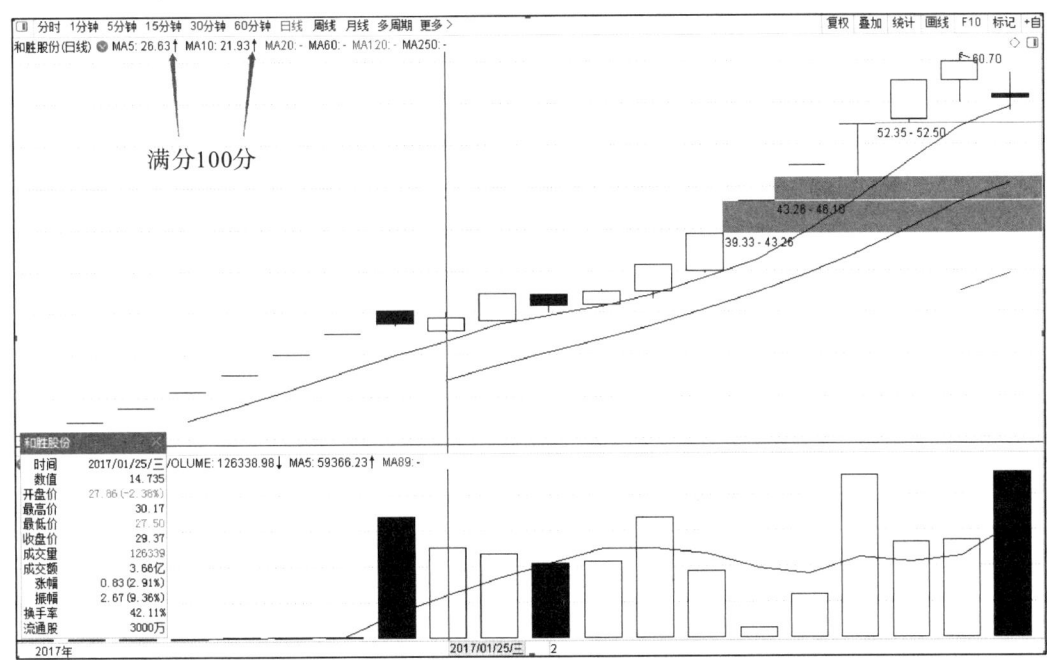

图 6－5 和胜股份（股票代码002824）

毕竟以上的案例太特殊，也是少数游资所为，大部分情况会是第二类。

图形特征：开板后的收盘价就是短期最高价，股价跌破 5 日均线，经过一段时间的横盘或者回调再次进入满分状态，于是股价再次完成"满分 100、满意 100"形态，一直持续到 5 日均线方向走平或者掉头，豪华盛筵才曲终人散。

成交量特征：量柱大于 5 日均量线。

实战案例一 如图 6－6 所示新疆交建（股票代码002941）自从 2018 年 11 月 28 日上市以来，连续走出了多个一字涨停板，直到 12 月 10 日涨停板打开，收出一个十字星线，随后连续 3 个交易日的收盘价均收在 5 日均线之上，此时只有 5 日均线、10 日均线且两条均线后面的箭头方向均向上，虽然均线综合得分只有 20 分，但是满足了"满分 100、满意 100"的形态，符合次新股开板后拉升强势二波的表现。通过将近一个月的横盘整理，2019 年 1 月 2 日主力再次完成了均线综合得分 100 分。如图 6－7 所示，"满分 100、满意 100"的形态第二次形成且当天的成交量柱大于 5 日均量线。随后，一波拉伸随即展开，连续拉出 6 个涨停板。

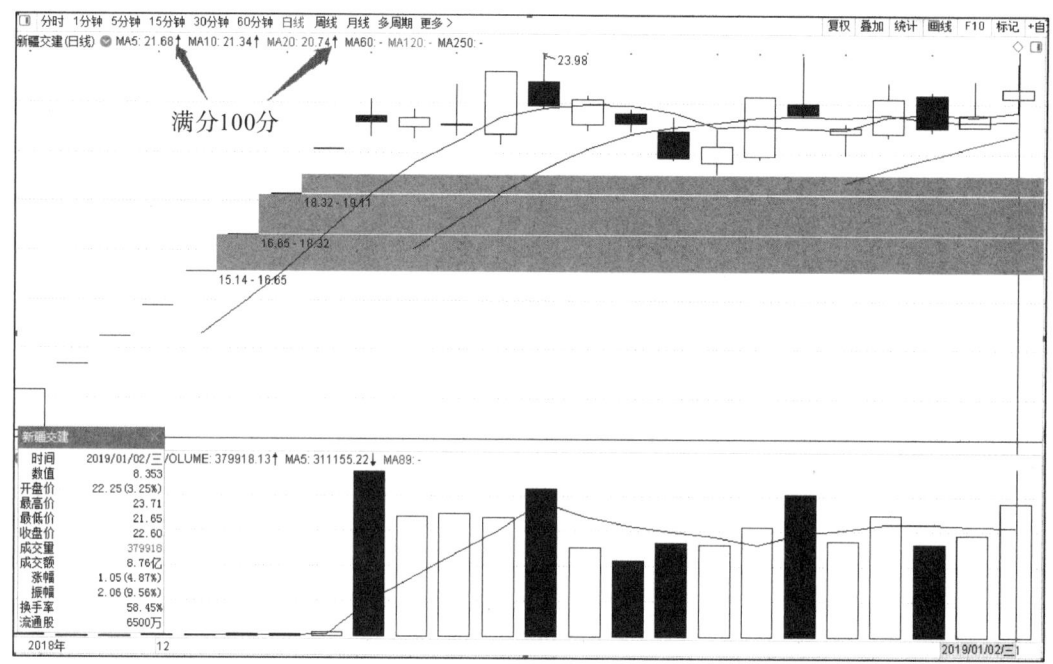

图 6—6 新疆交建（股票代码002941）

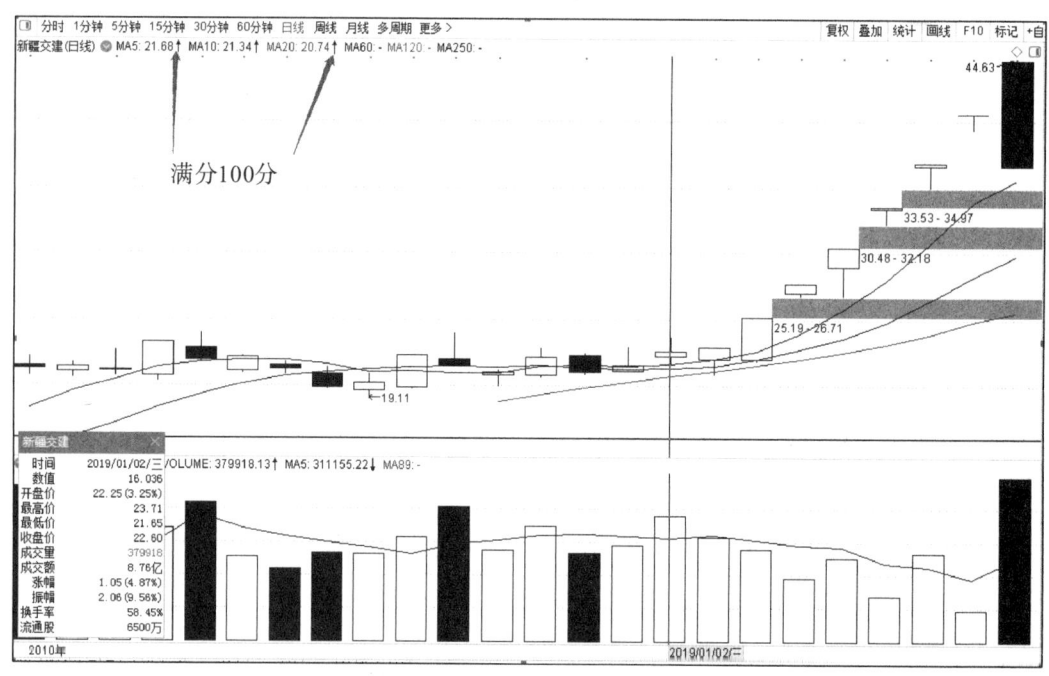

图 6—7 新疆交建（股票代码002941）

实战案例二 如图6-8所示贵州燃气（因为当天除权除息，图标显示为DR贵州燃，股票代码600903）自2017年11月7日上市以来，连续走出多个一字涨停板，直

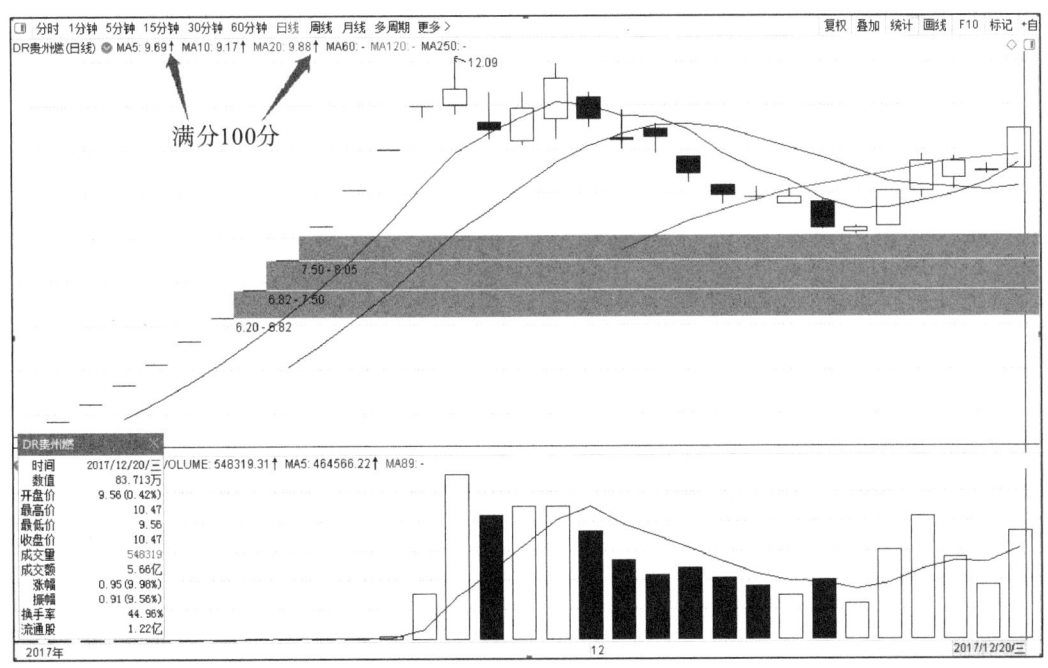

图6-8 贵州燃气（股票代码600903）

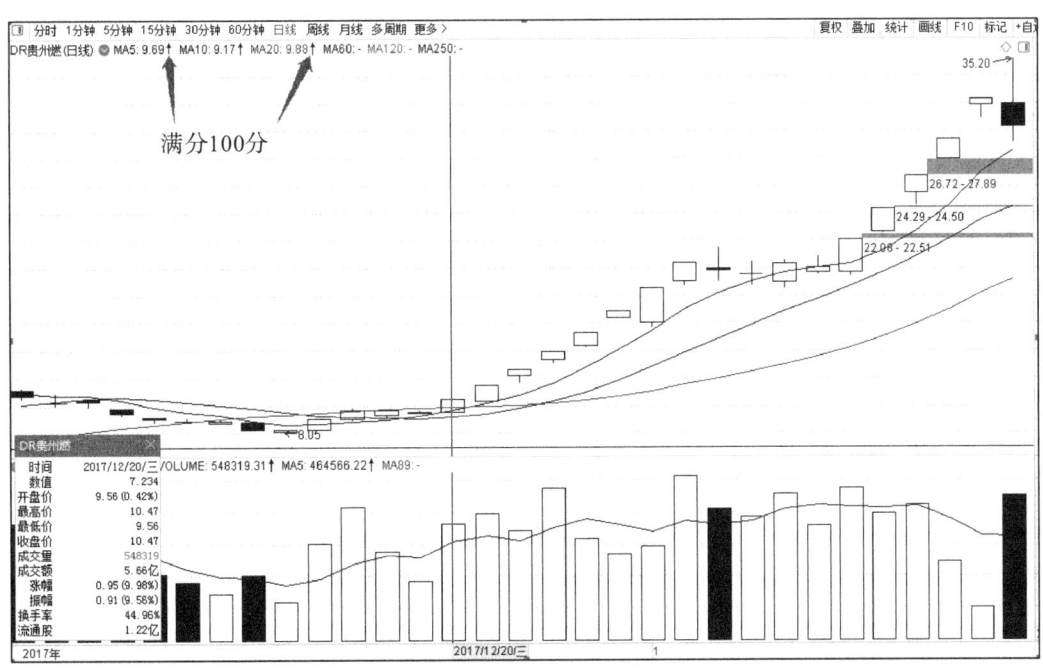

图6-9 贵州燃气（股票代码600903）

到 2017 年 11 月 27 日打开一字涨停板，股价涨幅达到 5 倍多，当日涨停板打开以后，经过短短三周的回调，12 月 20 日 5 日均线、10 日均线、20 日均线三条均线后面的箭头方向都向上，虽然均线综合得分只有 30 分，但是满足了"满分 100、满意 100"的形态，符合次新股开板后拉升强势二波的表现，如图 6－9 所示，同时成交量柱大于 5 日均量线，量价配合完美。随后开启了不"破五"的疯狂股价狂欢。自从第二次出现"满分 100、满意 100"的形态后，股价走出了连续 8 个涨停板，随后经过 4 个交易日的盘整，均线综合得分依然满足了"满分 100、满意 100"的形态，所以后面的 5 个涨停板也就在情理之中了。

实战案例三 如图 6－10 所示宏川智慧（股票代码 002930）自 2018 年 3 月 28 日上市以来，走出了多个一字涨停板，直到 4 月 17 日打开涨停板。经过将近一个月的横盘整理，5 月 8 日，5 日均线、10 日均线、20 日均线后面的箭头方向都向上，虽然均线综合得分只有 30 分，但是满足了"满分 100、满意 100"的形态，同时当天也出现了"一穿一托"的暴涨形态，如图 6－11 所示，符合次新股开板后拉升强势二波的表现。满足了"满分 100、满意 100"的形态后，5 月 9 日便收出一个涨停板，主力随即便展开了它的连续涨停板之旅，10 个交易日完成了 9 个涨停板的骄人战绩，股价也从底部的 27 元附近一直拉升至最高 72.80 元，可见"满分 100、满意 100"形态威力十足。

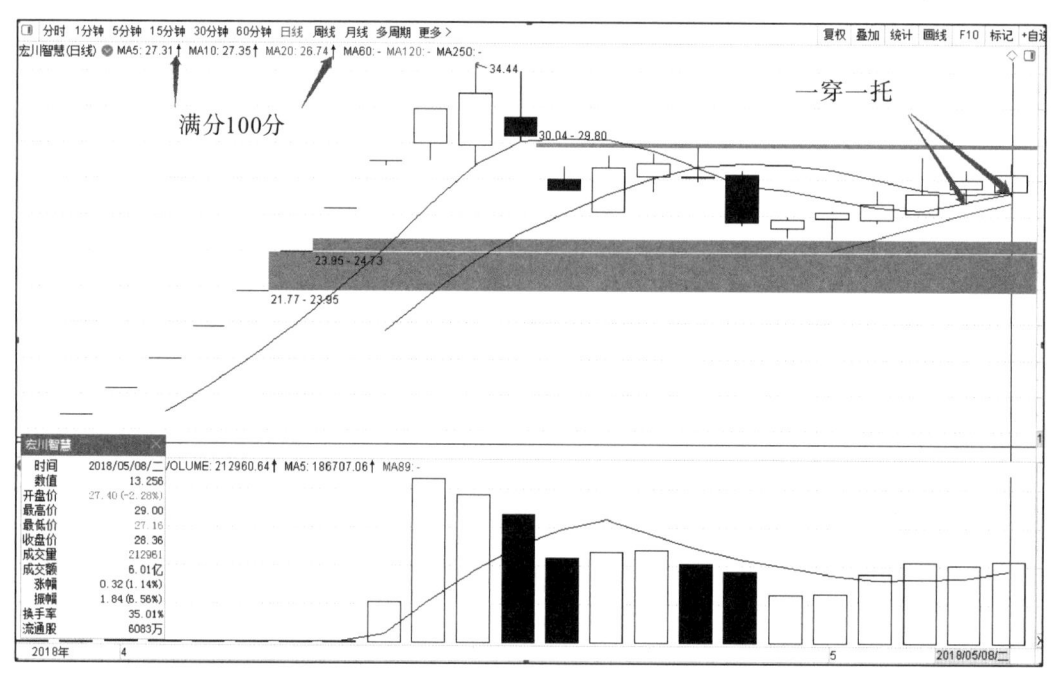

图 6－10　宏川智慧（股票代码 002930）

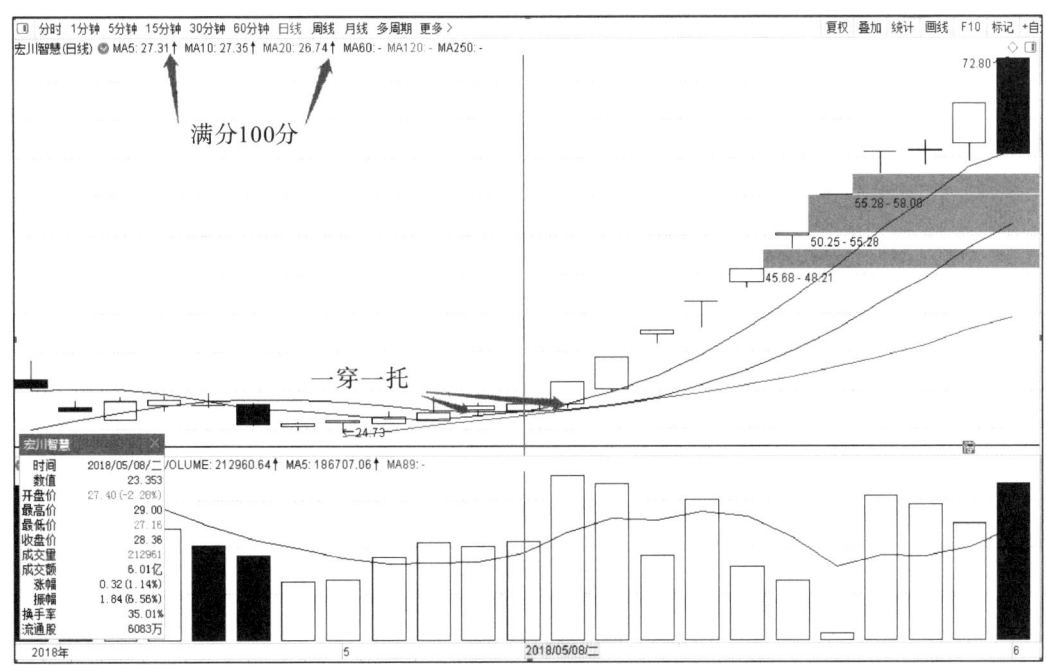

图 6—11 宏川智慧（股票代码 002930）

实战案例四 如图 6—12 所示福达合金（股票代码 603045）自 2018 年 5 月 17 日上市之日起，主力连续拉出多个一字涨停板，直到 6 月 7 日打开涨停板，尾盘又重新

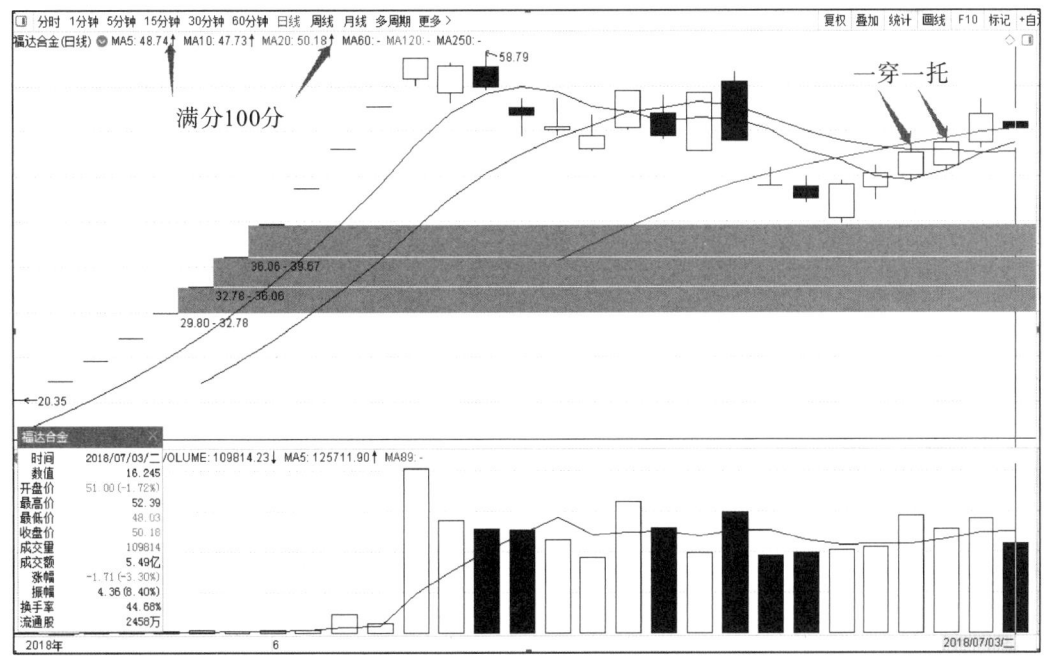

图 6—12 福达合金（股票代码 603045）

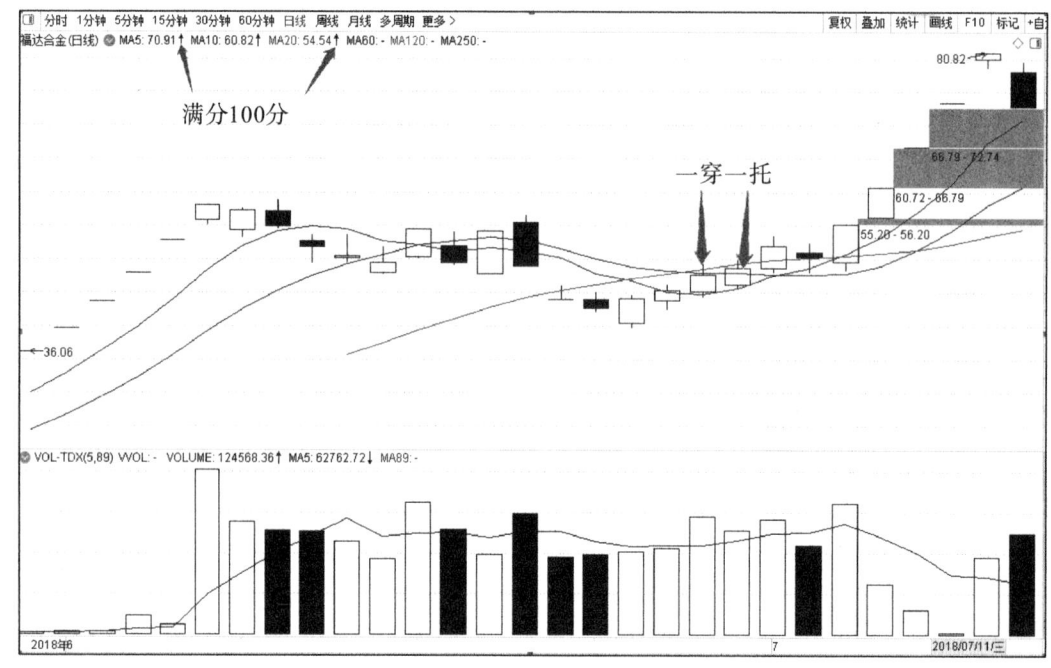

图6—13 福达合金（股票代码603045）

封上。经过一段时间的回调，6月21日收出了一根跌停板的大阴线，但是股价没有继续下跌，反而在6月26日开始止跌企稳，说明又有强势资金进入。如果是主力出货它会继续下跌而不是止跌企稳。接下来连续5个交易日收出阳线，收盘价步步高升。6月28日、29日和7月2日，居然收出了非常相似的"三胞胎"K线组合，其中两天还符合"一穿一托"的暴涨形态。虽然在7月3日走出了一个缩量阴线，但是尾盘收盘价也站稳了5日均线，当日5日均线、10日均线、20日均线后面的箭头方向向上，虽然均线综合得分只有30分，但是满足了"满分100、满意100"的形态，如图6—13所示，次日便收出涨停板，随后主力展开一波拉升，走出了连续5个涨停板的行情。

实战案例五 如图6—14所示蠡湖股份（股票代码300694）2019年1月9日，收出了一根带有长上影的大阴K线，此时5日均线、10日均线、20日均线、60日均线后面的箭头方向均向上，虽然均线综合得分只有50分，但是满足了"满分100、满意100"的形态，如图6—15所示，1月10日收出了一根振幅很小的十字星，说明又有主力进入，即将变盘，开始止跌企稳。随后主力收获连续2个涨停板，可见"满分100、满意100"的形态不但适合近端次新股，同样也适合远端次新股。

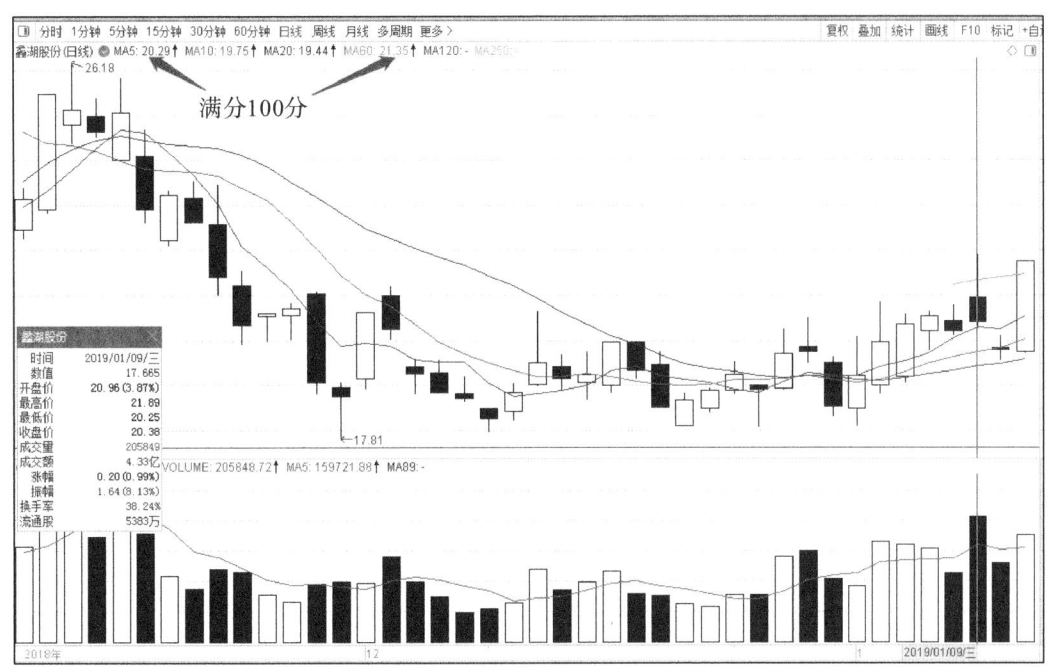

图 6—14 蠡湖股份（股票代码 300694）

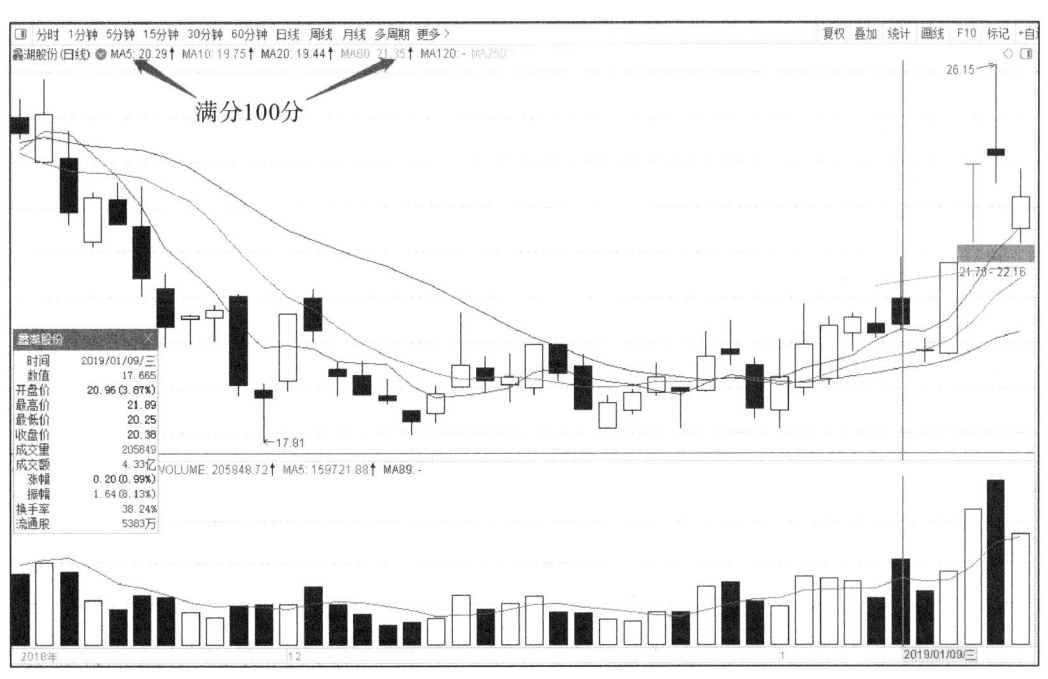

图 6—15 蠡湖股份（股票代码 300694）

实战案例六 如图 6—16 所示中国人保（股票代码 601319）2019 年 2 月 19 日，收出了一根带有长上影的大阳 K 线，还符合"一穿一托"的暴涨形态，此时 5 日均线、

10日均线、20日均线、60日均线后面的箭头方向均向上，虽然均线综合得分只有50分，但是满足了"满分100、满意100"的形态，如图6—17所示，随后2个交易日收出了2根振幅很小的十字星，说明主力控盘良好，股价开始连续拉升，13个交易日便完成了翻倍行情。

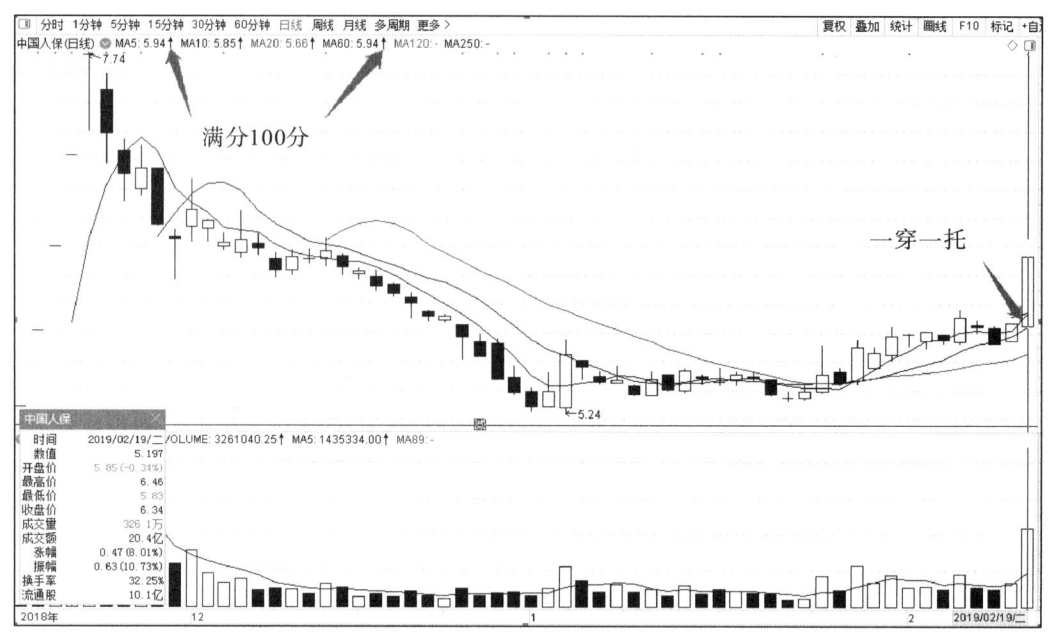

图6—16 中国人保（股票代码601319）

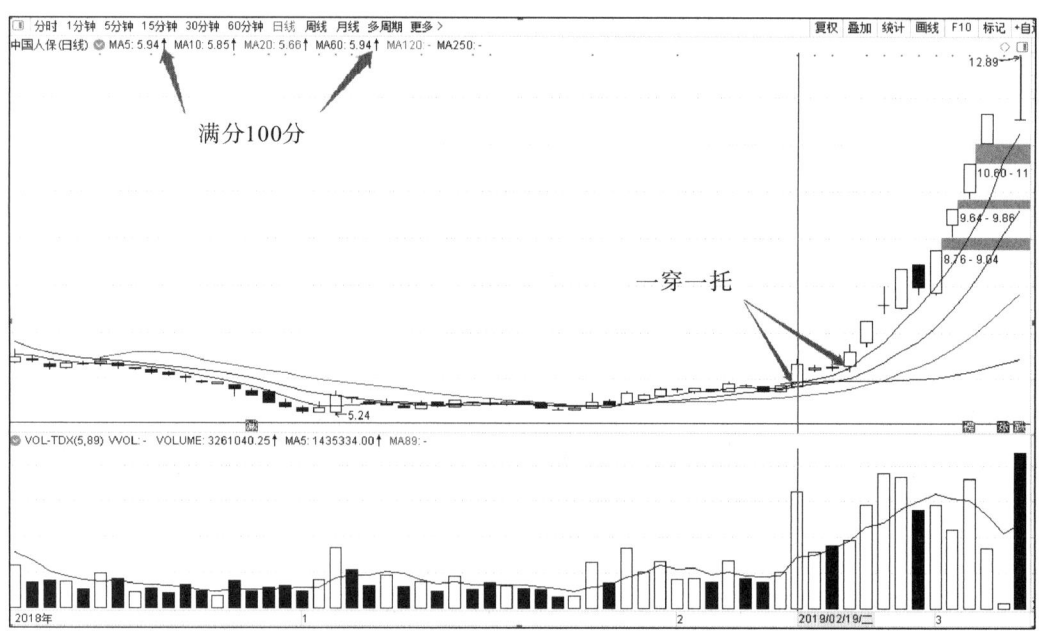

图6—17 中国人保（股票代码601319）

实战案例七 如图 6—18 所示永新光学（股票代码 603297）2019 年 2 月 25 日，收出了一根带有长上影的大阳 K 线，此时 5 日均线、10 日均线、20 日均线、60 日均线后面的箭头方向均向上，虽然均线综合得分只有 50 分，但是满足了"满分 100、满意

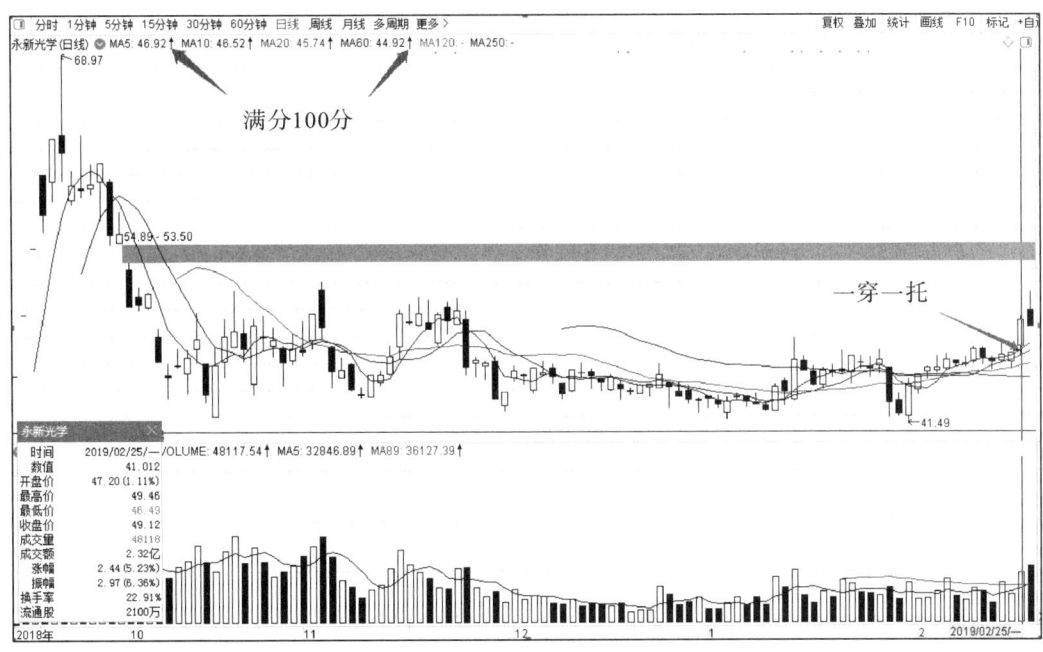

图 6—18　永新光学（股票代码 603297）

图 6—19　永新光学（股票代码 603297）

100"的形态,如图6-19所示,随后主力用连续2根长上影K线将不坚定的中小投资者清洗出局,股价便开始了上涨之旅。

实战案例八 如图6-20所示金力永磁(股票代码300748)2019年5月21日,收

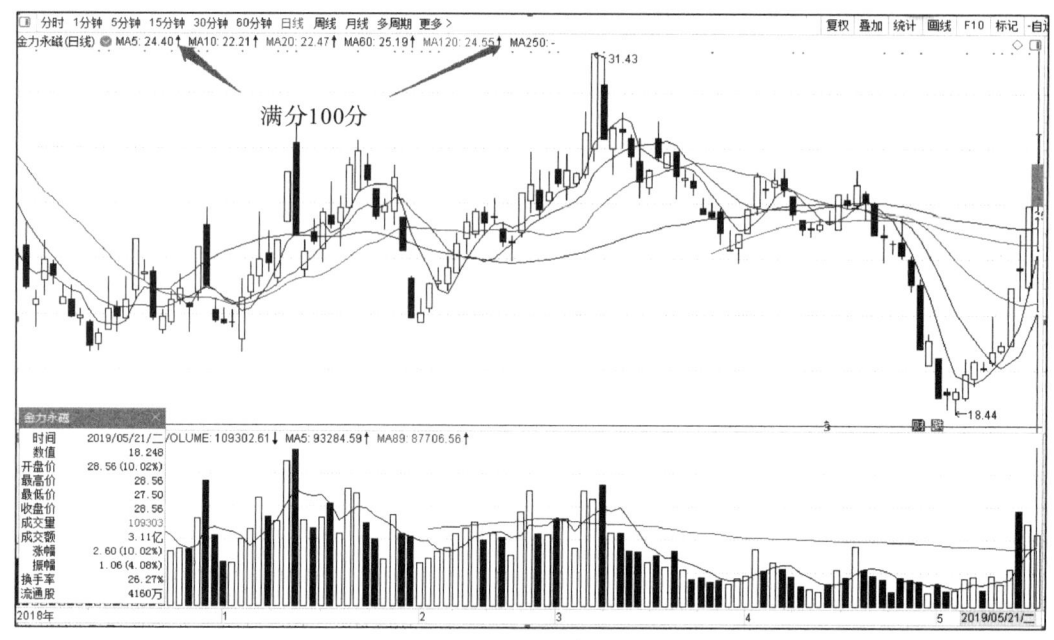

图6-20 金力永磁(股票代码300748)

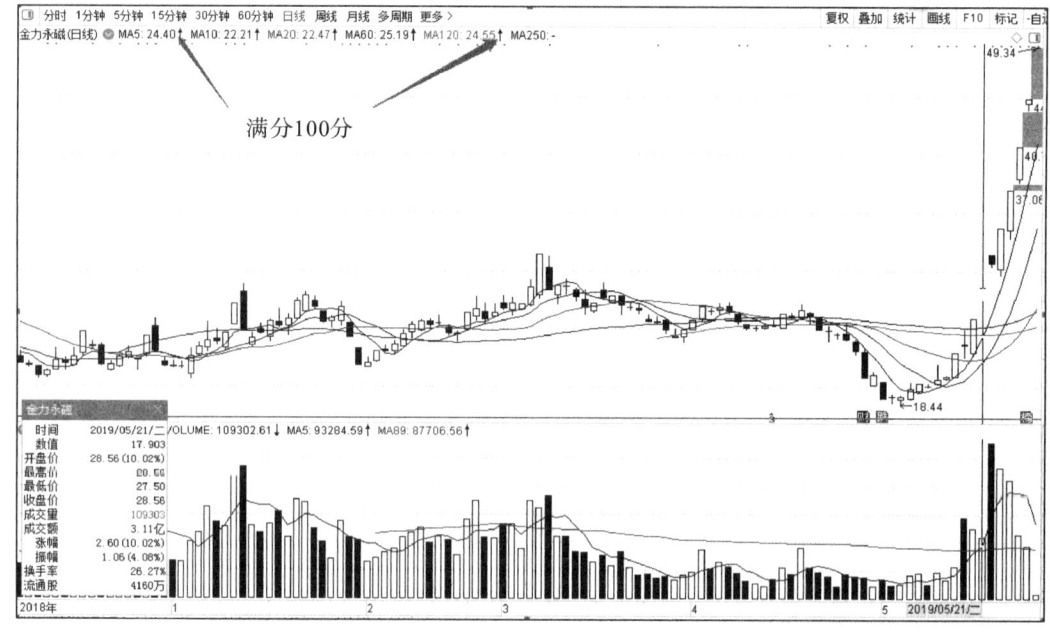

图6-21 金力永磁(股票代码300748)

出了一根"T"字形涨停板,此时5日均线、10日均线、20日均线、60日均线和120日均线后面的箭头方向均向上,虽然均线综合得分只有70分,因为是次新股,仍然满足了"满分100、满意100"的形态,如图6-21所示,随后主力用连续涨停板,开启了它的暴涨之旅。由此可见"满分100、满意100"的形态不但适合近端次新股,同样也适合远端次新股。

下面我们来看失败案例解析。

如图6-22所示天奥电子(股票代码002935)自上市起连续拉出一字涨停板,直到2018年9月14日涨停板打开,经过两周的横盘整理,到10月9日,5日均线、10日均线、20日均线后面的箭头方向均向上,虽然均线综合得分只有30分,但是满足了"满分100、满意100"的形态,同时成交量柱大于5日均量线,量价配合堪称完美,为什么后来不涨反而跌了呢?如图6-23所示,10月10日,盘中的最高价正好达到9月14日第一天开盘的重要压力位,所以一定要左顾右盼,看看左侧有没有大的压力辐射区?遇到这样的情况,千万小心。"小心驶得万年船",后面惨烈的下跌行情就能很轻松地避开了。

任何一个左边大阴的中心位置都是强压力区。

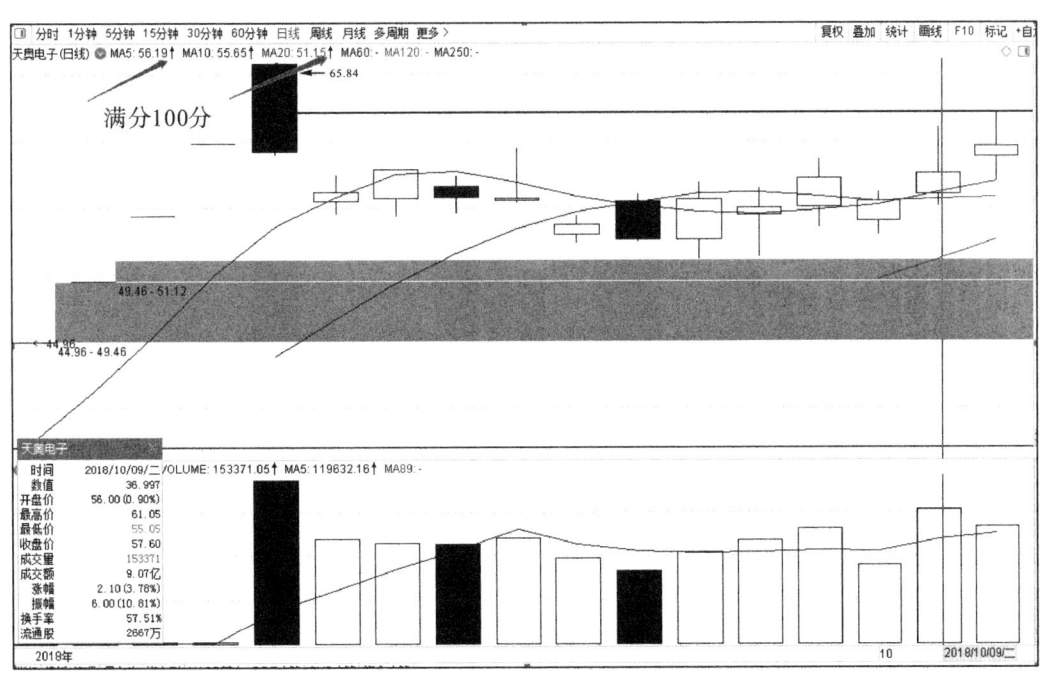

图6-22 天奥电子(股票代码002935)

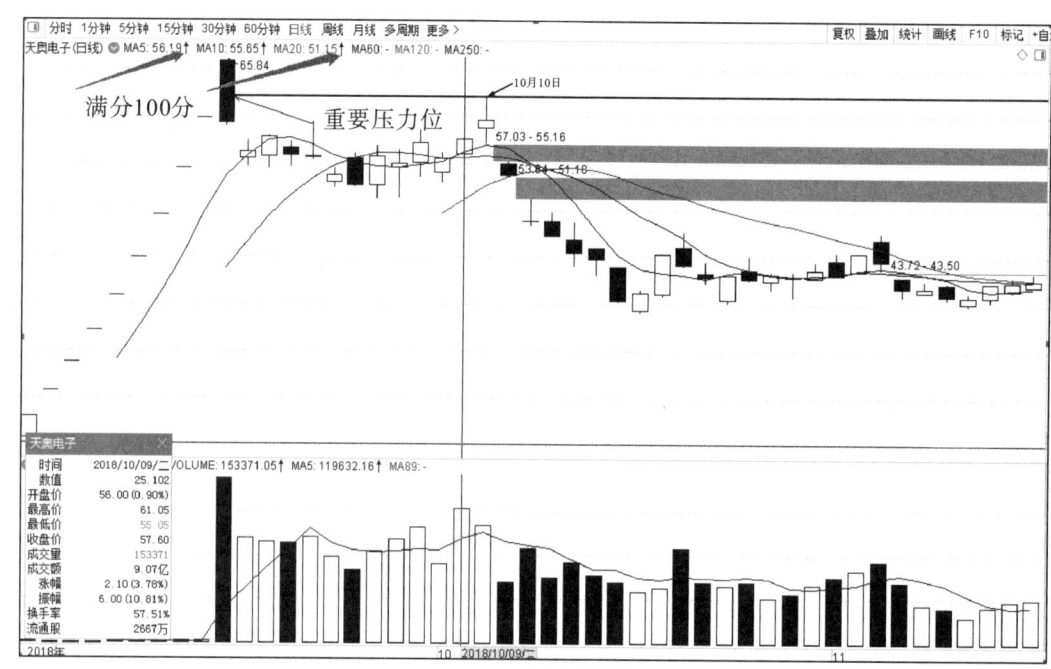

图 6—23　天奥电子（股票代码 002935）

二、"奢华而低调"的主升浪

（一）主升浪产生的原因

主升浪是每一位炒股朋友都梦寐以求的，那是股价上涨的最大阶段，也是赢利最快的阶段。主升浪是指经过主力资金大举建仓，随后暴力洗盘（不经历这两阶段不算）之后，展开的大幅拉升的行情。

快速的上涨会带来丰厚的利润，不过，绝大多数投资者却往往抓不住。其实，最根本原因，是投资者对即将主升浪的股票所具备的特征不熟悉。主升浪有什么明显特征呢？最明显特征是有连续涨停板，因为每一波行情都是由涨停板发动的，但不是每一个涨停板都能发动一波行情。

个股产生主升浪的原因大致有三个：

一是突发性利好消息刺激。如 2017 年雄安新区的推出，造就了冀东装备（股票代码 000856）、青龙管业（股票代码 002457）、首创股份（股票代码 600008）等大批牛股；2018 年底科创板的推出，造就了市北高新（股票代码 600604）、张江高科（股票代码 600895）、鲁信创投（股票代码 600783）等个股走出了主升浪行情。

二是纯粹是主力拉高行为。如 2019 年初证券板块的中信建投（股票代码 601066）、华创阳安（股票代码600155）、南京证券（股票代码601990）等；猪肉板块的新希望（股票代码000876）、正邦科技（股票代码002157）、天邦股份（股票代码002124）等。

三是超跌后的报复性反弹行情。如大智慧（股票代码601519）、恒立实业（股票代码000622）、风范股份（股票代码601700）等。

有时候在板块联动或大盘带动下，也会发生主升浪行情。"井喷"式主升浪在启动之前没有明显的征兆。一般来讲，大幅下跌后的V形反转、长期低迷调整后的突然拉起、短线游资的突然袭击以及突发性利好消息的发布等情况下会产生主升浪。超跌后的报复性反弹也会引发"井喷"式的主升浪。

超跌股的大反弹主升浪。如2018年的通光线缆（股票代码300265）、德新交运（股票代码603032）、顺灏股份（股票代码002565）等都是这类股票，否极泰来，完成了一波波澜壮阔的大行情，特别是超跌低价股的大反弹主升浪的形成，与大盘的走势有一定的关系。在绝大多数情况下，与大盘的走势有同向的关系。当然，也有在大盘处于震荡或只是小反弹行情时，超跌低价股会出现大反弹主升浪的情况，而且这种情况在超跌低价的次新股中比较多见。超跌低价股的反弹力度主要还是要看股价的投机性，投机性越强的股票，反弹的速度越快，力度越大，幅度也越大。

（二）如何从均线中捕捉主升浪？

当主力吸筹时成交量逐渐放大，股价随之上升，5日均线上穿10日均线之后，5日均线、10日均线又上穿20日均线，在整个均线系统形成多头排列后，股价也有了一定涨幅，这时主力通常要洗盘。洗盘时主力一般会将股价打压得很低，股价先后跌破5日、10日和20日甚至60日均线，使短期均线呈空头排列，5日、10日均线持续走低。但由于是洗盘性质，上升通道的中长期20日、60日均线一般不会受影响，仍然是处于向上或走平状态。这时10日均线经过前期的回落后与上升或走平的20日均线形成收敛状态，在10日、20日均线收敛的过程中，回落的股价开始企稳并逐步上穿收敛中的10日均线、20日均线。这时投资者就要注意了，一旦某天股价放量突破上方的60日均线，最好是以光头阳线突破上方的60日均线，那么当天收盘前就是最好的介入点。这就是主力经常用的破位洗盘。

实战案例一 如图6-24所示东方通信（股票代码600776）2018年11月27日当天5日均线、10日均线和120日均线分别对应的股价是4.84元、4.81元、4.78元，完成了"三均会师"的暴涨形态。次日，5日均线、10日均线、20日均线、60日均线和120日均线后面箭头方向都向上，均线综合得分为70分，如图6-25所示，说明中长期趋势向好，做波段的可以择机介入。如果从 27 日介入算起，10 个交易日，股价涨幅便高达 40%。

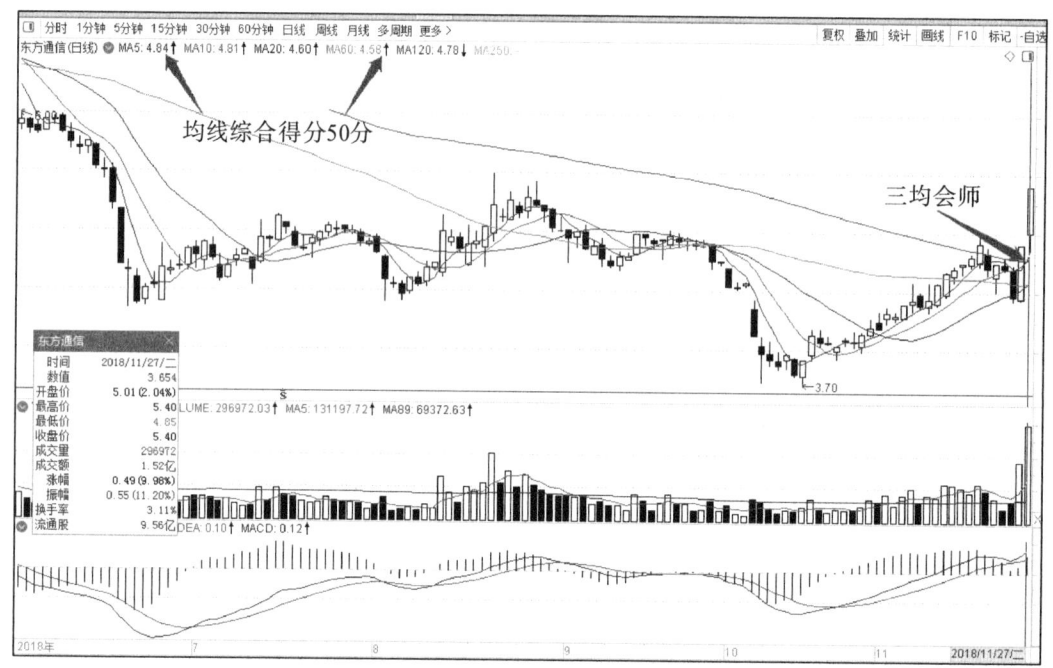

图 6—24　东方通信（股票代码 600776）

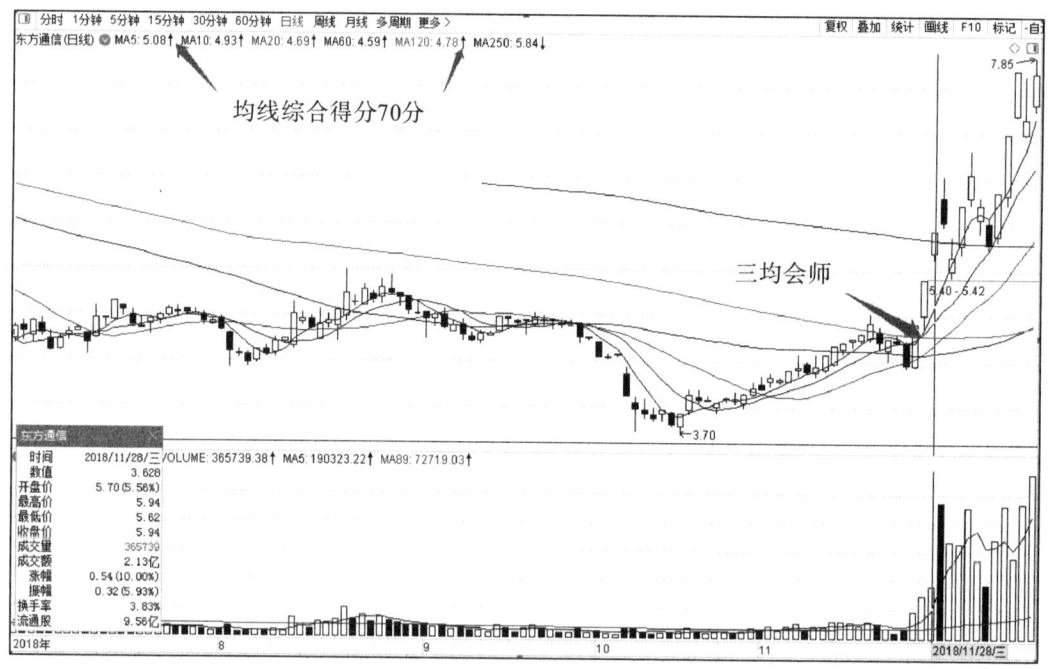

图 6—25　东方通信（股票代码 600776）

主力没有就此罢手，12月24日，5日均线、10日均线、20日均线、60日均线和120日均线后面的箭头方向全部向上，均线综合得分为70分，如图6－26所示，期间主力走出了两次"一穿一托"的暴涨形态，后面的行情暴涨也就在情理之中了。

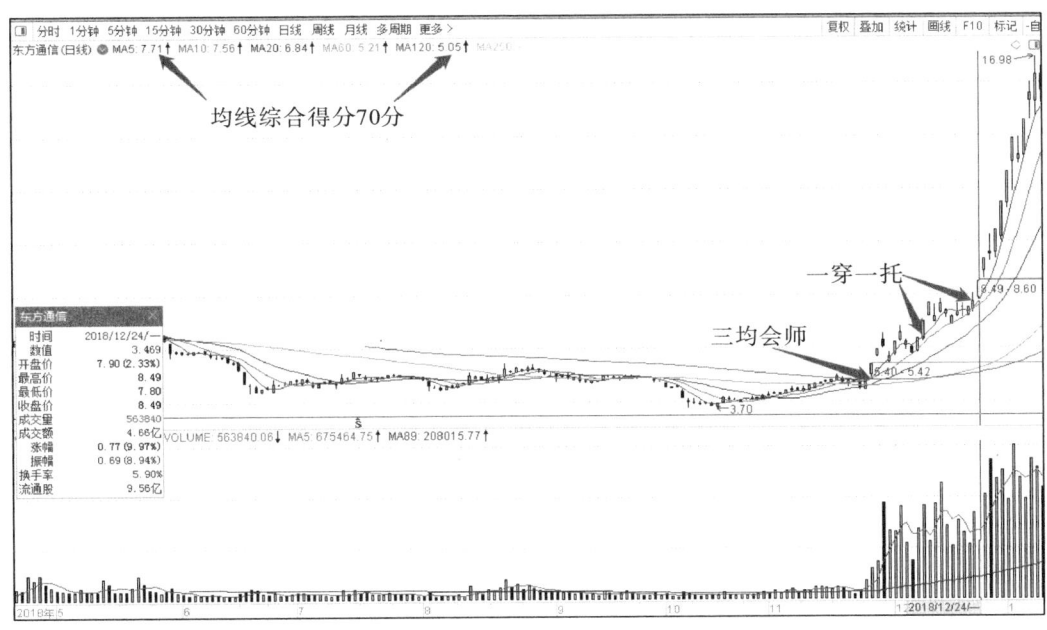

图6－27　东方通信（股票代码600776）

实战案例二　如图6－27所示福建金森（股票代码002679）2016年的9月20日，

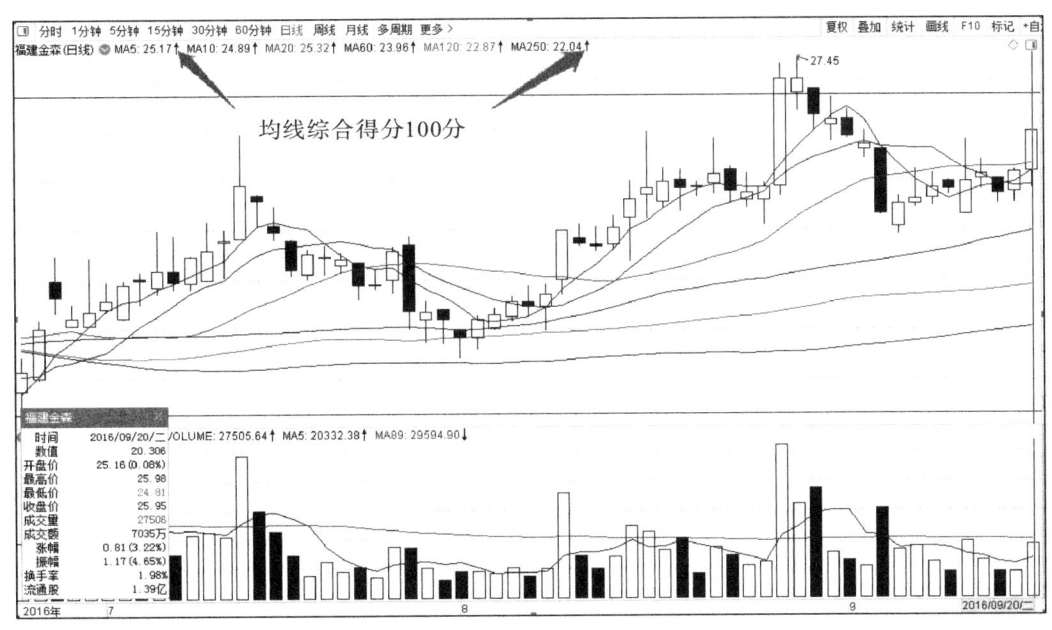

图6－27　福建金森（股票代码002679）

该股当天 5 日均线、10 日均线、20 日均线、60 日均线、120 日均线和 250 日均线后面的箭头方向都是向上的，均线综合得分为满分 100 分，当天的收盘价是 25.95 元。截至 11 月 18 日收盘价为 62.88 元，短短 2 个月涨幅超过 1 倍，如图 6－28 所示。

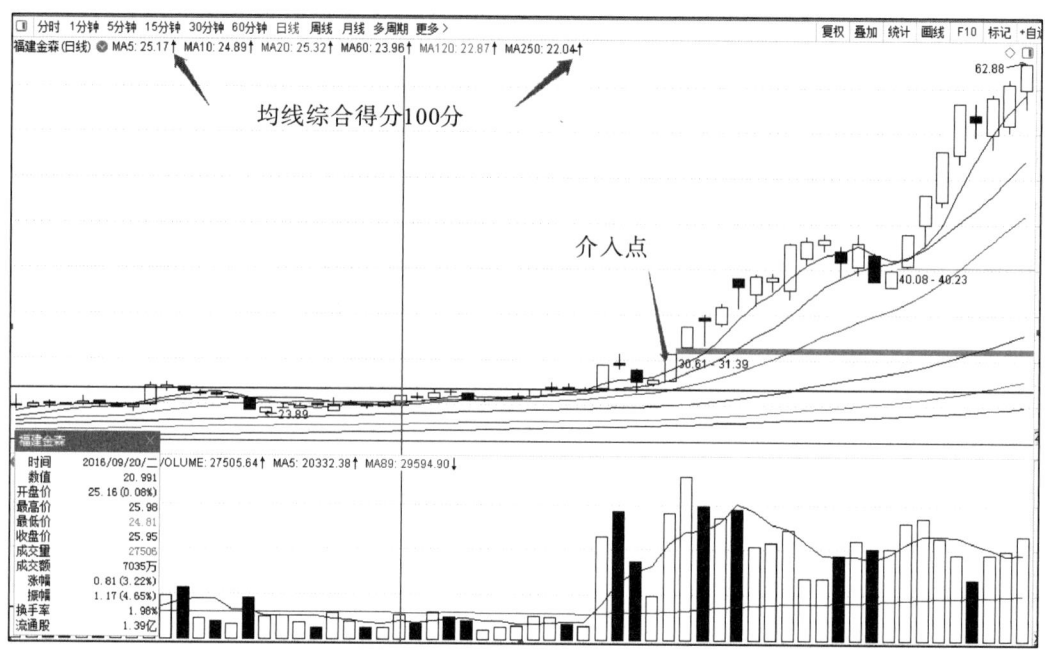

图 6－28　福建金森（股票代码 002679）

依据均线为王战法，笔者是在均线 100 分以后出现经典的强势拉升组合"金凤还巢"形态（详情见《均线为王之二：暴涨形态》）后于 2016 年 10 月 19 日及时介入，第二天又出现跳空一线天形态，说明主力已经高度控盘，后面的涨幅就可以收入囊中。

实战案例三　如图 6－29 所示天邦股份（股票代码 002124）2019 年的 2 月 12 日，该股当天 5 日均线、10 日均线、20 日均线、60 日均线、120 日均线和 250 日均线后面的箭头方向都是向上的，均线综合得分为满分 100 分，当天的收盘价是 8.99 元。

随后经过 2 个交易日的横盘，股价便开始快速上涨，如图 6－30 所示。截至 3 月 12 日收盘价为 20.24 元，短短 1 个月的时间，股价涨幅便超过 1 倍。

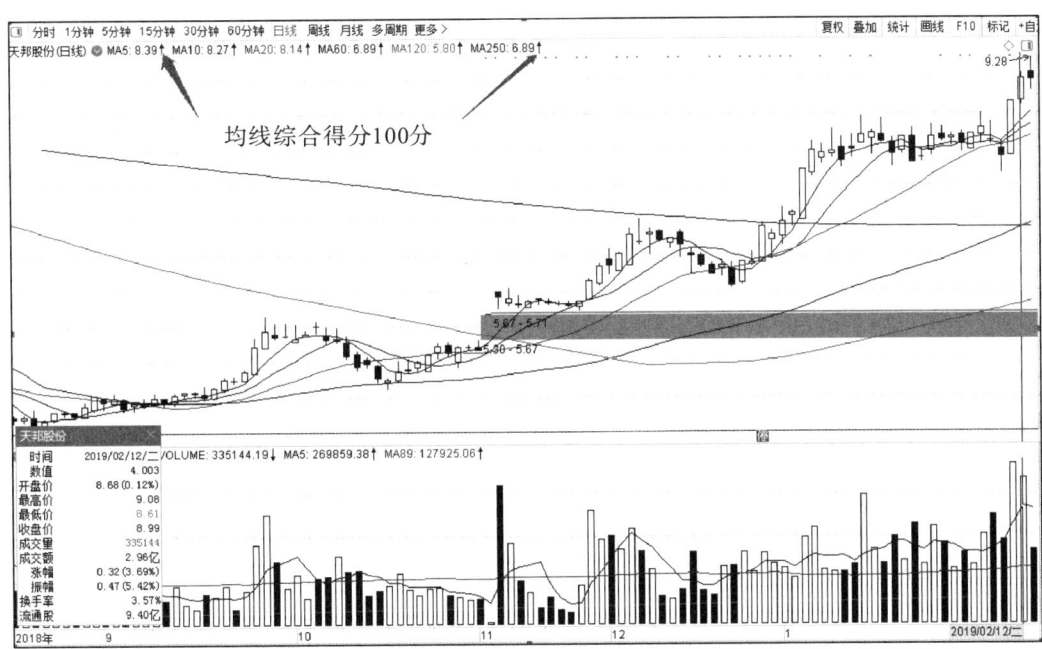

图 6-29 天邦股份（股票代码 002124）

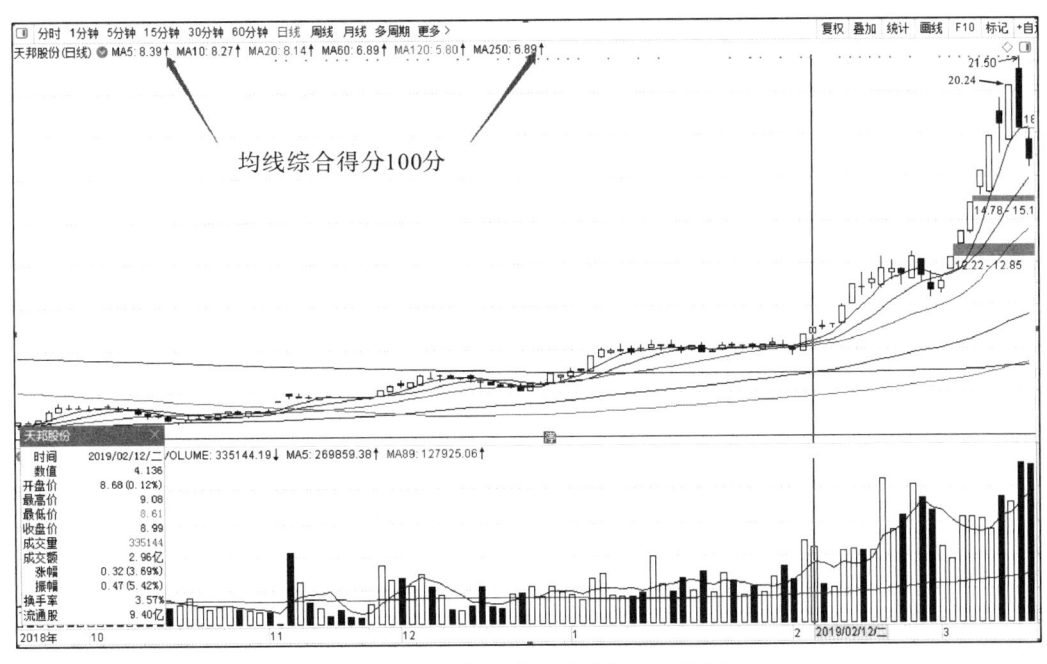

图 6-30 天邦股份（股票代码 002124）

实战案例四 如图 6-31 所示正邦科技（股票代码 002157）2019 年的 1 月 7 日，该股当天 5 日均线、10 日均线、20 日均线、60 日均线、120 日均线和 250 日均线后面的箭头都是向上的，均线综合得分为满分 100 分，当天的收盘价是 5.91 元，随后股价一路震荡攀升，在2月11日，主力用一个涨停板，开启了快速上涨之旅，如图6—32所示。截至3月13日收盘价出现19.78元的高点后，本波行情才宣告结束，短短2个月左右的时间，股价就有了超过200%的涨幅。

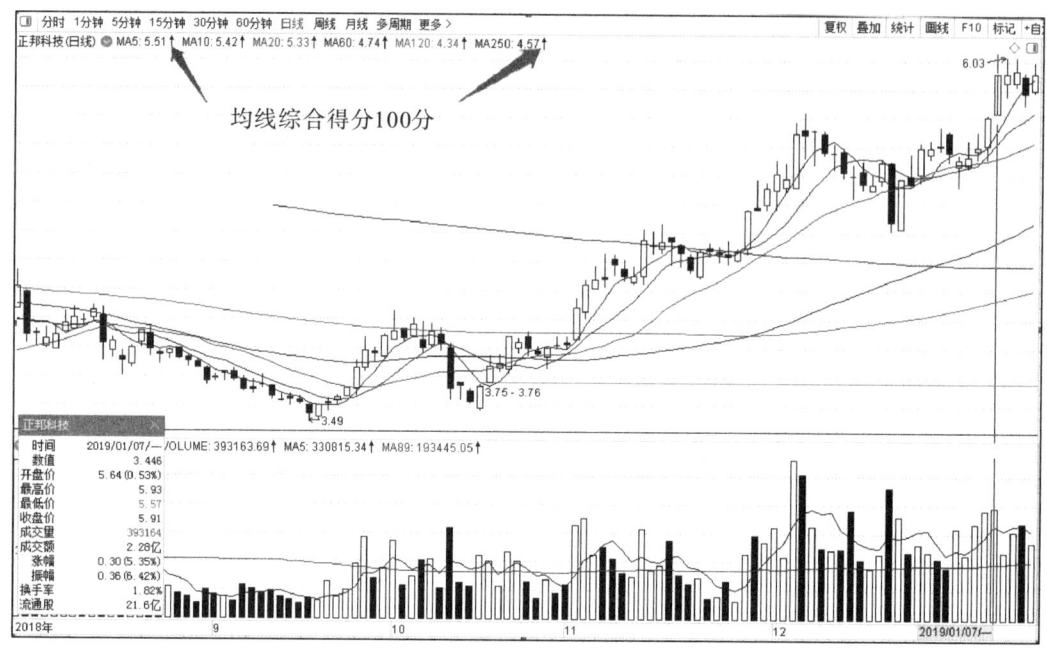

图6—31 正邦科技（股票代码002157）

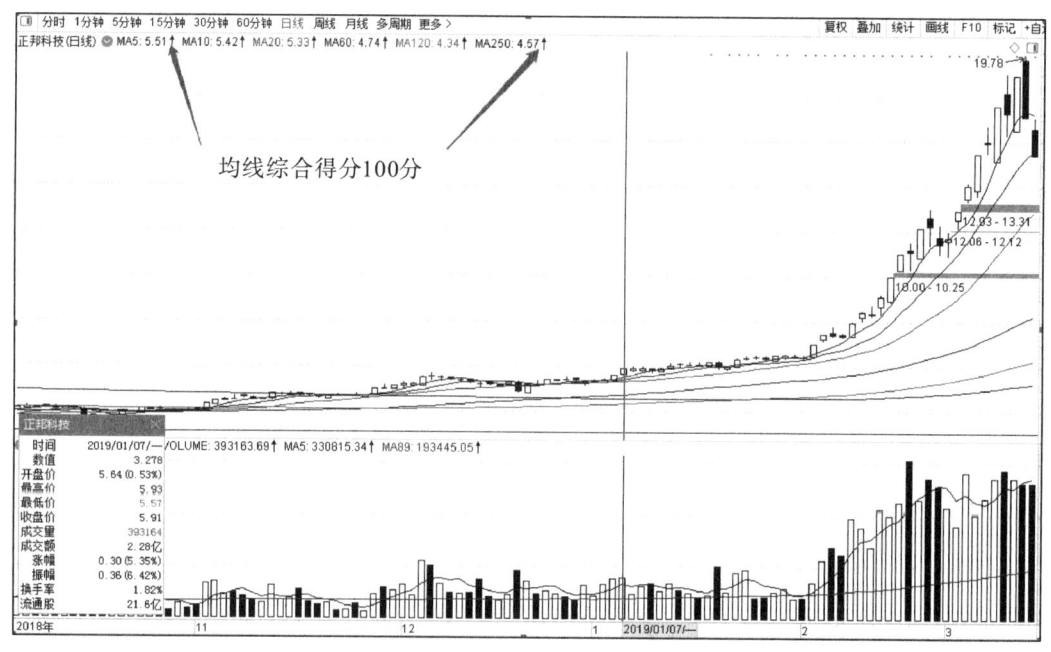

图6—32 正邦科技（股票代码002157）

实战案例五 如图 6—33 所示丰乐种业（股票代码 000713）2019 年的 4 月 11 日，该股当天 5 日均线、10 日均线、20 日均线、60 日均线、120 日均线和 250 日均线后面的箭头都是向上的。虽然当天收了一根阴 K 线，但是均线综合得分达到了满分 100 分，

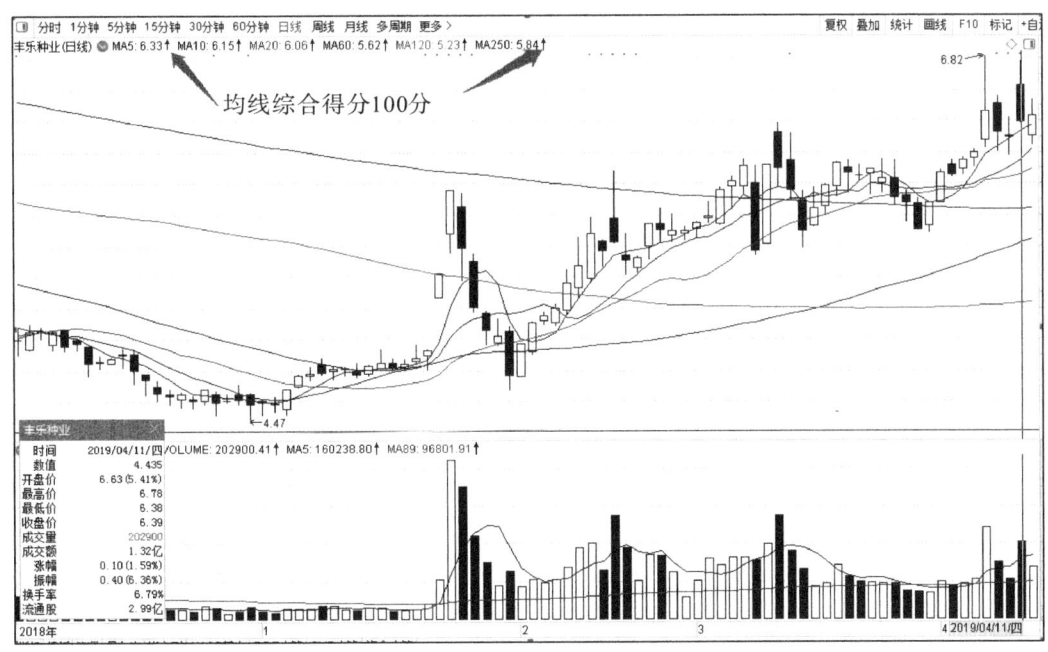

图 6—33　丰乐种业（股票代码 000713）

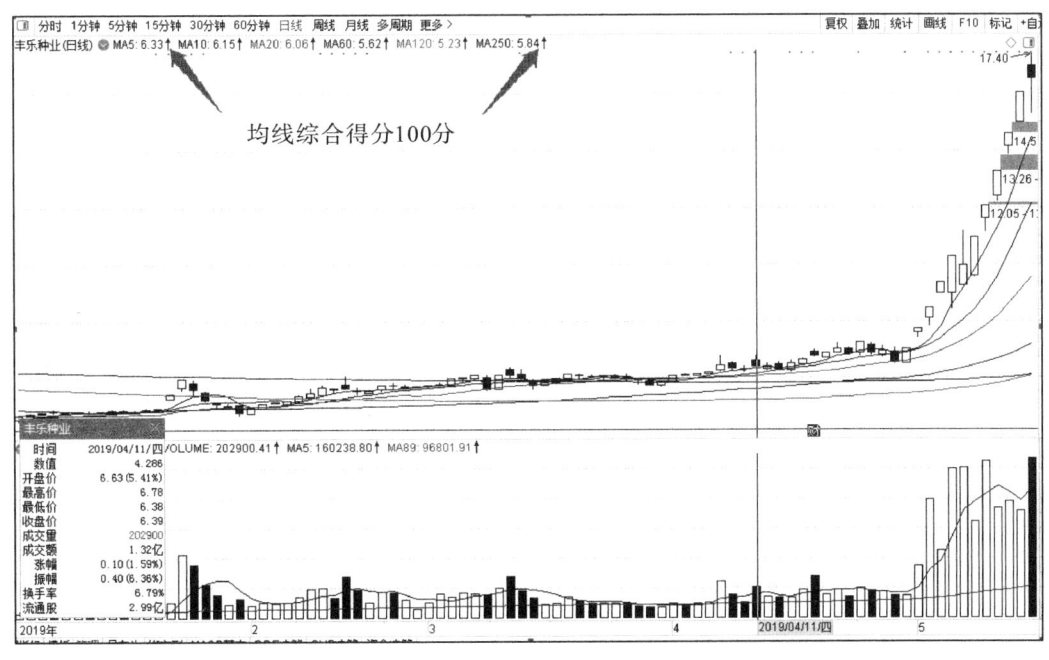

图 6—34　丰乐种业（股票代码 000713）

当天的收盘价6.39元仍然站稳了5日均线，如图6－34所示。随后主力便不温不火地震荡清洗不坚定的浮筹。几天之后来自大洋彼岸的"人造肉"概念股让该股大放异彩，10个交易日走出了9个涨停板的骄人战绩。

实战案例六 如图6－35所示紫鑫药业（股票代码002118）自从2019年初顺灏股

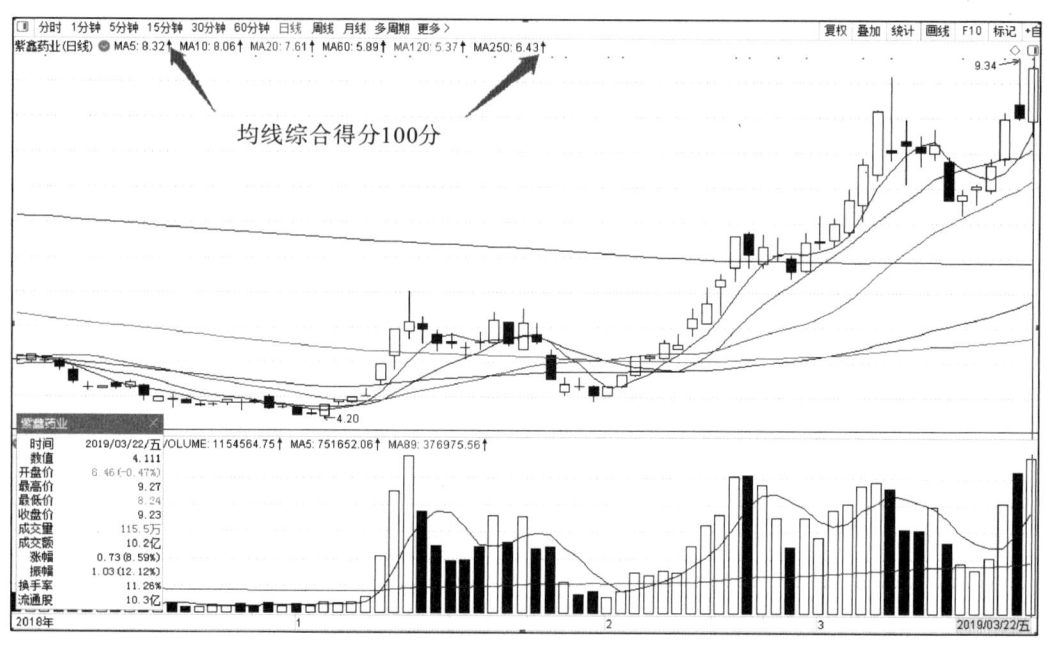

图6－35 紫鑫药业（股票代码002118）

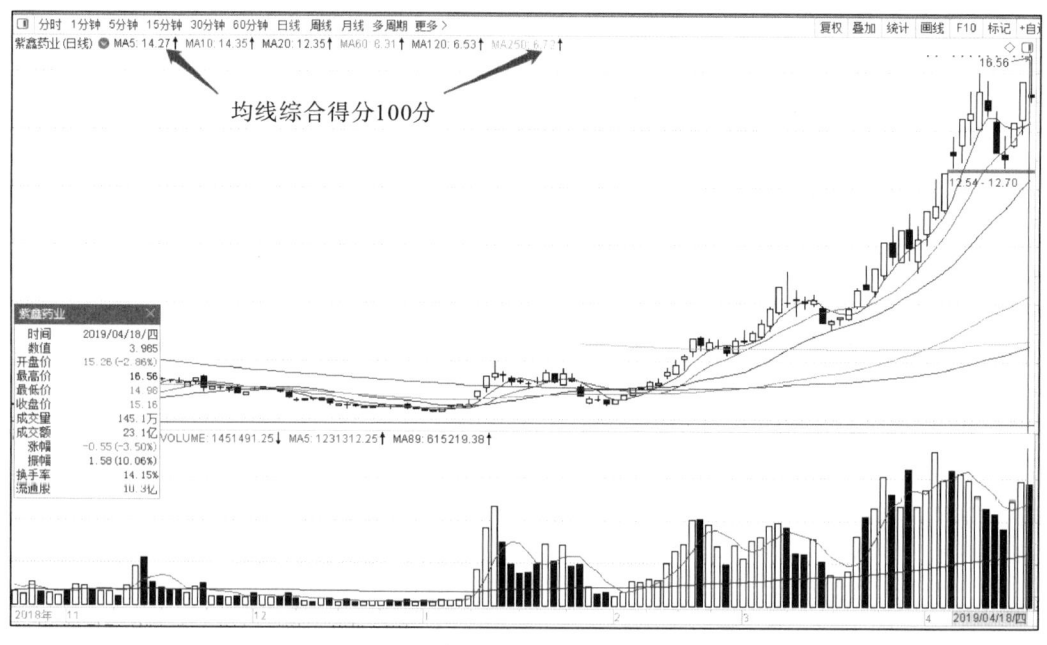

图6－36 紫鑫药业（股票代码002118）

份（股票代码 002565）一纸公告，宣布工业大麻可以合法种植以后，相关的概念股便鸡犬升天。紫鑫药业（股票代码 002118）也不例外，3 月 22 日，该股当天 5 日均线、10 日均线、20 日均线、60 日均线、120 日均线和 250 日均线后面的箭头都是向上的，均线综合得分为满分 100 分，之后股价便一飞冲天，如图 6－36 所示。截至 4 月 18 日出现最高价 16.56 元后，大形态和 4 月 10 日的高点形成 M 头后，本波行情才宣告结束。

实战案例七 如图 6－37 所示厚普股份（股票代码 300471）随着 2019 年两会提出发展氢能源的报告以来，相关板块个股便闻风而动。

2019 年 4 月 1 日，该股当天 5 日均线、10 日均线、20 日均线、60 日均线、120 日均线和 250 日均线后面的箭头都是向上的，均线综合得分为满分 100 分，随后的股价便一路高歌猛进，如图 6－38 所示。截至 4 月 19 日收盘价为 18.46 元，短短 14 个交易日，股价的涨幅超过了 60%。

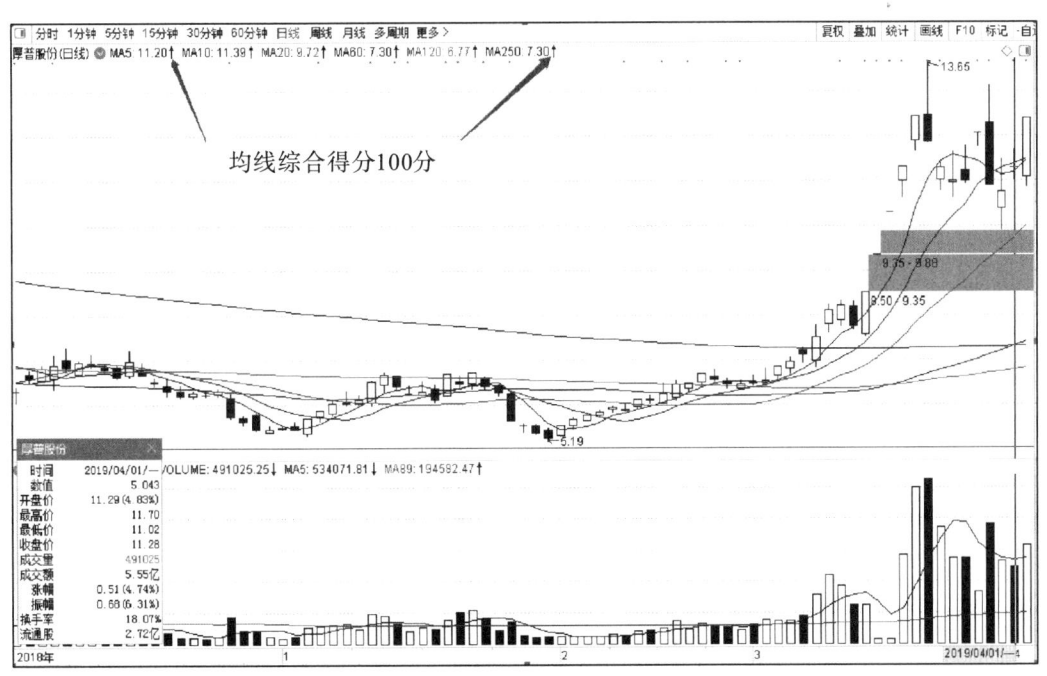

图 6－37 厚普股份（股票代码 300471）

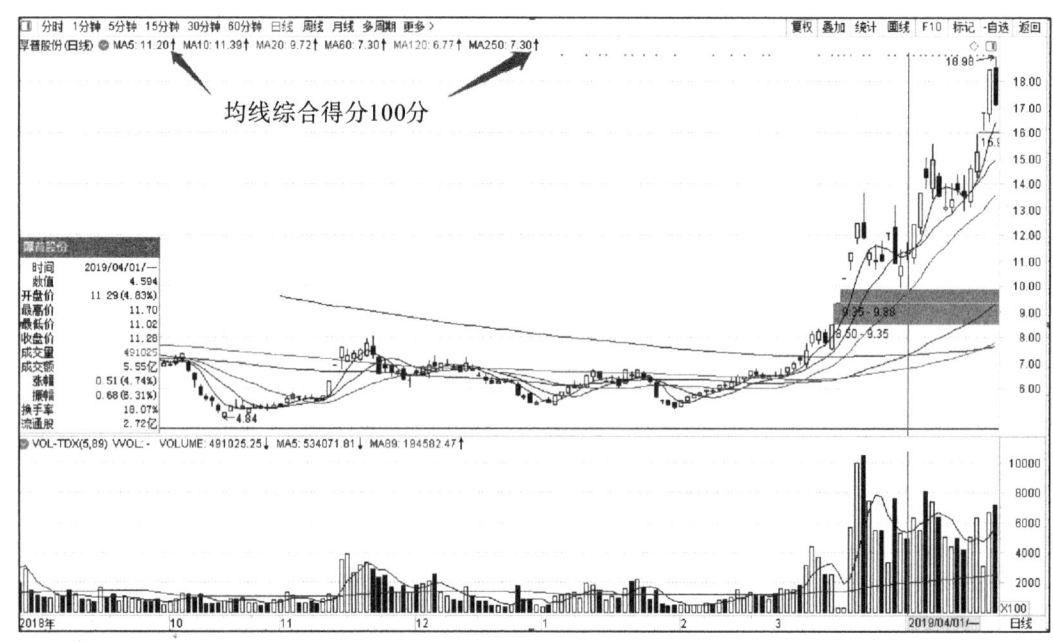

图6—38 厚普股份（股票代码300471）

实战案例八 如图6—39所示顺灏股份（股票代码002565）2019年1月16日公司发布公告称，上海顺灏新材料科技有限公司的全资子公司云南绿新生物药物有限公司

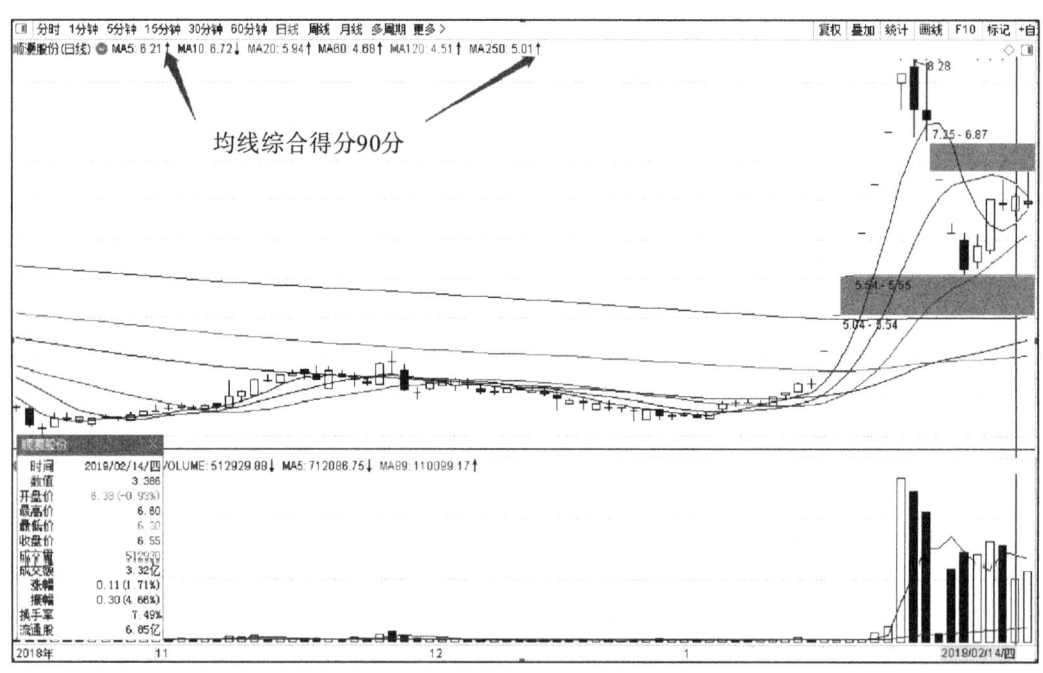

图6—39 顺灏股份（股票代码002565）

收到曲靖市公安局沾益分局颁发的《云南省工业大麻种植许可证》。受此利好消息刺激，次日股价开盘便一字涨停板，此后股价像登上云梯一样一步登天，连续拉出 7 个涨停板，股价不到两周便翻了一倍。

经过深幅回调后，2 月 15 日，该股当天 5 日均线、20 日均线、60 日均线、120 日均线和 250 日均线后面的箭头都是向上的，均线综合得分为 90 分。后面的行情走势如图 6—40 所示更是势如破竹，不到 1 个月的时间，股价再次翻了一倍。

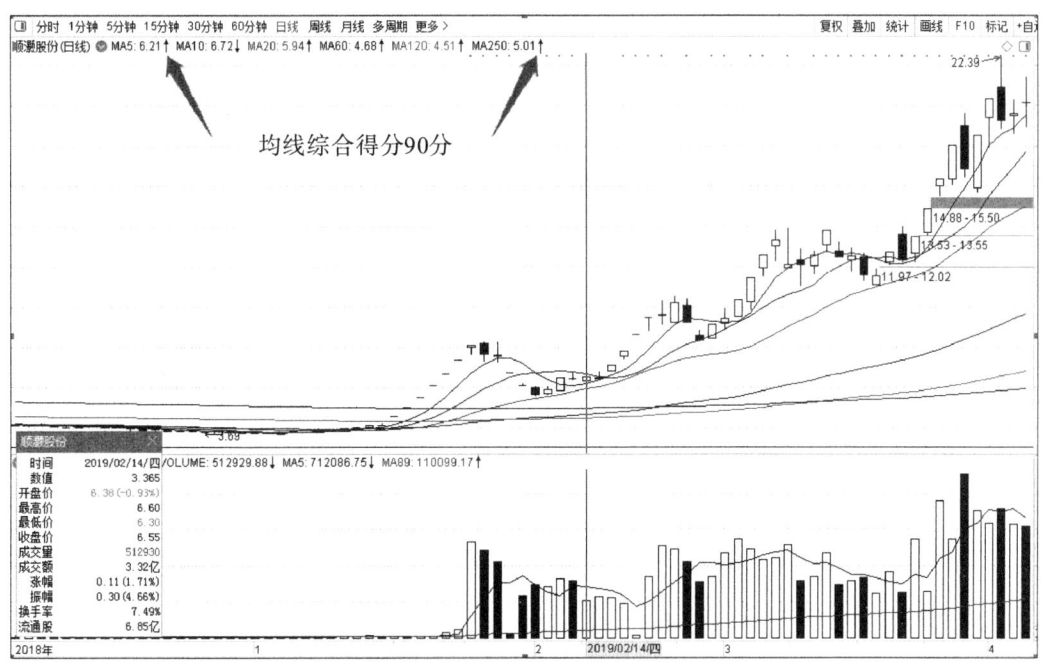

图 6—40　顺灏股份（股票代码 002565）

第七章 破位洗盘的均线实战

"山重水复疑无路,柳暗花明又一村。"说明中小投资者刚要进入绝望期,突然峰回路转,柳暗花明,再现生机,股市中主力常常用这种"破位洗盘"的方式来佯装溃逃,给散户以"山重水复疑无路"的假象,但是几天之后,待中小投资者交出手中筹码,便大幅拉升,使股价"柳暗花明"迅速大涨。

主力为什么采用这种极端的方式洗盘呢?原因有以下几点:

(1) 主力持仓不够,不敢大幅拉升,为了吸筹进行洗盘,股价向下破位洗盘,股价破位会使意志不坚定的持股者或者靠技术吃饭的短线客出局,主力通过制造空杀空的恐慌气氛来达到快速吸筹的目的,节省了时间成本。

(2) 对计划之外的筹码进行换手,把先期持股者赶下马,防止其获利太多,中途抛货砸盘,终极威胁或影响主力的操纵计划,如使主力付出太多拉升本钱会影响顺利出货。

(3) 在不同的阶段不断地更换持币者进场,以垫高其持股成本,进一步减少主力后市拉升股价的压力。通过反复洗盘,进一步均匀持仓成本,亦有助于主力在高位抛货离场,防止主力刚一出现抛货迹象,就把中小投资者吓跑的情况,以便日后在高位从容派发。

(4) 在震仓过程中高抛低吸,主力还可以赚取一部分差价,以弥补其在拉升阶段所付出的较高的交易成本。

(5) 调整资金比例，假如主力在底部吃进筹码比例比较大，没留足够的气力拉升，可利用洗盘开始的较高价位出货。

(6) 调整仓位结构，假如主力持有多只股票的筹码时，可以通过洗盘调整所持股票的持仓比例，分出主次，使其更能显示板块效应。

(7) 使原来想高抛低吸的中小投资者晕头转向。很多人在低位踏空后，便到高位追涨，结果往往低抛高追，成了主力的抬轿夫。

总之主力在操盘过程中，会用不同的办法进行洗盘，从而让不同类型的中小投资者在操纵的品种上按其意图进出，从而达到操盘成功的目的。在这场角逐中，主力在暗处，而中小投资者在明处，散户只有充分了解市场，才能掌握股票性情，从而破解主力的意图。

破位洗盘特征：破位洗盘一般发生在主力建仓完毕，拉升前夕。

(1) 股价在一个相对稳定的区域内作箱体震荡，后破位下行。

(2) 成交量的长期变化趋势是峰值呈递减趋势，中长期均量线逐步缩减。

(3) 破位下跌速度相对暴力，经常沿一个较为陡峭的下行通道一路下行，给人一种一去不回头的感觉。

(4) 下跌时未见大量放出，有时即使放出大量亦属中期中量水平。

(5) 跌破重要支撑位比如 60 日均线、120 日均线或者 250 日均线，但是时间一般不会太久，大概在 5 至 22 个交易日之内，且往往以见底十字线或带上下影线的 K 线组合为见底信号。

(6) 下跌过程中单日跌幅大，经常有超过 7% 的跌幅，累计最大跌幅在 25% 左右。

(7) 下探后在底部整理时间短，不少个股出现类似 V 形反转走势。

(8) 下跌过程的成交量要明显萎缩，破位洗盘结束后，成交量会快速放大，股价也会陡峭上升，可能一飞冲天，第一波上扬涨幅均在 20% 以上，部分强悍主力可能使股价直接翻倍。

实战案例一 如图 7-1 所示北新建材（股票代码 000786）在 2017 年 8 月 14 日主力用一个准涨停板试盘，企图拉开主升浪序幕，迫于前高压力还有套牢盘，为了让这些套牢盘尽快出局，主力就采取了"山重水复疑无路"的极端洗盘形态——跌破重要压力位，至 9 月 1 日，区间横盘震荡走势，股价还非常强劲，一直运行在 5 日均线上。仅仅过了一天，便风云突变，在 9 月 5 日出现快速杀跌，随后跌破 60 日均线重要支撑位，但是成交量量能很小，主力洗盘的迹象相当明显，属于"无量超跌"。9 月 27 日放出一倍以上成交量，股价大幅反弹，重返前期平台上方。如图 7-2 所示，该股当天 5 日均线、10 日均线、120 日均线和 250 日均线后面的箭头都是向上的，均线综合得分为 70 分。次日的跳空一线天意味着主力正式进入拉升阶段，随之而来的涨幅通常能给中小投资者带来相当可观的收益。

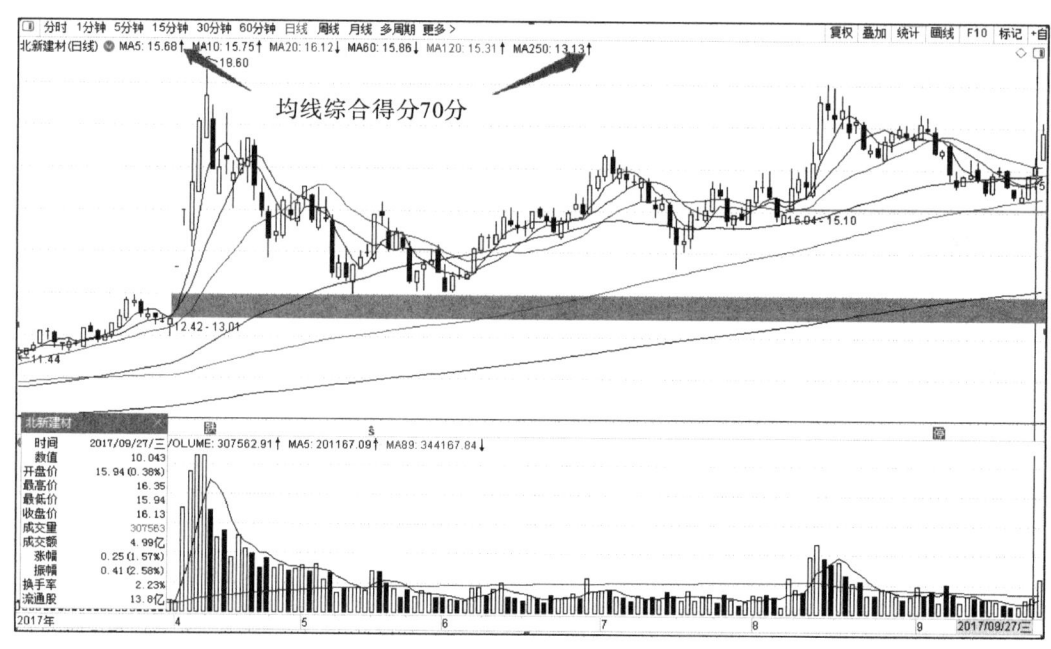

图 7-1 北新建材（股票代码 000786）

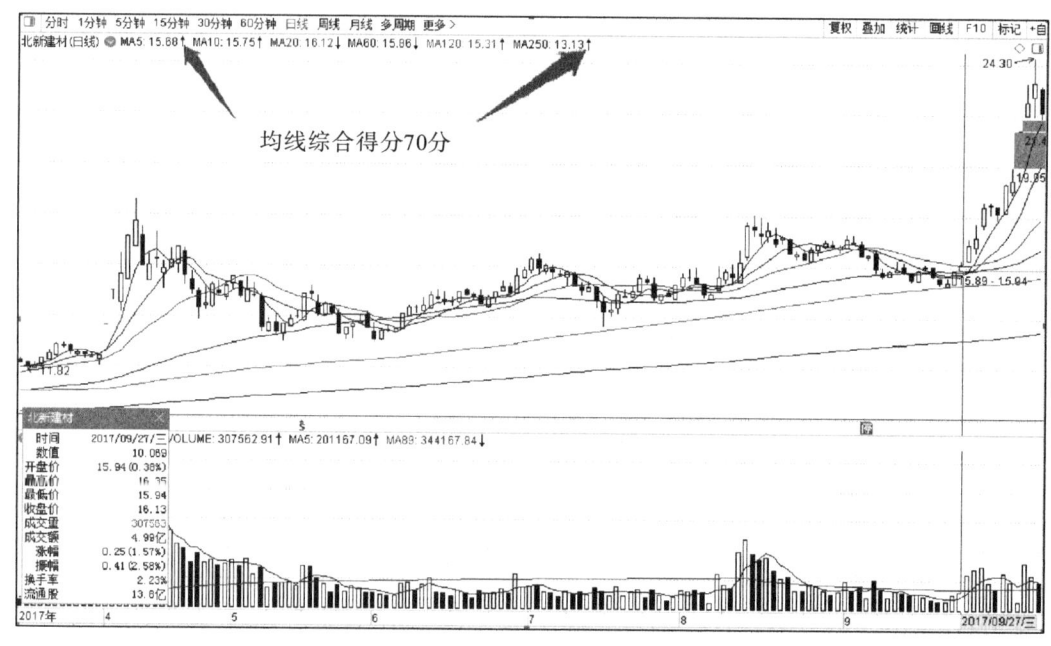

图 7-2 北新建材（股票代码 000786）

实战案例二 如图7-3所示平潭发展（股票代码000592）在2015年3月20日至4月20日，主力一直在区间内横盘窄幅震荡运行，股价还非常强劲，一直运行在5日

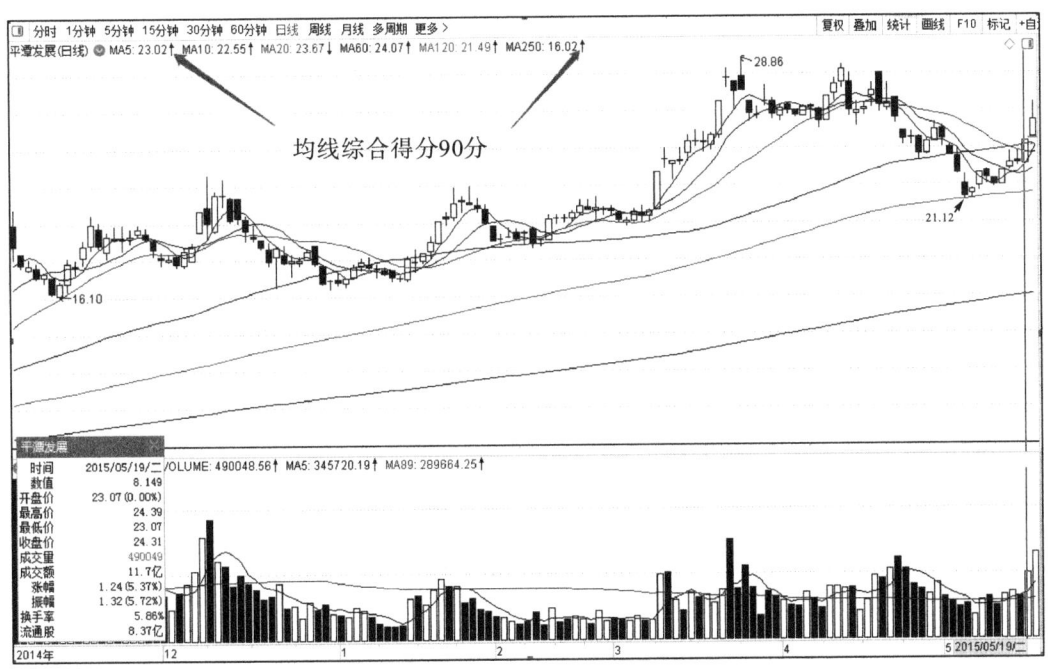

图7-3 平潭发展（股票代码000592）

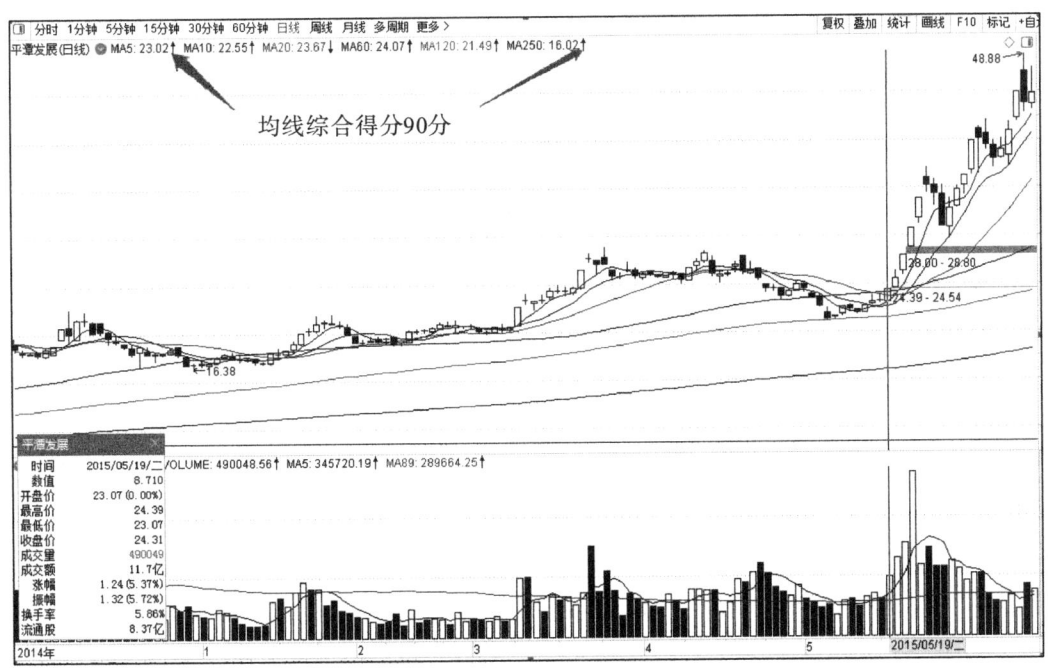

图7-4 平潭发展（股票代码000592）

均线上。次日便乌云密布，在 4 月 21 日高开低走，出现快速杀跌。随后一个"断头铡刀"跌破 5 日均线、10 日均线和 20 日均线，依然没有止跌迹象，随后更是变本加厉跌破了 60 日均线重要支撑位，但是成交量量能很小，主力洗仓的迹象相当明显，属于"无量超跌"。同时遇到了 120 日均线支撑开始止跌企稳。然后在 5 月 7 日出现了 21.12 元的双零抄底信号，说明洗盘结束，继续横盘 10 多天后，5 月 19 日随着一根阳线同时穿过了三根均线，如图 7-4 所示，当天 5 日均线、10 日均线、60 日均线、120 日均线和 250 日均线后面的箭头都是向上的，只有 20 日均线为 0 分，均线综合得分为 90 分。同时成交量也配合完美，量价配合极好，于是股价开始大幅反弹，随之而来的短期涨幅让人惊呆了，给投资者带来相当可观的收益，短短一个月就完成了翻倍的行情，直到出现 48.88 元的一条龙双零逃顶信号，主力这波拉升才完美谢幕。

实战案例三 如图 7-5 所示西水股份（股票代码 600291）在 2017 年 5 月 12 日和 5 月 25 日，主力分别用两根涨幅不大的阳线突破了 250 日均线的重要压力位，随后便掉头向下，跌破了 120 日均线重要支撑位，用这种破位洗盘的方式完成了最后的筹码清洗。2017 年 6 月 5 日不跌反涨，用一组反包形态让股价出现反转信号，开始了它的牛股之旅。如图 7-6 所示，当天 5 日均线、10 日均线、20 日均线、60 日均线和 120 日均线后面的箭头都是向上的，均线综合得分为 70 分。四天后再次一阳穿四线突破年线，后面的涨幅简直让人惊呆了。

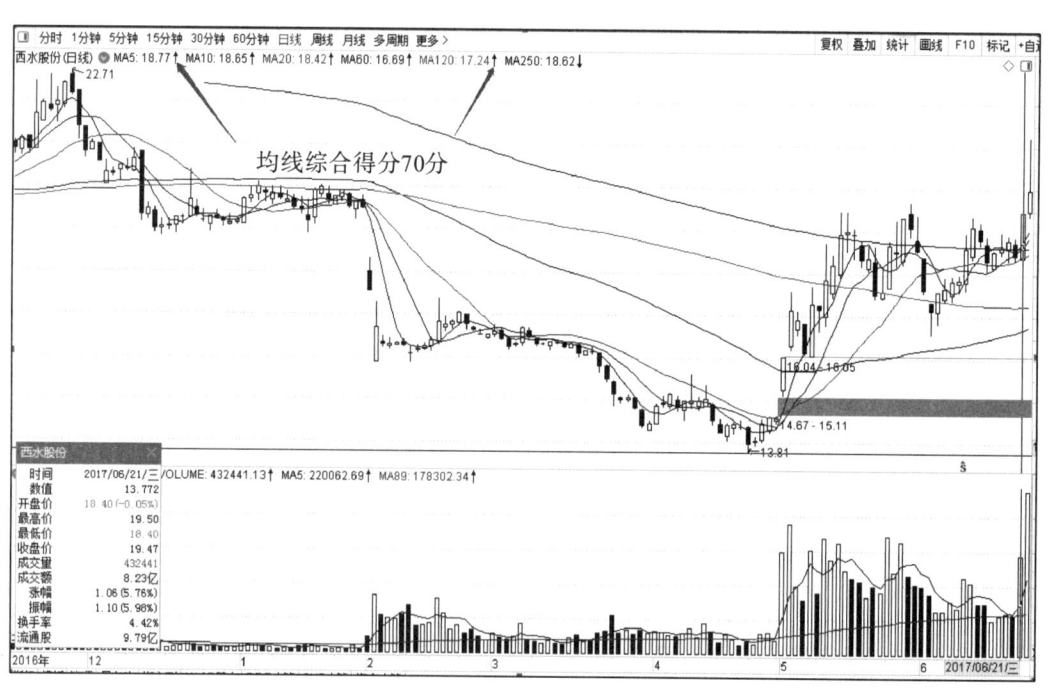

图 7-5 西水股份（股票代码 600291）

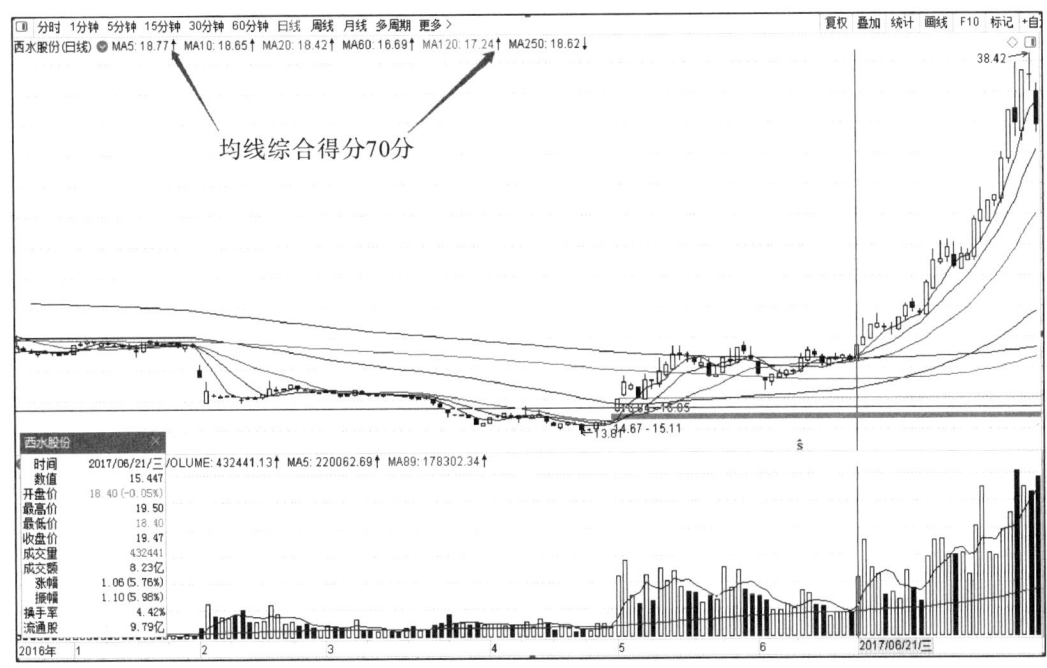

图7—6 西水股份（股票代码600291）

实战案例四 如图7—7所示中国交建（股票代码601800）2016年9月26日，主力用一根阴线击穿了所有的支撑，给人"山雨欲来风满楼"的压迫之感，次日便雨过天

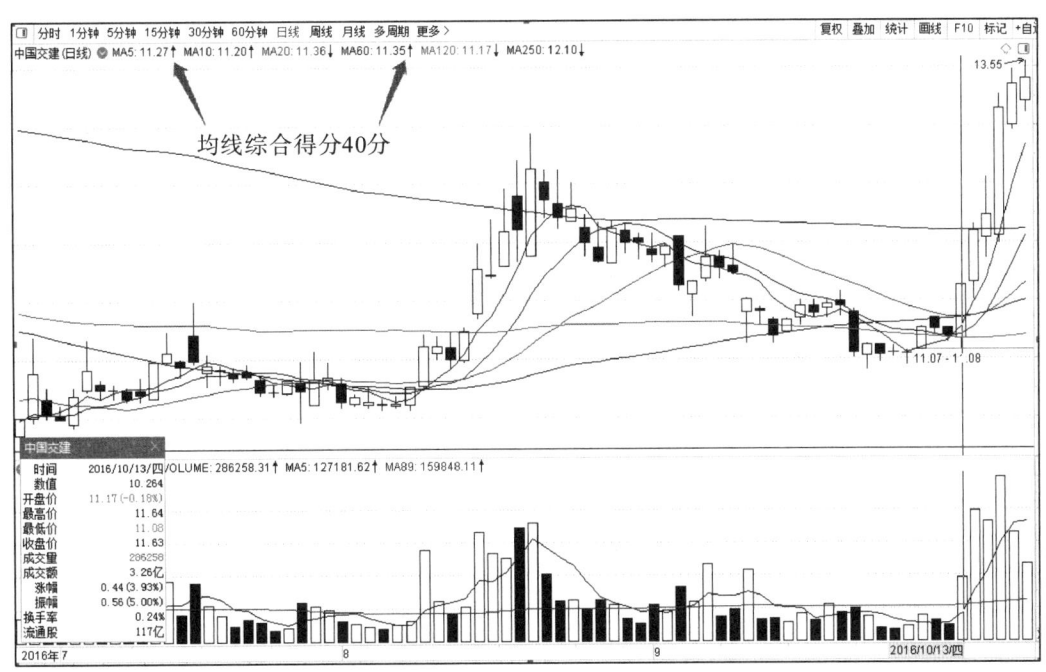

图7—7 中国交建（股票代码601800）

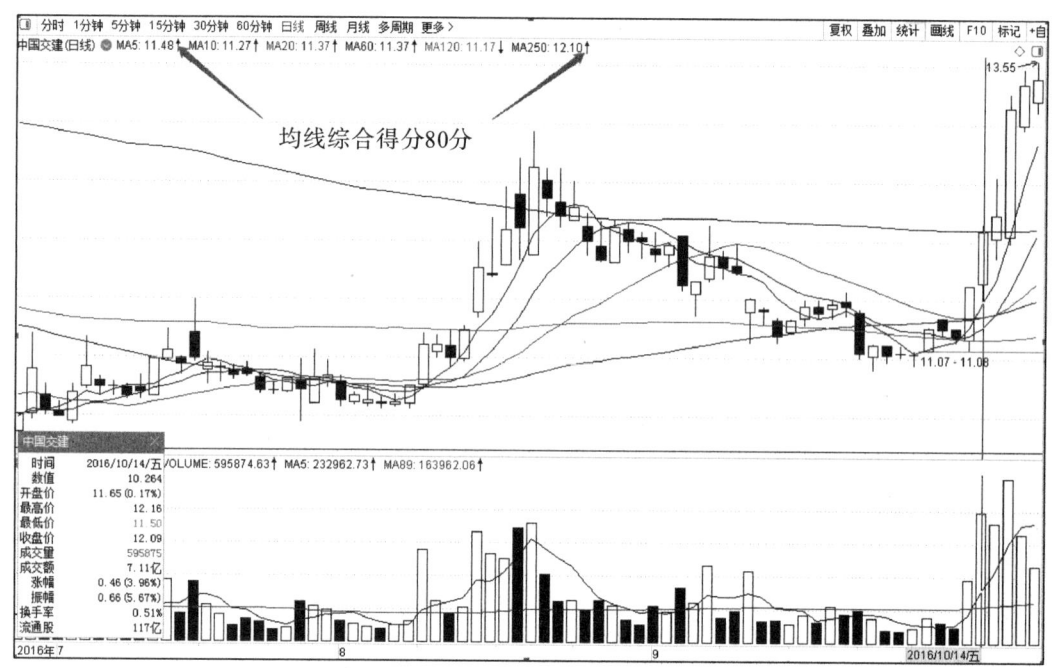

图7—8 中国交建（股票代码601800）

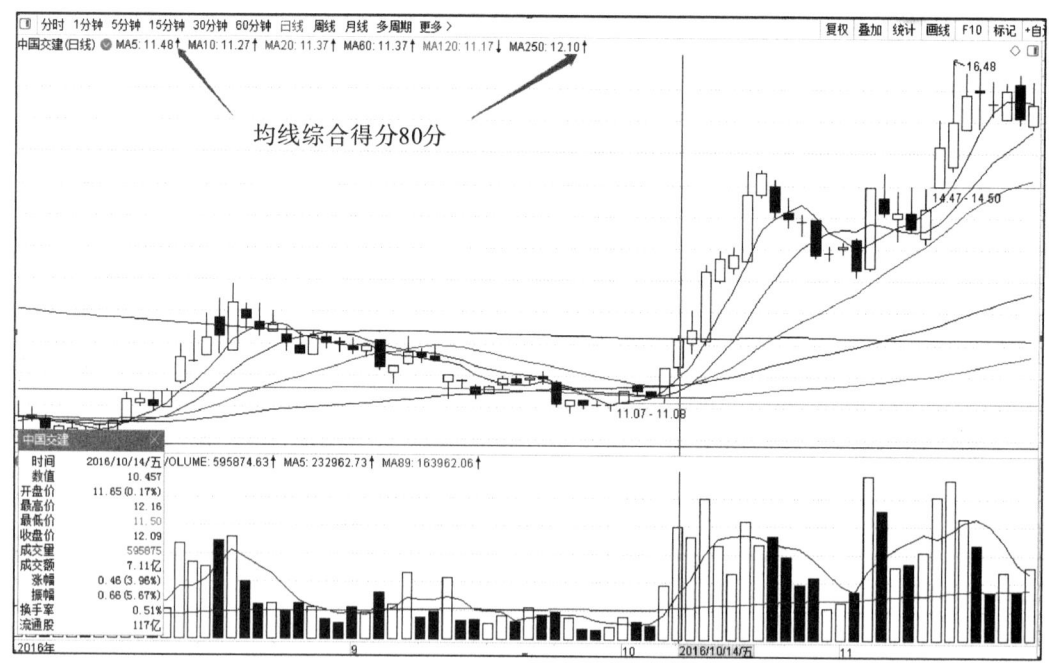

图7—9 中国交建（股票代码601800）

晴，用一根小阳线止跌企稳，随后开始了横盘震荡，2016年10月13日，跳空一线天证明了主力已经高度控盘，随后几天回踩再也没有跌破一线天的缺口，如图7-8所示，当天5日均线、10日均线、60日均线后面的箭头都是向上的，均线综合得分只有40分。但是次日5日均线、10日均线、20日均线、60日均线和250日均线后面的箭头都是向上的，均线综合得分快速增至80分。如图7-9所示，均线综合得分从40分次天变为80分，后来的大幅上涨也就在情理之中了。

实战案例五 如图7-10所示园城黄金（股票代码600766）2019年1月29日，主力用一根"断头铡刀"大阴线击穿了包括年线在内的重要支撑位，次日故技重演，再次跌破120日均线的重要支撑位，空方的压迫似乎让人透不过气来，但是5天以后，主力便用一组"左右开弓"的经典暴涨形态（详情见《均线为王之二：暴涨形态》）吹响了反攻的号角。2月11日，5日均线、10日均线、20日均线、60日均线、120日均线和250日均线后面的箭头都是向下的，均线综合得分为0分。如图7-11所示，仅仅过了6个交易日即在2月19日，当天5日均线、10日均线、60日均线后面的箭头都是向上的，均线综合得分由0分增至40分。如图7-12所示，之后股价便一路向北，短短不到20个交易日便收获了1个涨停板，股价涨幅也达到70%之多。

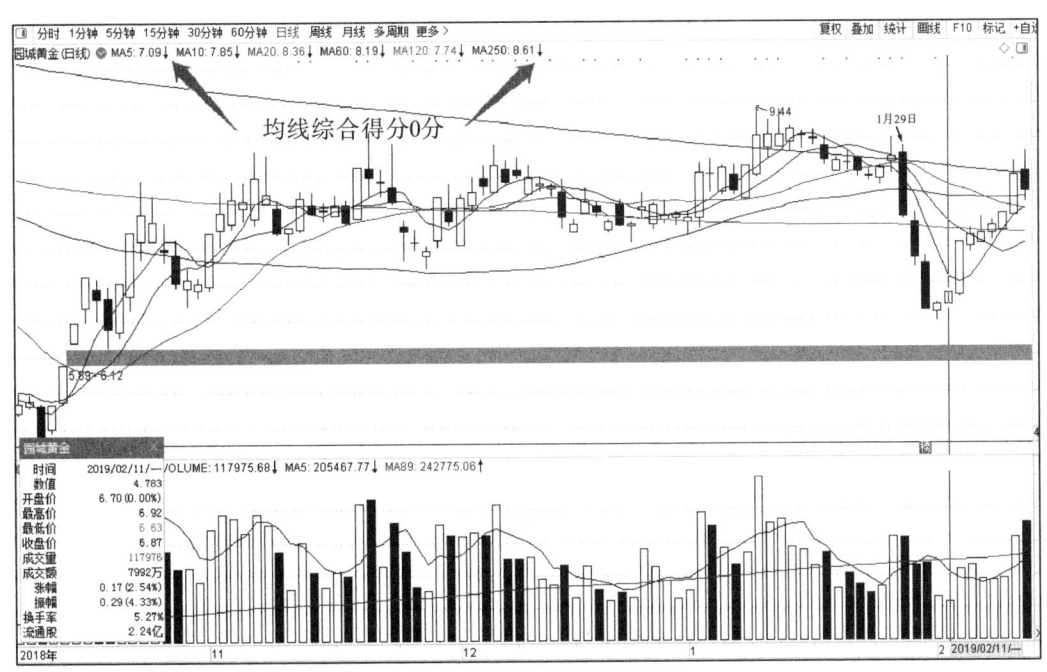

图7-10 园城黄金（股票代码600766）

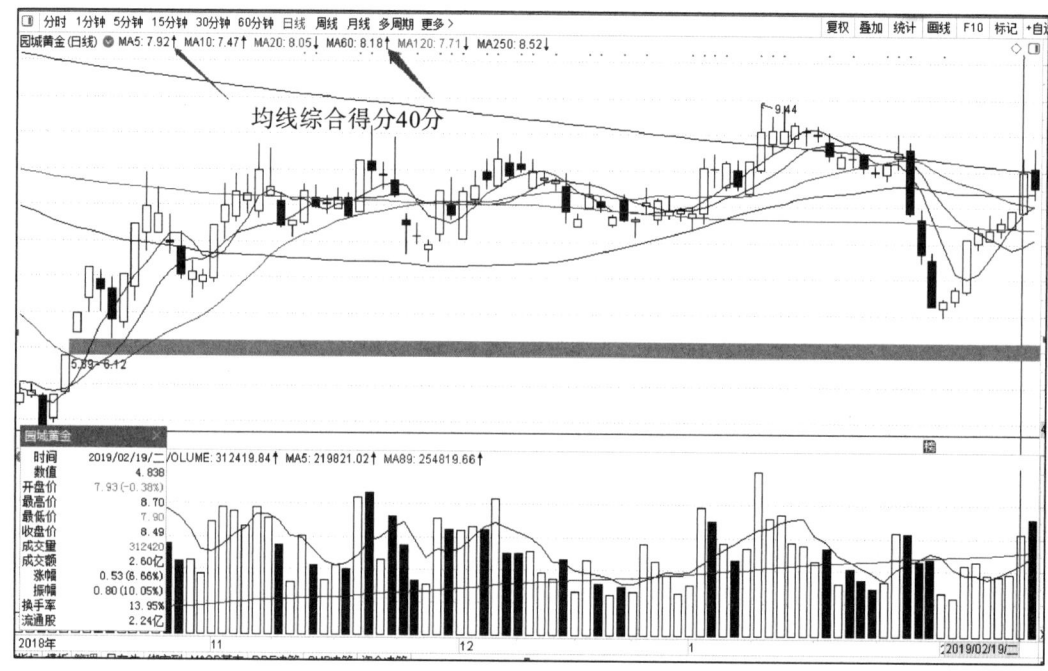

图 7—11　园城黄金（股票代码 600766）

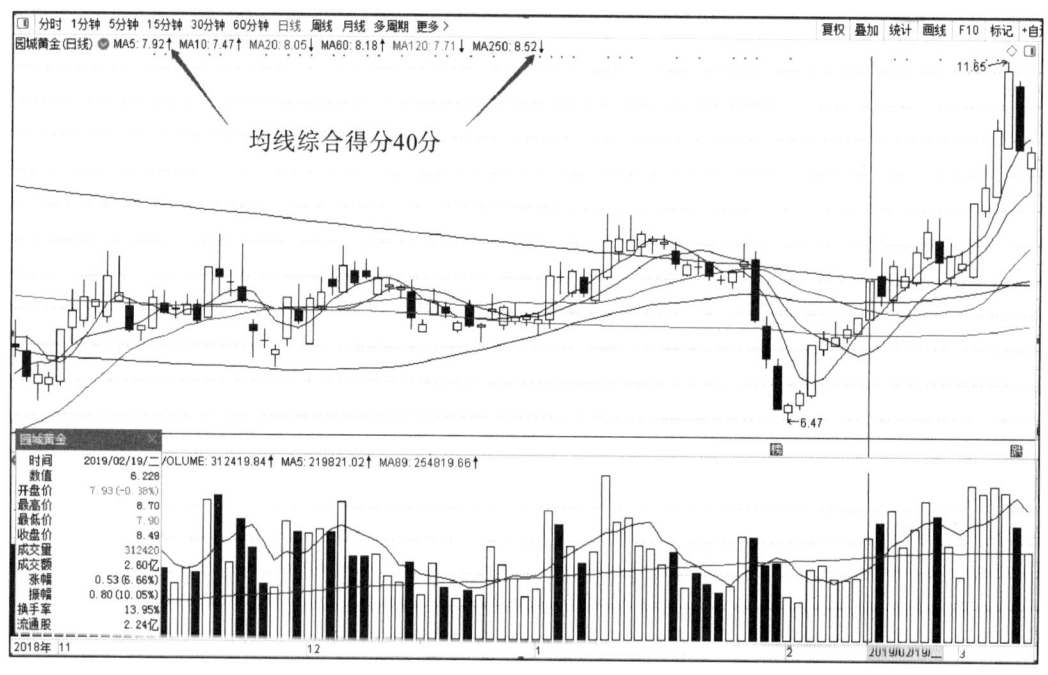

图 7—12　园城黄金（股票代码 600766）

实战案例六 如图7-13所示紫鑫药业（股票代码002118）2019年1月24日之前，主力用2个涨停板和一组"龙凤三胞胎"完成了暴力抢筹的动作，因为同属工业

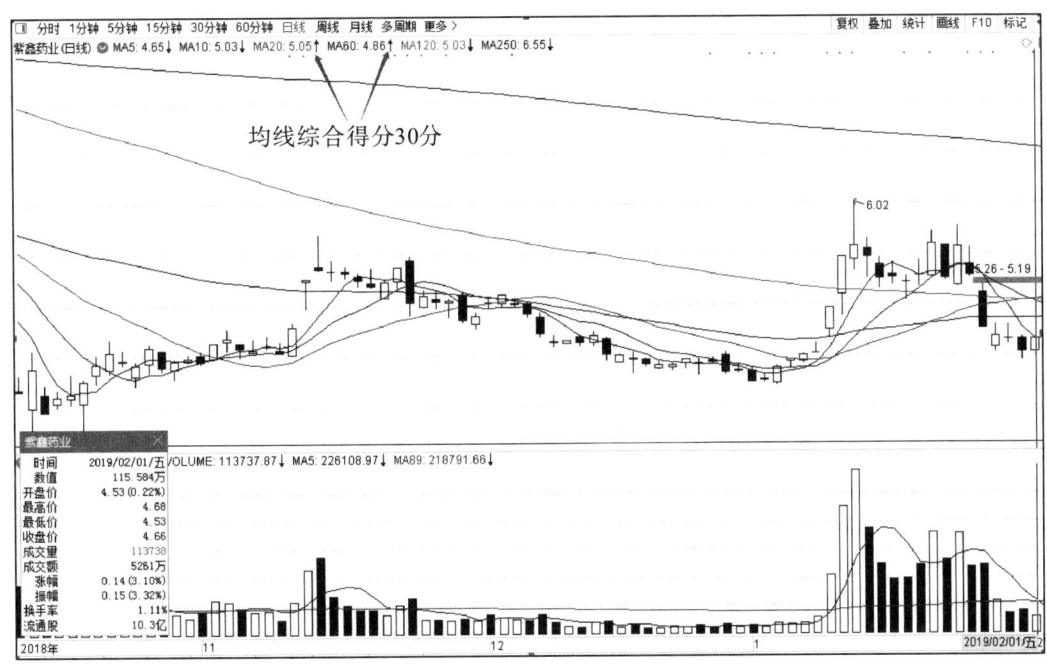

图7-13 紫鑫药业（股票代码002118）

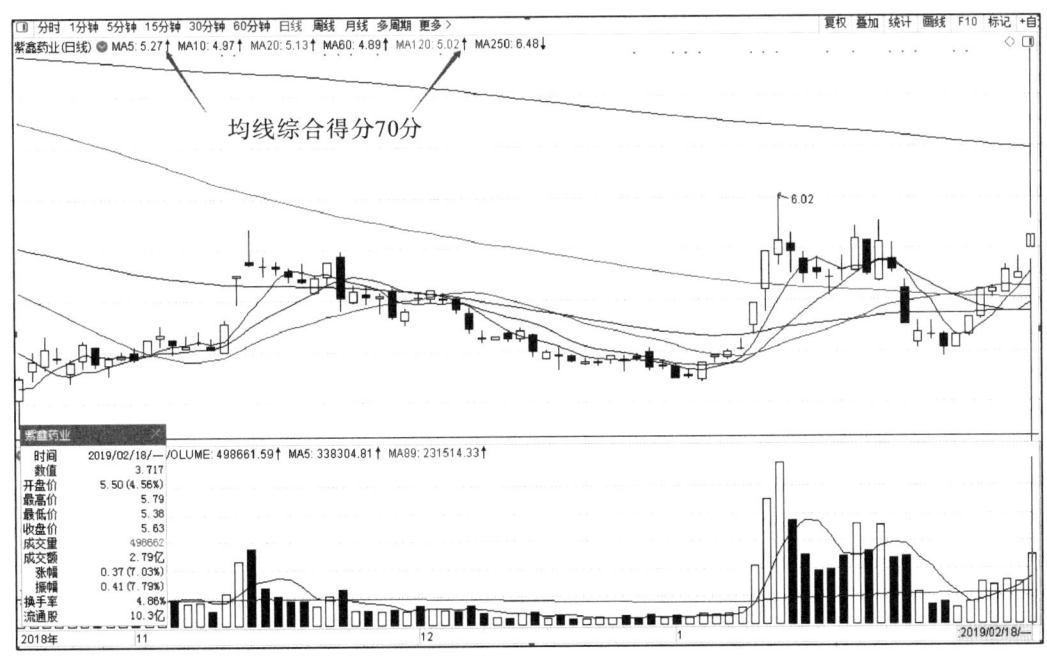

图7-14 紫鑫药业（股票代码002118）

大麻板块的利好，顺灏股份（股票代码002565）已经落下它很远了。1月28日一根跌停板的"断头铡刀"大阴线击穿了包括120日均线在内的重要支撑位，开始了它的破位洗盘，2月1日，20日均线、60日均线后面的箭头是向上的，均线综合得分只有30分。仅仅过了7个交易日即2月18日（春节期间放假没有交易），当天5日均线、10日均线、20日均线、60日均线、120日均线后面的箭头都是向上的，均线综合得分由30分增至70分，如图7-14所示。随后股价便一路向北，不到14个交易日，股价涨幅也达到70%之多，如图7-15所示。

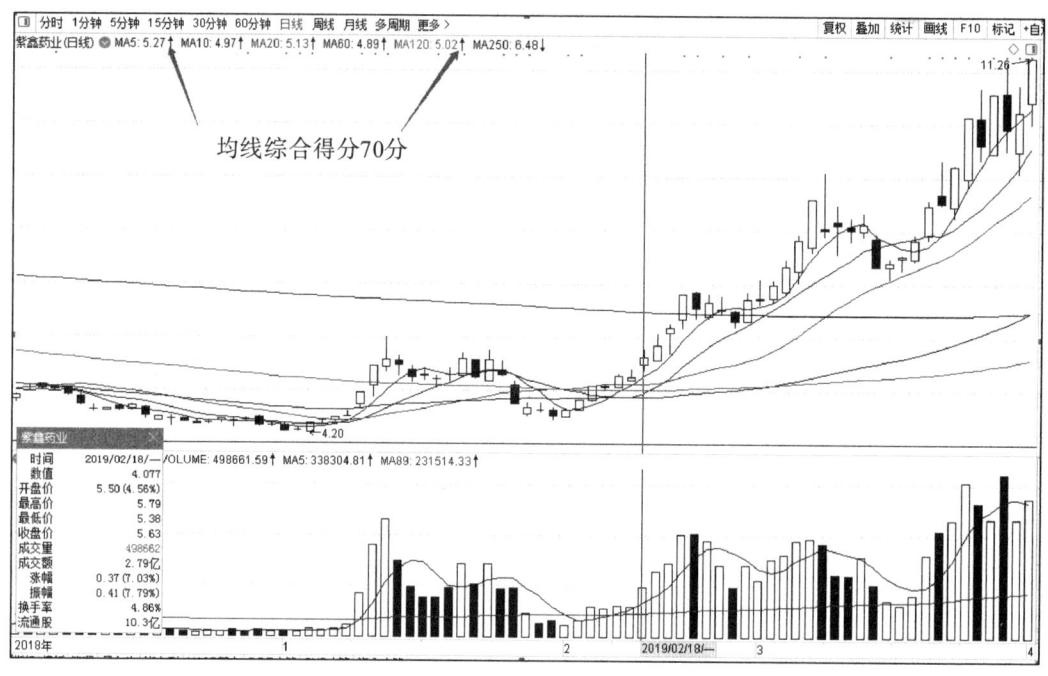

图7-15 紫鑫药业（股票代码002118）

破位洗盘不可怕，只要把握均线综合得分的快速增长，无论从0分增至50分，还是从30分快速增至70分，都会有不错的行情出现。

榜单实战选股

第八章 DIBAZHANG

一、龙虎榜

历史上大牛股、妖股基本上都是从第一个涨停板和第二个涨停板就开始有龙虎榜数据了,所以很多人都喜欢看龙虎榜数据,跟着龙虎榜数据买卖操作,这样确实容易抓到大牛股,但是怎么看龙虎榜数据呢?首先要知道怎么才能上龙虎榜,否则便是无本之木、无源之水。

所谓"龙虎榜",是沪深每个交易日收市后,两市根据股票涨跌幅、换手率等指标排列的榜单,榜单上会公布上榜个股前五家营业部的名称及其买入、卖出金额,上龙虎榜需要满足以下几个条件:

(1) 日价格涨幅偏离值±7%。

(2) 日换手率达到20%。

(3) 日价格振幅达到15%。

(4) 连续三个交易日内,涨幅偏离值累计达到20%。

从这几个条件里可以推断出,龙虎榜数据基本上代表着当前市场最大的异动,大涨、高换手、高振幅、高涨幅都是市场最明显的表现,如果能看懂龙虎榜数据,就能知道当前市场的方向和最佳操作标的，对中小投资者的操作方向和个股都有最明显的作用，妖股基本都出自龙虎榜里，所以龙虎榜确实值得研究。

实战案例一 如图8-1所示绿庭投资（股票代码600695）2019年3月15日，因

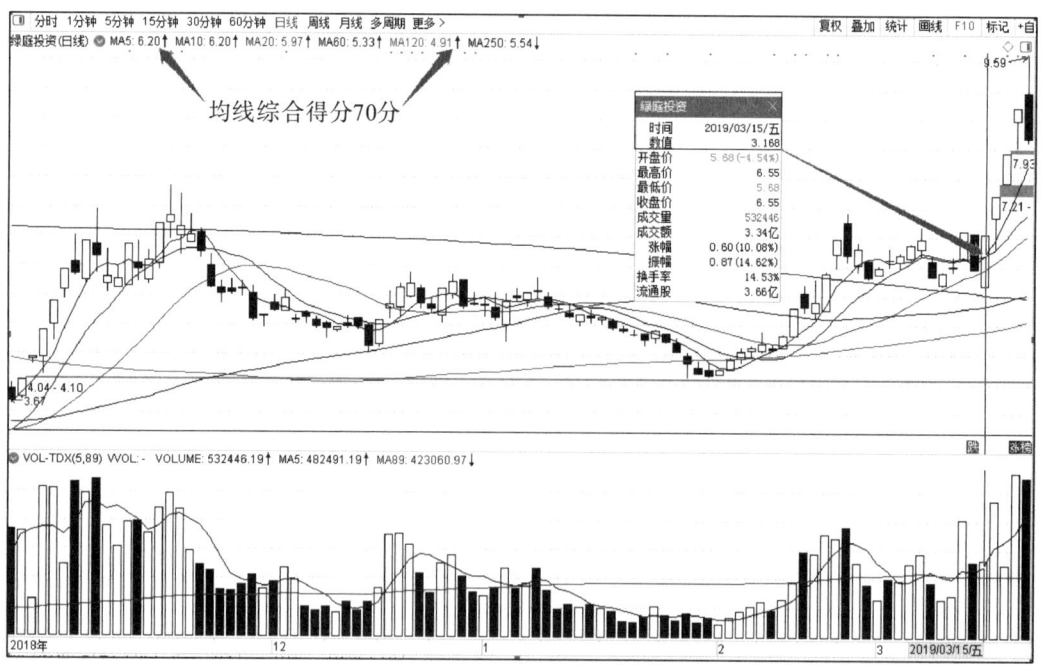

图8-1 绿庭投资（股票代码600695）

图8-2 绿庭投资（股票代码600695）

为日价格涨幅偏离值7％而登上了龙虎榜榜单。技术形态上也收出了两阳夹一阴的"否极泰来"暴涨形态（详情见《均线为王之二：暴涨形态》），当天5日均线、10日均线、20日均线、60日均线和120日均线后面箭头方向都向上，只有250日均线后面箭头方向向下为0分，股票的均线综合得分为70分，如图8—2所示，连续收了3个涨停板，赚钱效应非常明显。

实战案例二　如图8—3所示丰乐种业（股票代码000713）2019年5月6日，分别因为日价格涨幅偏离值7％和连续三个交易日内涨幅偏离值累计达到20％而登上了龙虎榜榜单，如图8—4所示。当天5日均线、10日均线、20日均线、60日均线、120日均线、250日均线后面箭头方向都向上，股票的均线综合得分为满分100分。

5月7日，因为日价格涨幅偏离值7％和日换手率达到20％再一次登上了龙虎榜榜单，如图8—5和图8—6所示，连续2个交易日登上龙虎榜后，如图8—7所示，股票价格便势如破竹，随后9个交易日，收出了8个涨停板的骄人战绩，赚钱效应非常明显。

图8—3　丰乐种业（股票代码000713）

000713 丰乐种业			最新提示	公司概况	财务分析	股东研究	股本结构	资本运作	业内点评	行业分析
			公司大事	港澳特色	经营分析	主力追踪	分红扩股	高层治理	龙虎榜单	关联个股

【交易日期】2019-05-06 三日涨幅偏离值累计达20%
偏离值:24.38% 成交量:4964.00万股 成交金额:36904.00万元

买入金额排名前5名营业部		
营业部名称	买入金额(万元)	卖出金额(万元)
中航证券有限公司广州天河北路证券营业部	1042.59	1.54
江海证券有限公司上海瑞金南证券营业部	925.47	1.36
宏信证券有限责任公司成都锦城大道证券营业部	802.49	—
长江证券股份有限公司绵阳花园南街证券营业部	646.89	—
国泰君安证券股份有限公司成都天府二街证券营业部	569.50	0.85

卖出金额排名前5名营业部		
营业部名称	买入金额(万元)	卖出金额(万元)
平安证券股份有限公司广州新港中路证券营业部	11.47	797.05
安信证券股份有限公司合肥徽州大道证券营业部	—	679.26
中国银河证券股份有限公司青田龙津路证券营业部	9.34	578.69
国元证券股份有限公司佛山顺德新桂北路证券营业部	—	567.37
爱建证券有限责任公司上海安国路证券营业部	—	366.73

图 8—4 丰乐种业（股票代码000713）

000713 丰乐种业			最新提示	公司概况	财务分析	股东研究	股本结构	资本运作	业内点评	行业分析
			公司大事	港澳特色	经营分析	主力追踪	分红扩股	高层治理	龙虎榜单	关联个股

【交易日期】2019-05-07 日涨幅偏离值达7%
偏离值:8.38% 成交量:7976.00万股 成交金额:66562.00万元

买入金额排名前5名营业部		
营业部名称	买入金额(万元)	卖出金额(万元)
西藏东方财富证券股份有限公司拉萨团结路第二证券营业	1071.29	355.31
国泰君安证券股份有限公司深圳金田路证券营业部	867.27	19.26
东方证券股份有限公司南宁金湖路证券营业部	728.01	0.50
华泰证券股份有限公司郑州经三路证券营业部	718.86	3.65
兴业证券股份有限公司台州分公司	668.76	5.77

卖出金额排名前5名营业部		
营业部名称	买入金额(万元)	卖出金额(万元)
江海证券有限公司上海瑞金南证券营业部	—	1004.88
宏信证券有限责任公司成都锦城大道证券营业部	—	882.50
长江证券股份有限公司绵阳花园南街证券营业部	51.43	707.09
国都证券股份有限公司上海崇明新河镇证券营业部	—	625.59
国泰君安证券股份有限公司成都天府二街证券营业部	0.25	624.04

图 8—5 丰乐种业（股票代码000713）

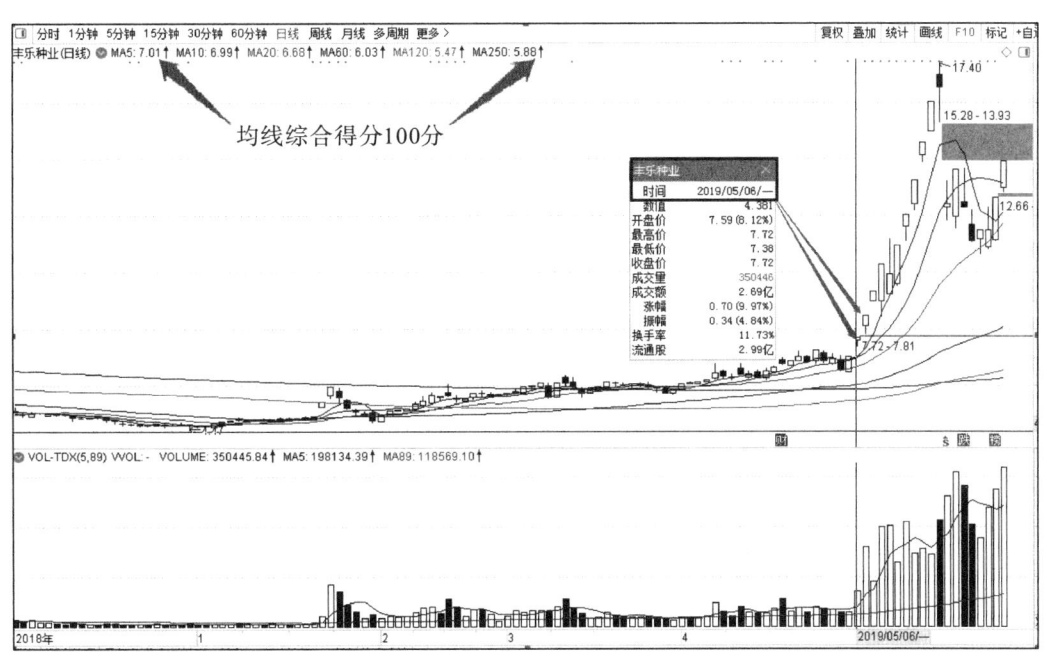

图 8－6　丰乐种业（股票代码000713）

图 8－7　丰乐种业（股票代码000713）

实战案例三　如图 8－8 所示金力永磁（股票代码300748）2019 年 5 月 17 日，因为日换手率达到 20％而登上了龙虎榜榜单。如图 8－9 所示，但是当天只有 5 日均线、

10日均线后面箭头方向向上，股票的均线综合得分只有20分。但是仅仅过了一个交易日，5日均线、10日均线、20日均线、60日均线、120日均线后面箭头方向都向上，

图8—8　金力永磁（股票代码300748）

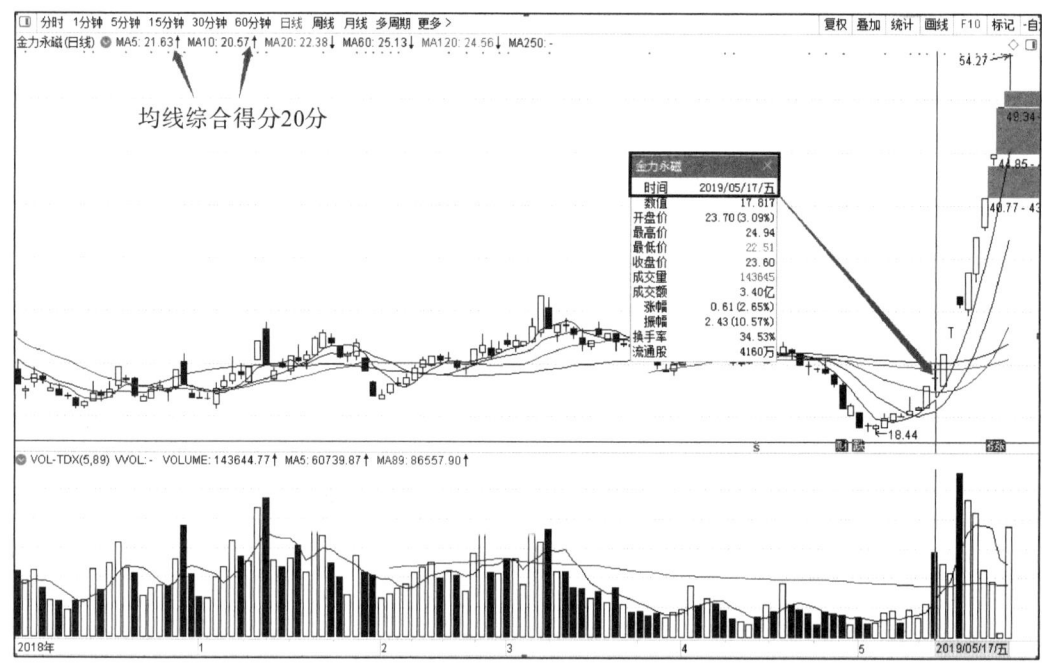

图8—9　金力永磁（股票代码300748）

股票的均线综合得分为 70 分，但是由于该股是次新股，所以符合"满分 100、满意 100"的形态，如图 8－10 所示，股价势如破竹，截至 2019 年 5 月 31 日，10 个交易日收出了 9 个涨停板的骄人战绩，赚钱效应非常明显。

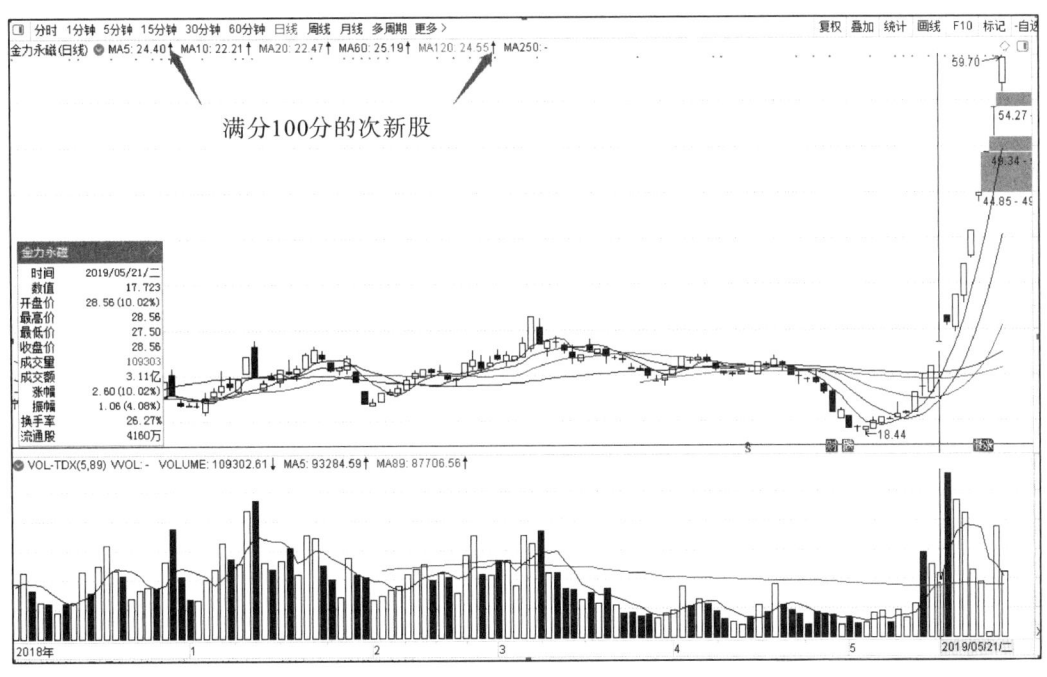

图 8－10　金力永磁（股票代码 300748）

龙虎榜为中小投资者提供了捕捉牛股的数据，再加上均线 100 分战法，更是如虎添翼。

二、涨幅榜

为什么首先要从涨幅榜来筛选呢？股票的涨跌是由资金决定的，因此出现在涨幅榜靠前位置的股票，必定是有大资金活动的股票。如果没有大资金在操作，任何股票都不可能出现在涨幅榜第一板。人有人性，股有股性。每只股票受到其所在的板块、背后运作的主力等因素的影响会展现不同的走势，尤其在大盘环境不好时，强者恒强，弱者恒弱。

涨停代表股票当天的最高溢价，最先涨停的股票，从供需角度分析，表明资金对该股票的需求欲望极大，并且筹码供给严重不足，所以它才会最先涨停。也就是说，所有的大牛股，几乎都是首先从涨幅榜中脱颖而出，成为一匹匹大黑马的。因此，要想用最短的时间迅速筛选出最具有操作价值的大牛股,那么着眼于涨幅榜,就无疑是最为明智的选择。

观察涨幅榜的好处有以下几点:

(1) 能够对整个市场的走势有全局性的把握。

(2) 对当前资金的流向有总体上的了解。

(3) 能够直观地把握主流资金的主攻板块。

(4) 可以最直接挑选出当前的热门板块。

(5) 能够最迅速地筛选出最热门的个股。

由于资金有逐利的本性,当资金发现这些有较好溢价性且具备最强赚钱效应的股票后,会一拥而上的追高,这才是强势资金的思维,学会用资金的本质去看市场。机构操作涨停板遵循的是强势原则,专挑那些短期爆发力十足的个股做短线涨停板。

选股往往是从盘口上看到某只股票短线势头较猛,有望形成向上突破才果断介入。但是不同位置的股票所面临的风险和未来的利润空间是不同的,形态、上升趋势良好的股票才是形成强者恒强的基础。

实战案例一 如图 8-11 所示航天通信(股票代码 600677)2019 年 1 月 2 日通过涨幅榜复盘,发现该股有启动迹象,前一个交易日,主力曾经用一根带有上影线的炸板 K 线,突破了 250 日均线。当天 5 日均线、10 日均线、20 日均线、60 日均线、120 日

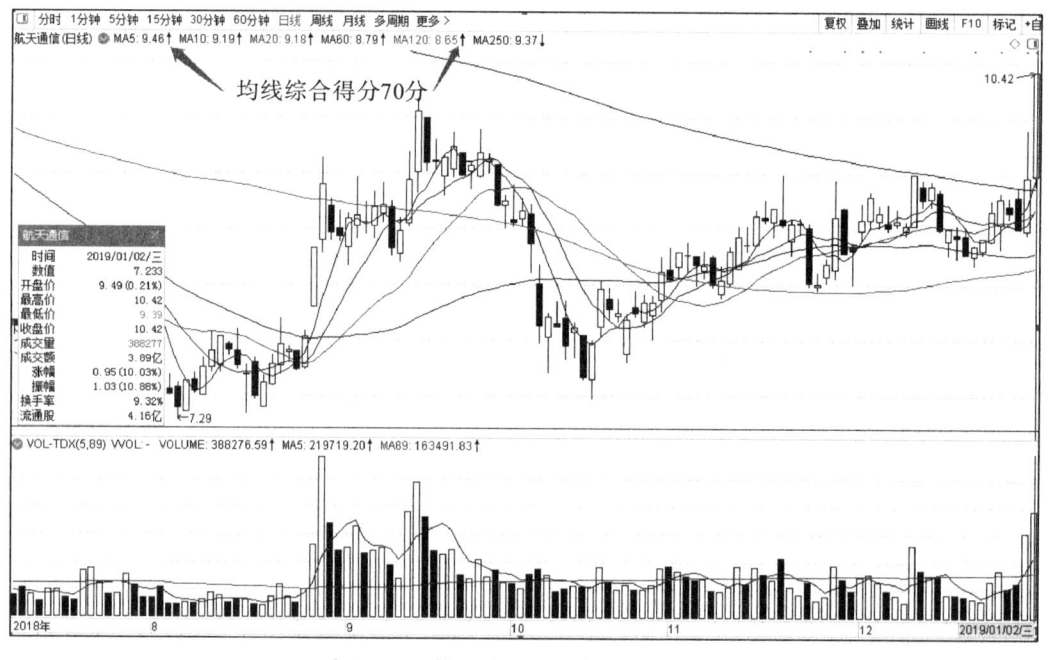

图 8-11 航天通信(股票代码 600677)

均线后面箭头方向都向上，股票的均线综合得分为 70 分，符合强势股的特征。如图 8－12 所示，涨停板后气势如虹，连续拉出 4 个涨停板，聪明的投资者当然不要放过这样的好机会。

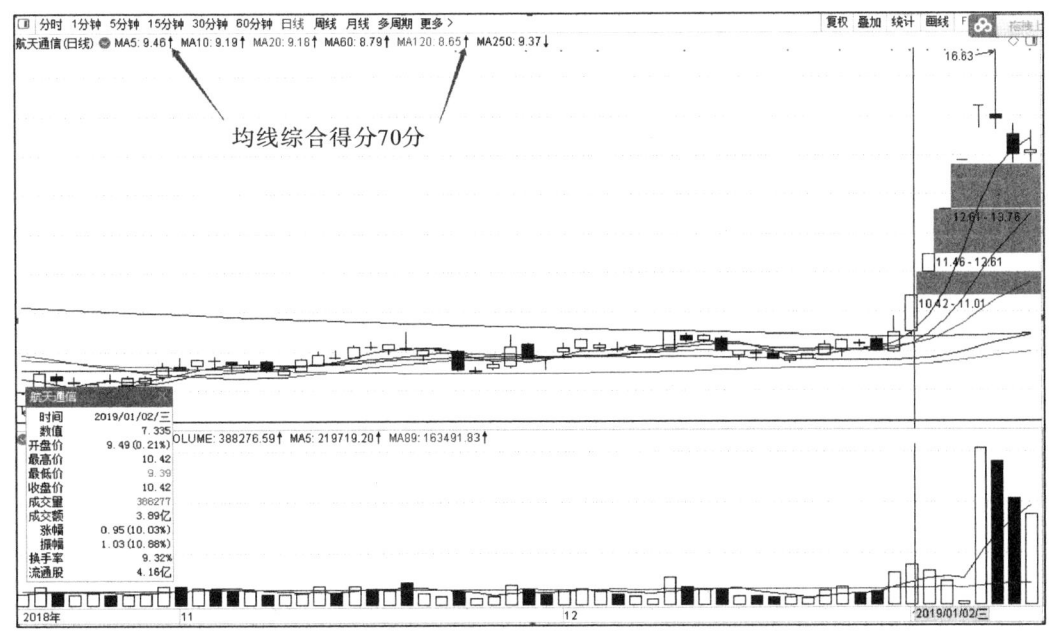

图 8－12　航天通信（股票代码 600677）

实战案例二　如图 8－13 所示中航资本（股票代码 600705）2019 年 2 月 18 日通过

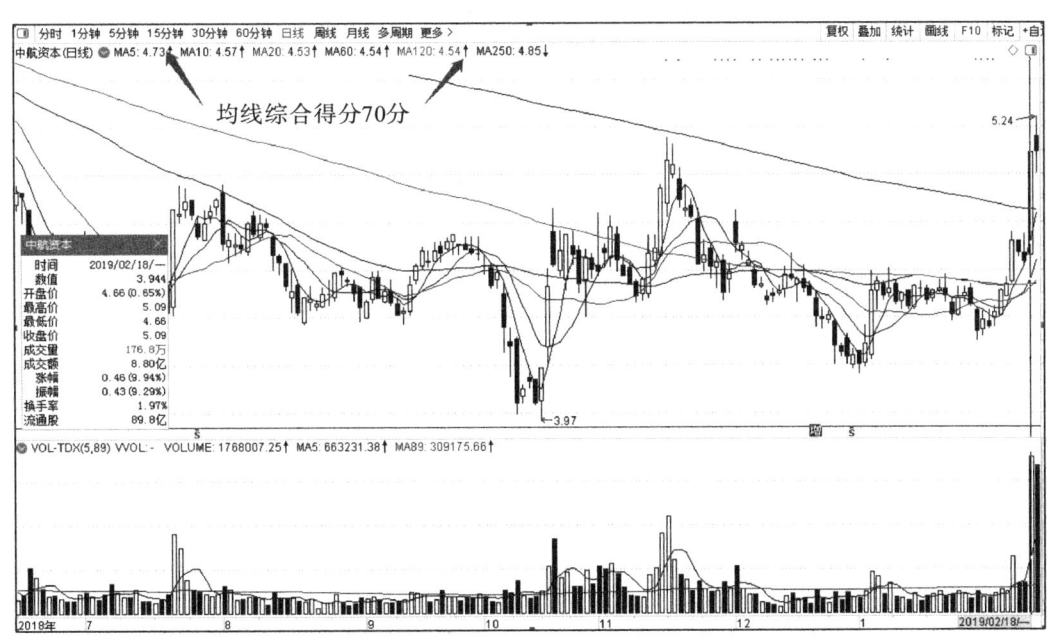

图 8－13　中航资本（股票代码 600705）

涨幅榜复盘,发现该股有启动迹象,主力用一根涨停板,强势突破了250日均线的重要压力位。同时当天的5日均线、10日均线、20日均线、60日均线、120日均线后面箭头方向都向上,股票的均线综合得分为70分,符合强势股的特征。

如图8-14所示,4个交易日股价涨幅便超过了20%,聪明的投资者当然不要放过这样的好机会。

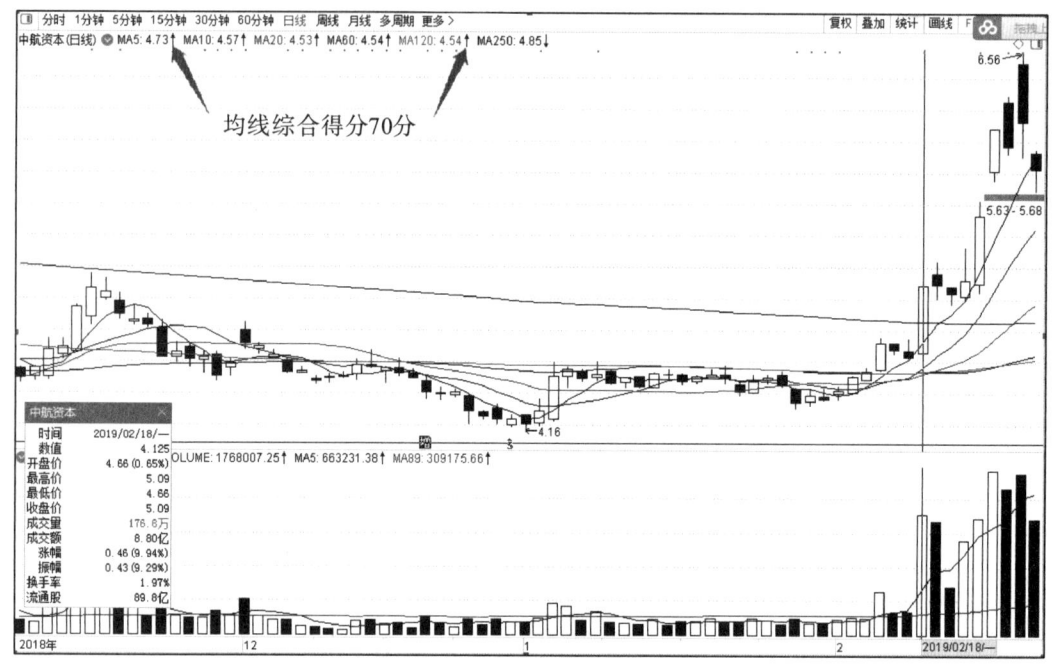

图8-14 中航资本(股票代码600705)

实战案例三 如图8-15所示苏美达(股票代码600710)2019年4月11日通过涨幅榜复盘,发现该股有启动迹象,主力用一根涨停板,强势突破了左侧两根大阴线的重要压力位。同时当天的5日均线、10日均线、20日均线、60日均线、120日均线后面箭头方向都向上,股票的均线综合得分为70分,符合强势股的特征。

如图8-16所示,4个交易日便收获3个涨停板,股价涨幅超过了30%,聪明的投资者当然不要放过这样的好机会。

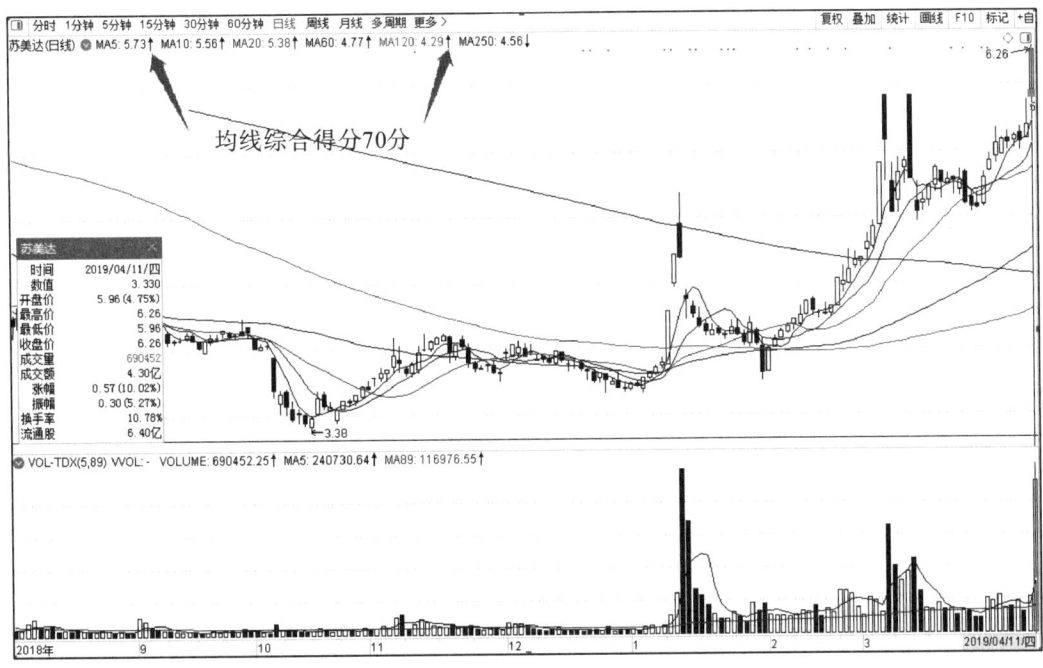

图 8—15 苏美达（股票代码 600710）

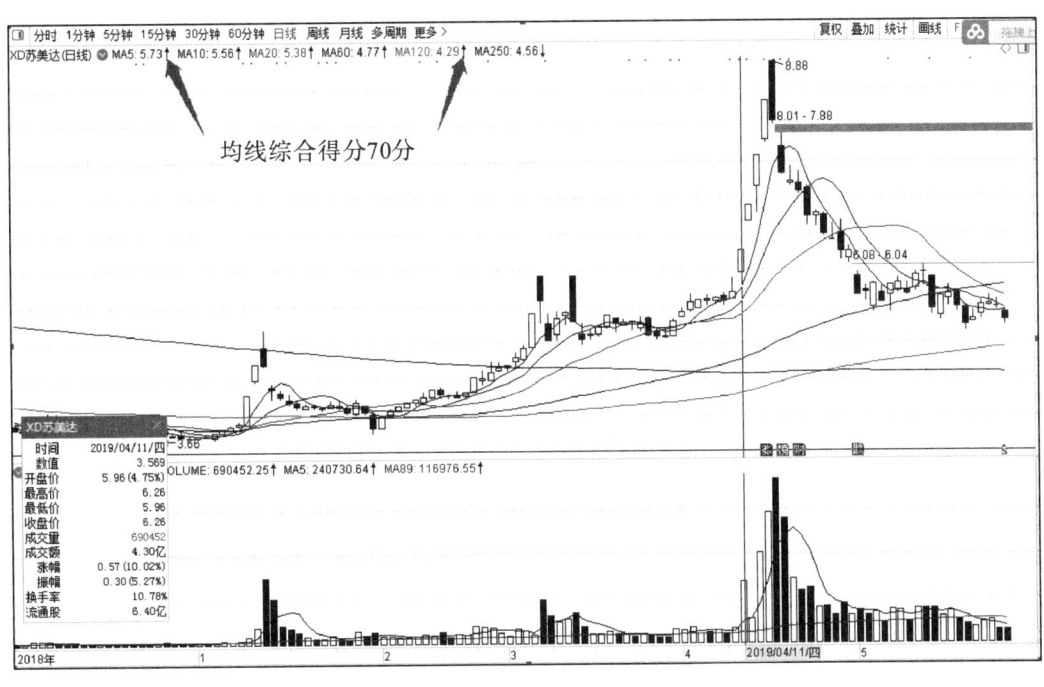

图 8—16 苏美达（股票代码 600710）

实战案例四 如图8-17所示德宏股份（股票代码603701）2019年5月21日通过涨幅榜复盘，发现该股有启动迹象，主力用一根涨停板，强势突破了250日均线的重要压力位。同时当天的5日均线、10日均线、60日均线、120日均线后面箭头方向都向上，股票的均线综合得分为60分，符合强势股的特征。如图8-18所示，经过3个

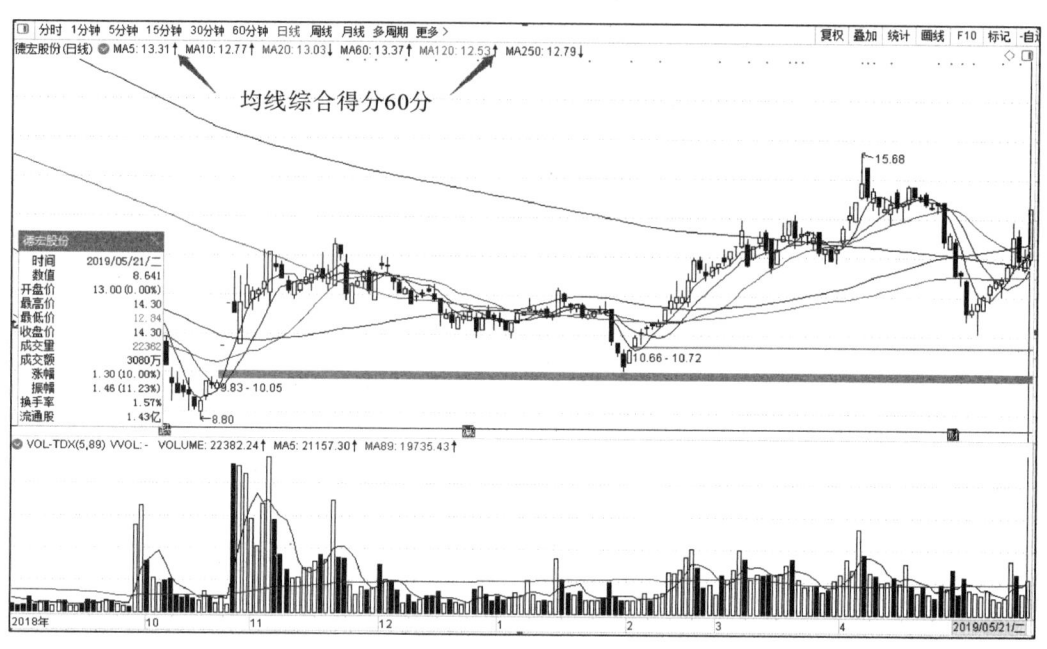

图8-17 德宏股份（股票代码603701）

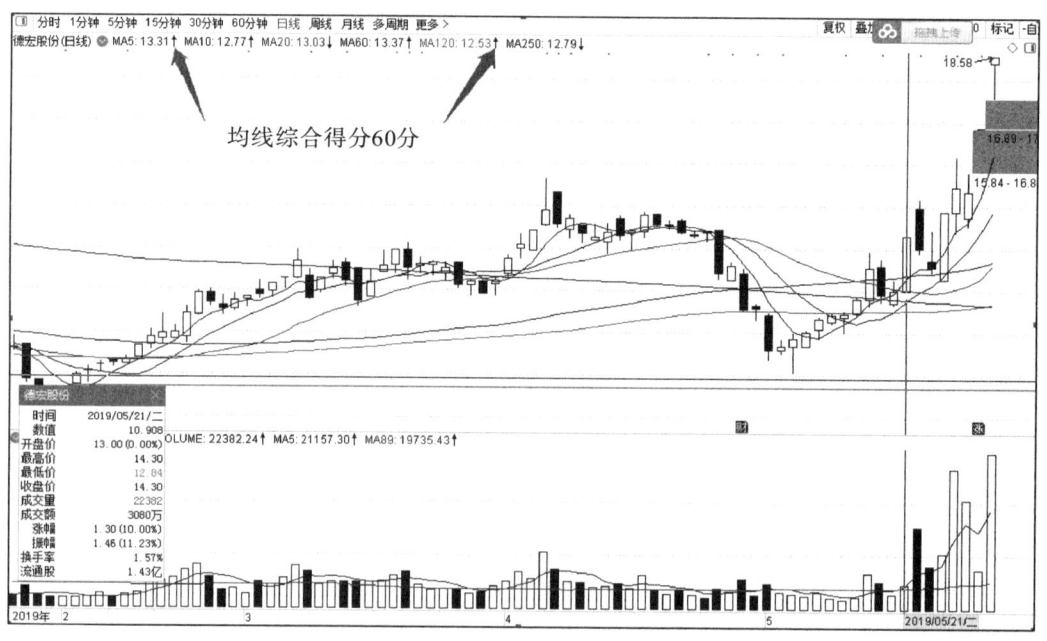

图8-18 德宏股份（股票代码603701）

交易日的横盘整理的 K 线走势图，5 个交易日收获 3 个涨停板，股价涨幅超过了 37%，聪明的投资者当然不要放过这样的好机会。

实战案例五 如图 8-19 所示日丰股份（股票代码 002953）2019 年 5 月 22 日通过涨幅榜复盘，发现该股有启动迹象，当天 5 日均线、10 日均线后面箭头方向都向上，

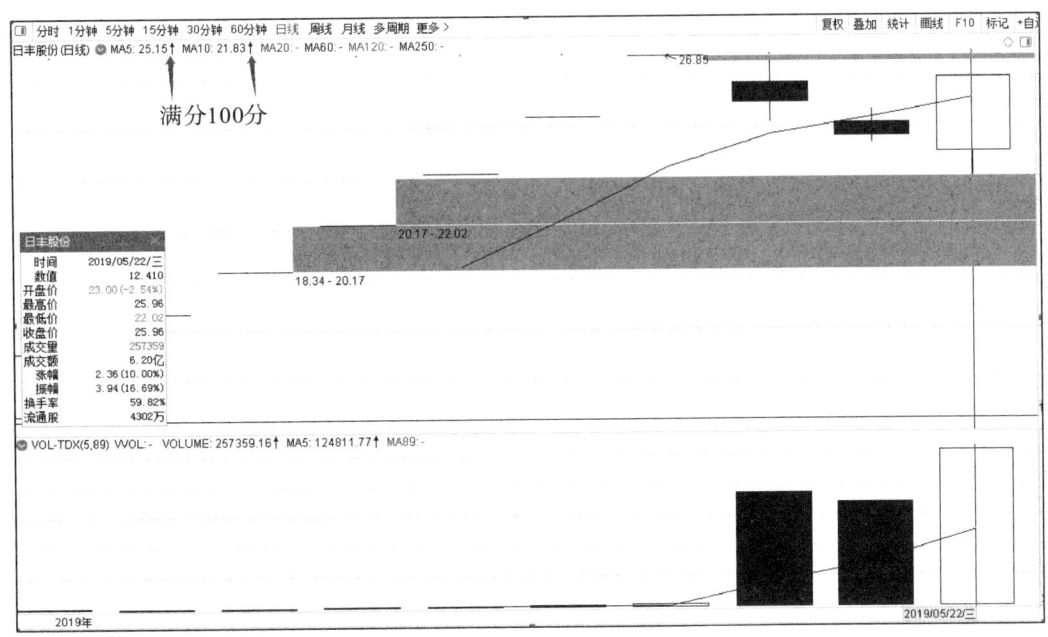

图 8-19 日丰股份（股票代码 002953）

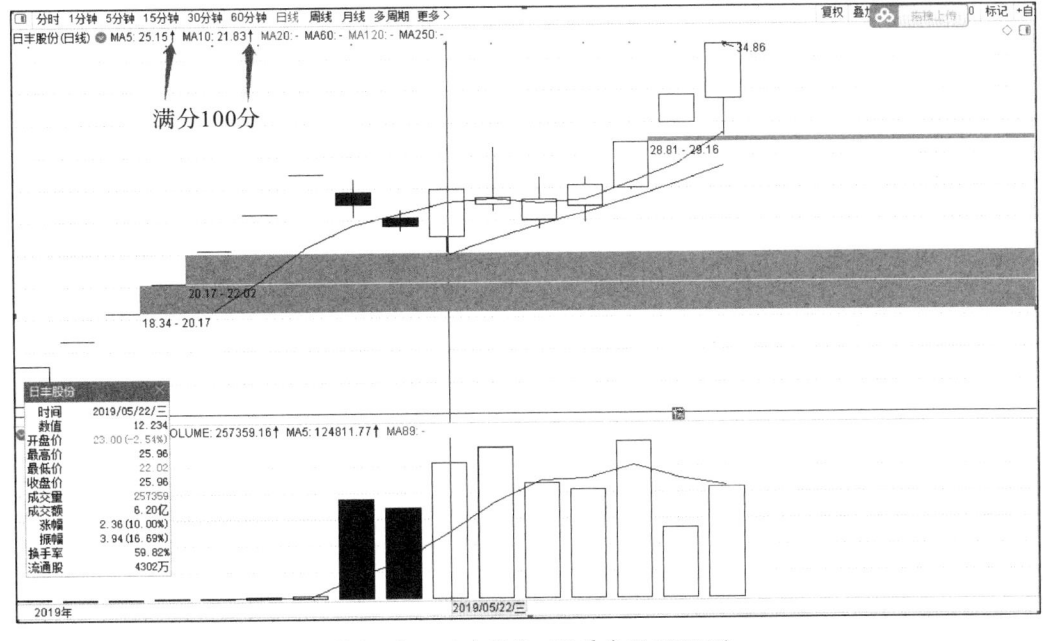

图 8-20 日丰股份（股票代码 002953）

股票的均线综合得分为20分,但是由于该股是次新股,所以符合"满分100、满意100"的形态,如图8—20所示,经过3个交易日的横盘整理后,股价便势如破竹,开启了暴力拉升之旅。

三、跌幅榜

跌停式洗盘是主力洗盘的"骗""吓""磨""破位"四种方式中最恐怖也是最有效的一种洗盘方式,其价量特征有两种:一种盘面是股价以跌停板开盘,大部分时间处于封盘状态;另一种盘面是以正常形式开盘后,股价直奔跌停板,封盘几分钟后再打开,多次跌停,多次开板,尾市稍向上拉动。

散户看到股价跌停,心理会十分悲观,唯恐第二天继续跌停,于是也抢先在跌停板价位挂卖单杀出。主力待中小投资者卖单达到一定程度数量而不再增加时,迅速将自己挂在散户前面的卖单撤掉,几乎在同一时间里,又在中小投资者后面挂出数量与撤单相近的卖单,这样从盘面上看封盘数量没有变化,不会引起中小投资者的注意。然后主力将中小投资者的抛单慢慢地吃光,封盘被巨大买单打开。这时持币者见打开封盘,股价开始往上拉抬,也加入买盘行列。不久,股价又向下跌停。主力如此反复多次进行,盘中浮动筹码得到很好的交换,从而达到洗盘的目的。若洗盘还不够充分的话,则第二天可能还会如法炮制。

这是根据中小投资者看到股价跌停而产生的恐惧心理所采取的洗盘方式。主力通过股价的深幅下跌,制造极度恐慌的盘面,把中小投资者逼到墙角边,使其被迫交出筹码。持股者可以择高先行出局,免得因洗盘造成利润缩小而影响操作心态。持币者可以等到股价真正企稳回升时买入。

"均线为王"战法之"左右开弓"就是典型的针对主力跌停的方式制定的应对策略。

图形特征:

由2至14根K线组成,其中第一根必须是跌幅大于6%的大阴线,后面的K线的收盘价高于或者接近第一根大阴线的收盘价,随后的窄幅震荡小于3%,随后在0至13天内出现与第一根阴线相等的大阳线,"左右开弓"成立。可以简单理解为左边大阴线洗盘,右边大阳线拉升,如果因为左边大阴线被震仓出局,又错失右边大阳线的拉升,就是左右挨了耳光。

第一根大阴可以是放量,当然最好是缩量,后来的线一般是缩量十字星,以阳十字星为最佳。

均线趋势：股价必须站稳 20 日均线，且均线方向上翘。10 日均线必须上穿 20 日均线，且三日收盘价同时站稳 10 日均线和 20 日均线，见阳线买入，不能见阴线买，因为股票收阴一定是主力洗盘或者出货，不知道回调幅度多大，回调时间多长，看见阳线是因为收盘价一定大于开盘价，说明主力做多意愿强烈。

市场逻辑：股价经过长期的吸筹之后，没有大幅拉升，不存在出货嫌疑，此战法不适用于短期涨幅大于 25%～30%，否则主力可能有出货嫌疑，君子不立于危墙之下，资金安全是第一位的，宁愿错过，不要做错。

实战案例一 如图 8－21 所示新海宜（现名*ST 新海 股票代码 002089）股票经过主力小阳碎步上扬吸筹后，遇到 2018 年 9 月 14 日颈线位的大压力，从交易心理和交易行为分析，任何主力都不愿意当接盘侠，那么只有反手打压，才有可能让意志不坚定的持股者交出筹码，任何人都不愿意到手的鸭子飞了，这也是主力打压散户的法宝。

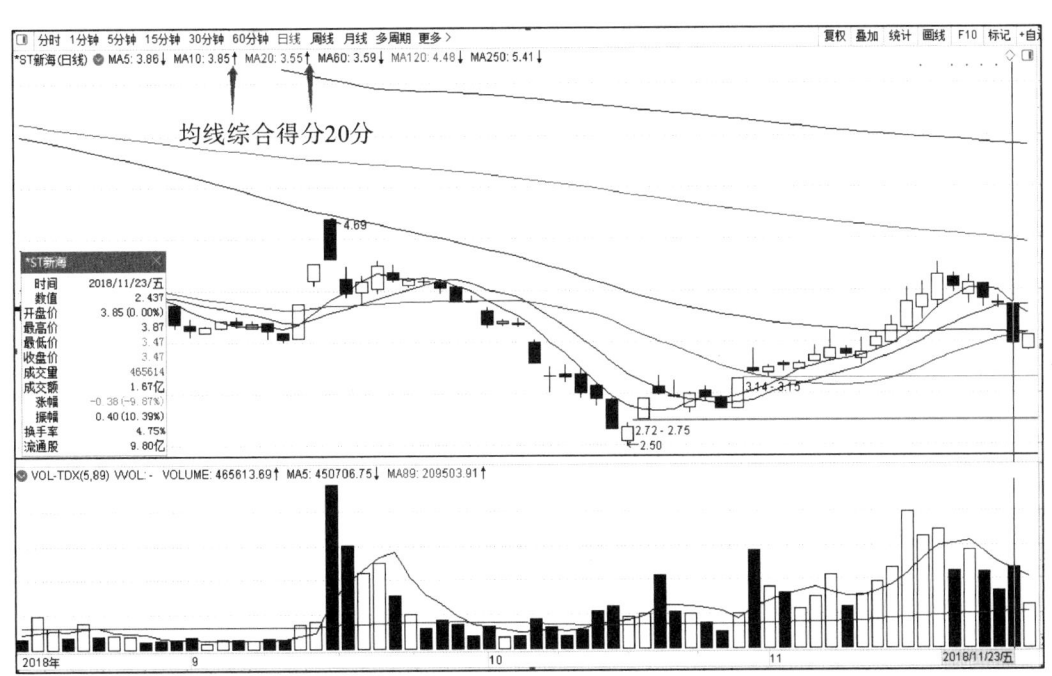

图 8－21 新海宜（现名*ST 新海 股票代码 002089）

于是就出现了 2018 年 11 月 23 日的跌幅超过 9.87% 的大阴线震仓洗盘，近乎跌停。当天通过跌幅榜选出该股，放进股票池观察。试想如果是出货，第二天应该还是低开低走收大阴线才对，第二天反而收了一根缩量光头阳线，说明主力根本不想卖股票，惜售不卖才导致成交量缩小，而且振幅非常窄，说明主力已经高度控盘，仅仅过了一个交易日，如图 8－22 所示，虽然当天只有 10 日均线和 20 日均线后面箭头方向向上，均线综合得分20分，但是由于20日均线明显有强力支持，并且当天涨停板收复前天大阴线，次日均线综合得分由20分增至50分，如图8－23所示。未来的涨幅惊人就是意料之中了。

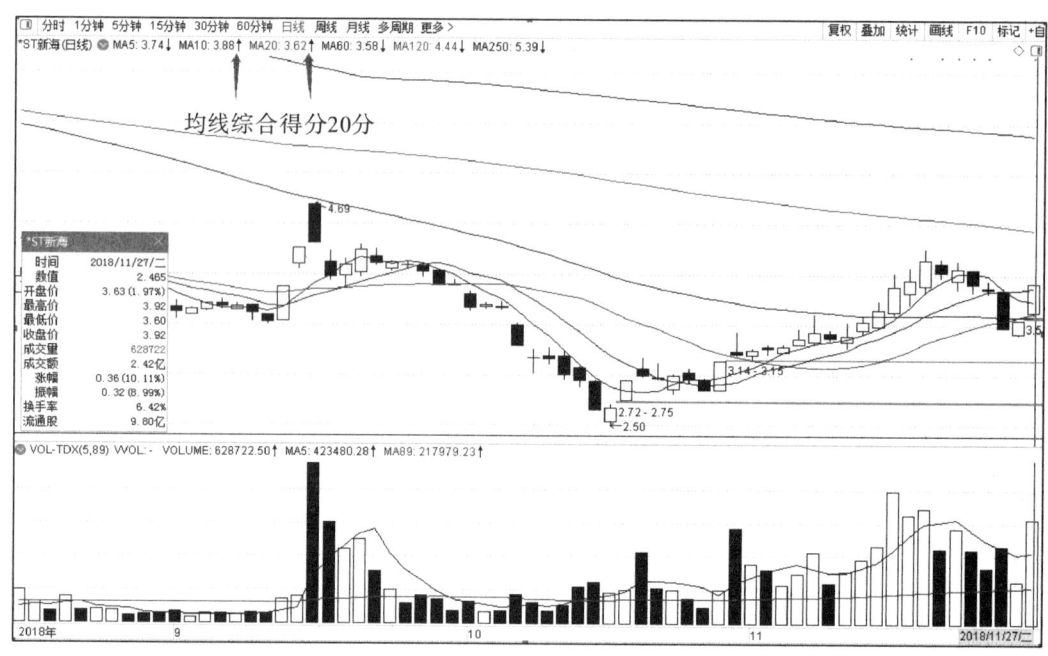

图8－22 新海宜（现名＊ST新海 股票代码002089）

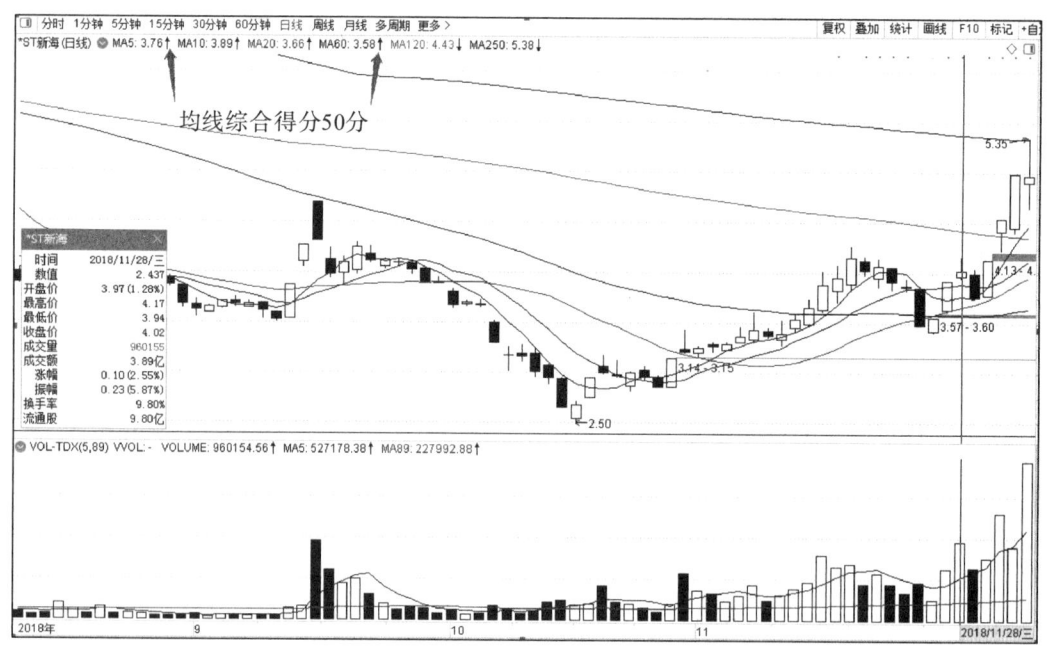

图8－23 新海宜（现名＊ST新海 股票代码002089）

实战案例二 如图 8-24 所示安利股份（股票代码 300218）2016 年 8 月 26 日本来在上升途中的股票突然出现大阴线，让当时持股者措手不及，通过当天的跌幅榜选出该股，试想如果是主力出货，第二天应该还是低开低走收大阴线才对，第二天反而收

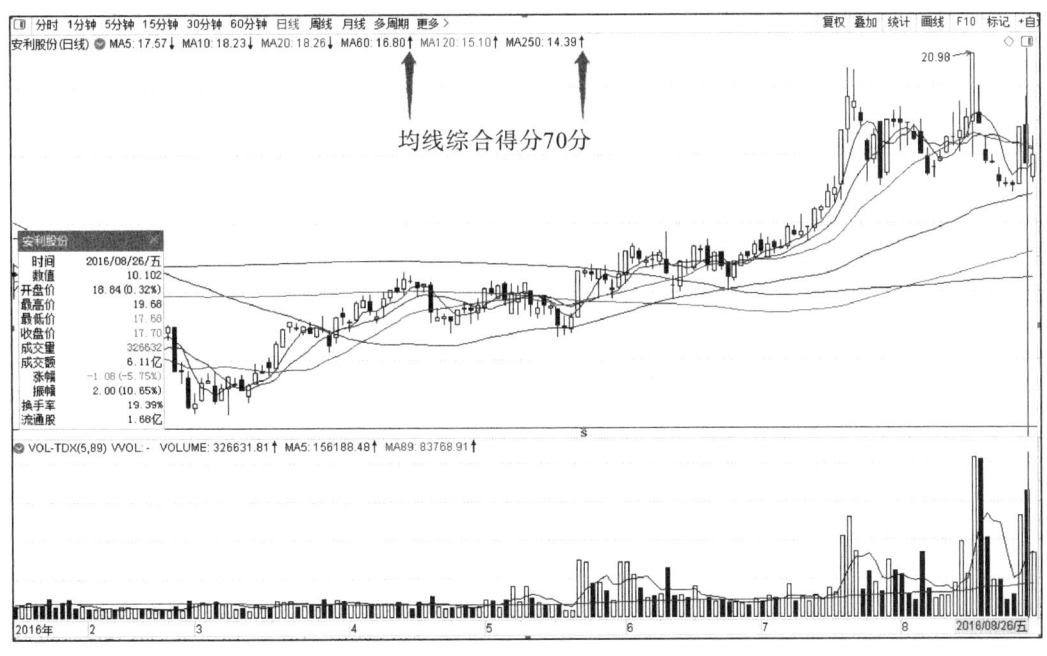

图 8-24 安利股份（股票代码 300218）

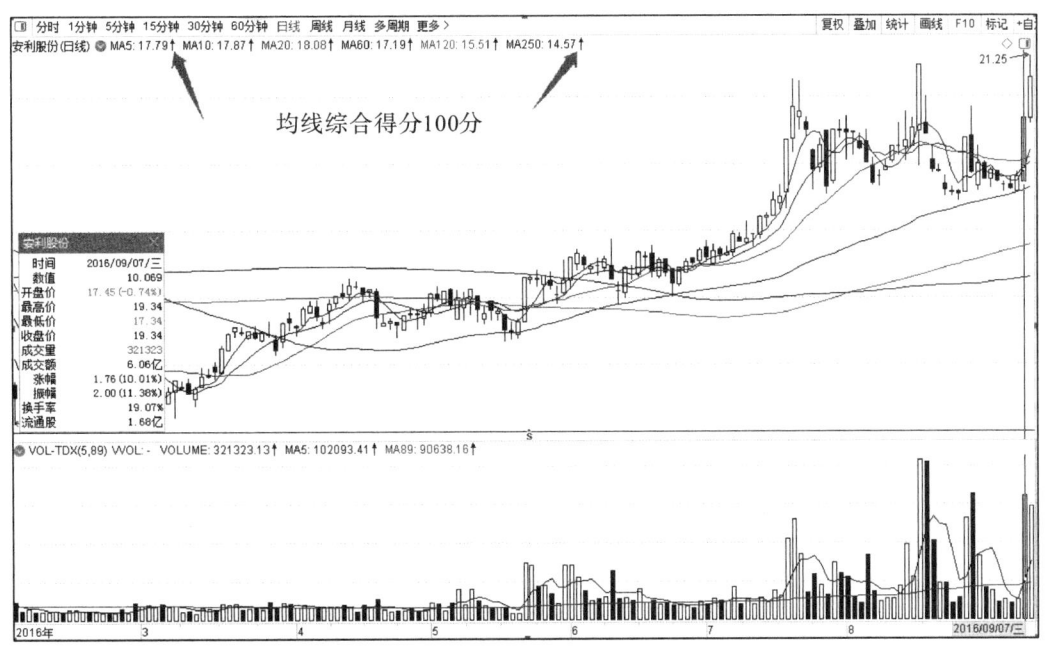

图 8-25 安利股份（股票代码 300218）

了一根带有上影线缩量阳 K 线，说明主力根本不想卖股票，惜售不卖才导致成交量缩小，说明主力已经高度控盘，当天 5 日均线、10 日均线、20 日均线后面箭头方向向下，60 日均线、120 日均线、250 日均线后面箭头方向均向上，均线综合得分为 70 分，经过短暂的横盘整理，股价始终在 60 日均线上方运行，证明 60 日均线明显有强力支持。9 月 7 日当天涨停板收复前几天所有阴线，均线综合得分由 70 分增至 100 分，如图 8－25 所示。随后股价便大举反攻，走出了 30% 的涨幅，如图 8－26 所示。可见跌幅榜也是可以选出好股票的。

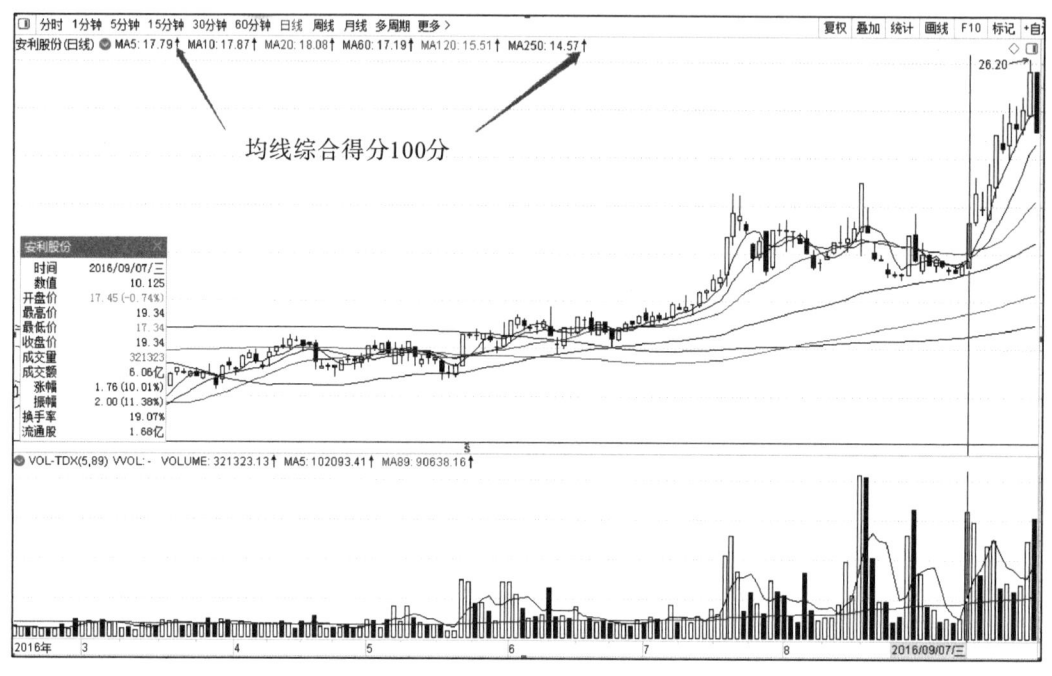

图 8－26　安利股份（股票代码 300218）

实战案例三　如图 8－27 所示德新交运（股票代码 603032）2018 年 8 月 28 日本来在上升途中的股票突然出现大阴线，让当时持股者措手不及，通过当天的跌幅榜选出该股，试想如果是出货，第二天应该还是低开低走收大阴线才对，第二天反而收了涨停板，收复前一日大阴线，多方完胜，如图 8－28 所示，这也是最强跌幅榜选股模型。随后主力便开始了连续涨停板拉升，如图 8－29 所示，8 个交易日收出了 7 个涨停板的骄人战绩，给沉闷的 2018 年中国股市增添了一抹亮色。

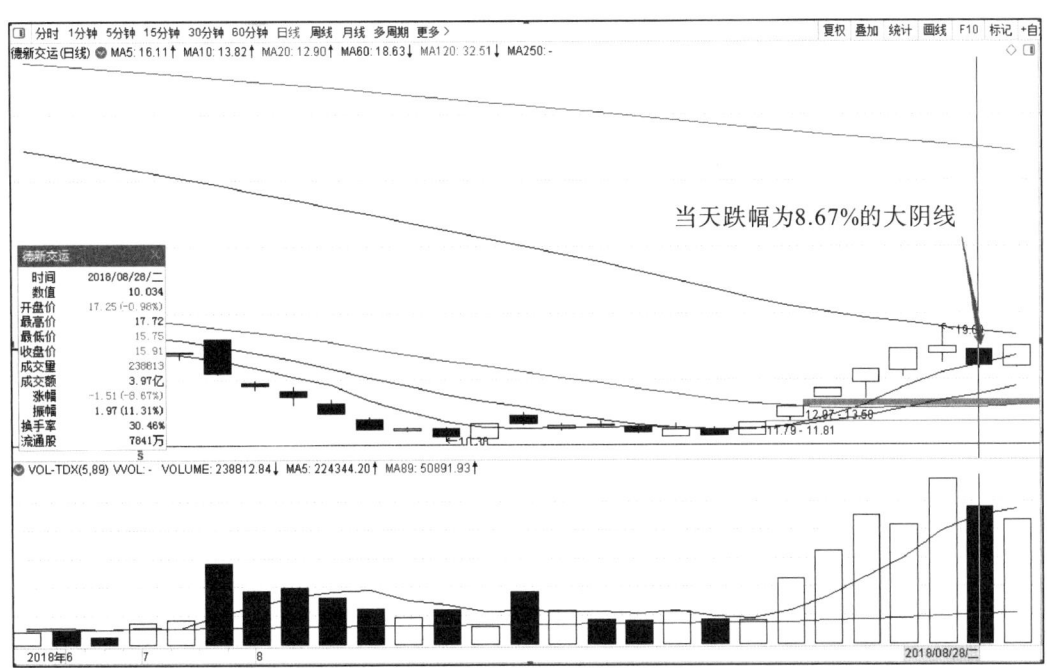

图 8—27 德新交运（股票代码 603032）

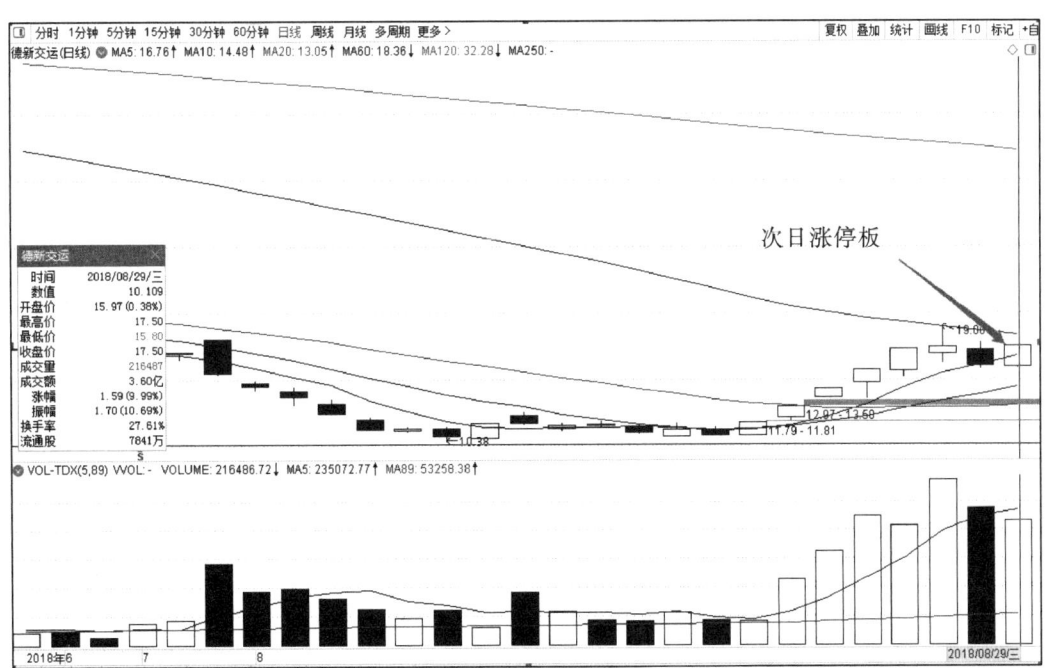

图 8—28 德新交运（股票代码 603032）

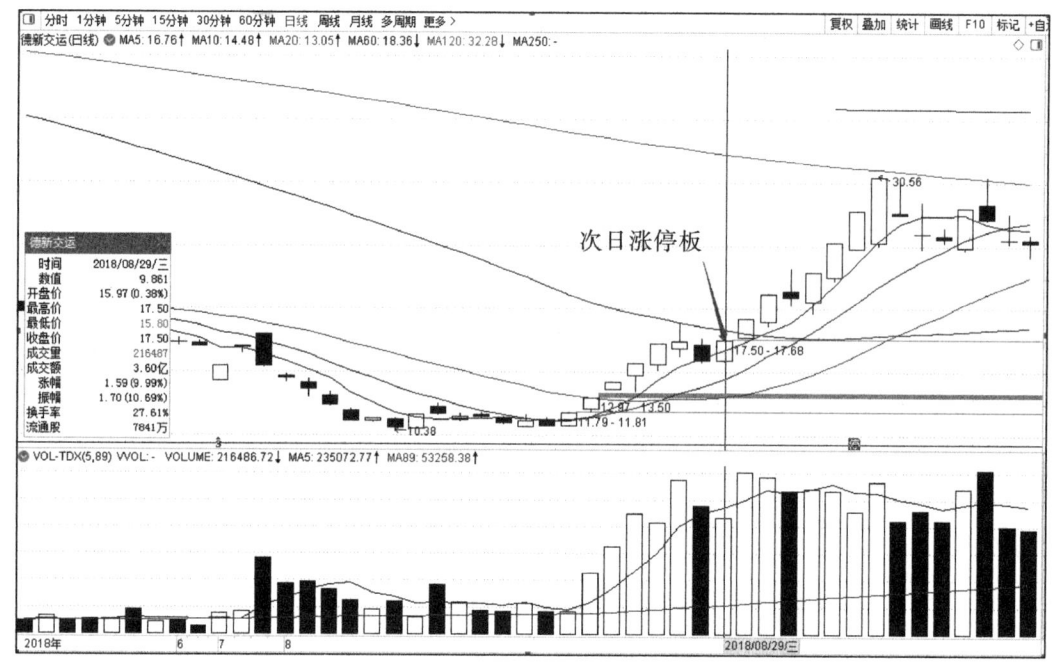

图 8-29 德新交运（股票代码603032）

综上所述，股票出现跌停并不可怕。"涨幅榜里有乾坤，跌幅榜里有黄金。"

四、振幅榜

股票振幅就是股票开盘后的当日最高价和最低价之间的差的绝对值与前一日收盘价的百分比，它在一定程度上表现股票的活跃程度。

如果一只股票的振幅较小，说明该股不够活跃，反之则说明该股比较活跃。股票振幅分析有日振幅分析、周振幅分析、月振幅分析等类型。比如，一只股票，昨日收盘是10元，今日最高上涨到11元，涨10%，最低9元，下跌10%，那么振幅就是20%。

通过股票振幅的数据分析，一般可以预示几种可能：

（1）可能是主力高度控盘，散户手中流动的筹码很少，数量不多的成交量就会对股价形成很大波动。

（2）可能是主力通过大幅拉高或杀跌进行吸筹或出货的操作。

（3）可能是股票拉升前的试盘动作。

第一步，查看振幅榜靠前的30名的股票，之所以看振幅榜，是因为中小投资者是不可能让股票的振幅大于7%的,因为中小投资者没有统一的指挥,所以不可能短时间一起拉升或者下跌,所以是主力所为,看看振幅榜的股票分别属于什么板块的股票,属于同一板块的个股有几个。板块的振幅大小也很能说明问题。如果同一板块的整体振幅很大,说明整个板块处于宽幅震荡态势,多空双方争夺十分激烈。

第二步,查看振幅榜最后30名的股票近期有没有量的异动和价的异动。如果近期曾经异动,突然变得沉寂,要注意跟踪分析。振幅小的原因只有两种情况,一种是主力暂时没有参与的平静期,另一种就是主力吸筹后的高度控盘期,预示着更大的能量。

实战案例一　　如图8-30所示光一科技(股票代码300356)2018年11月29日,通过振幅榜复盘,知道主力在用两天的大于9%的振幅收集筹码,当天又用涨停板炸板试盘,振幅高达11.91%。同时当天的5日均线、10日均线、20日均线、60日均线后面箭头方向都向上,股票的均线综合得分为50分,符合强势股的特征。如图8-31所示,次日股价便以涨停板报收,连续走出了4个涨停板的暴涨行情。

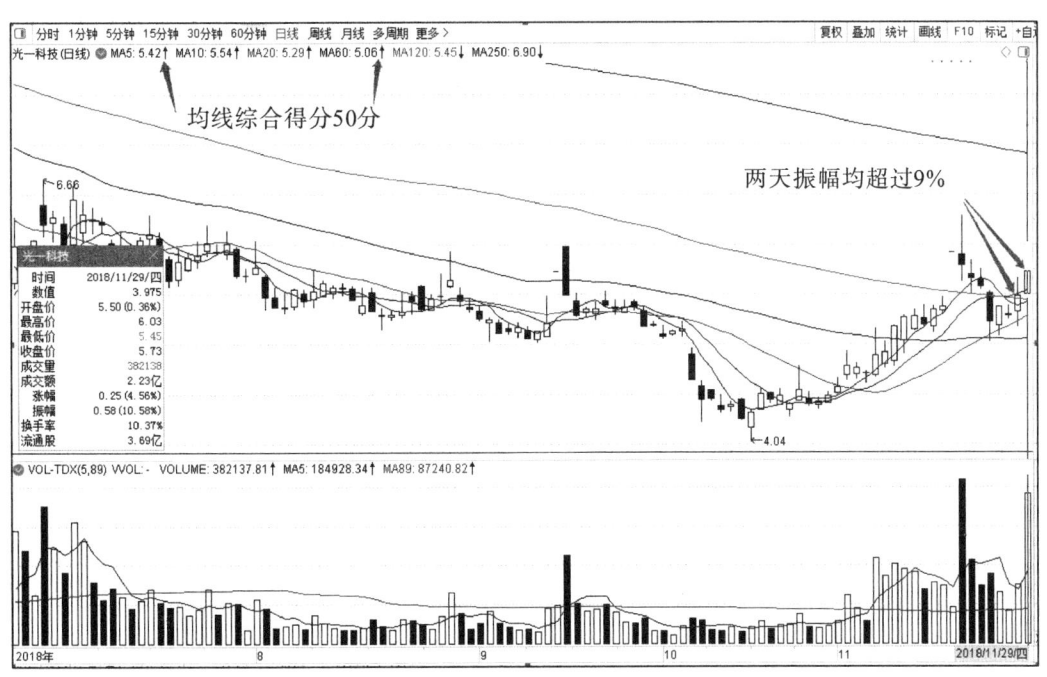

图8-30　光一科技(股票代码300356)

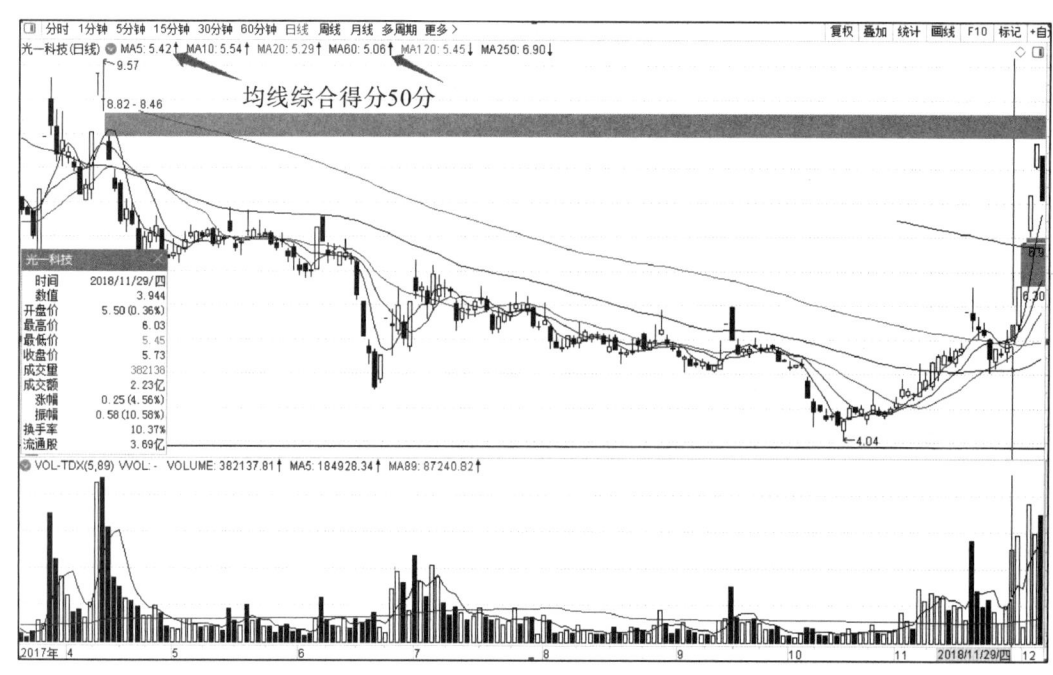

图8—31 光一科技（股票代码300356）

实战案例二 如图8—32所示光力科技（股票代码300480）2019年5月22日，通过振幅榜复盘，知道主力在用振幅高达11.91%的涨停板炸板试盘。同时当天的5日均

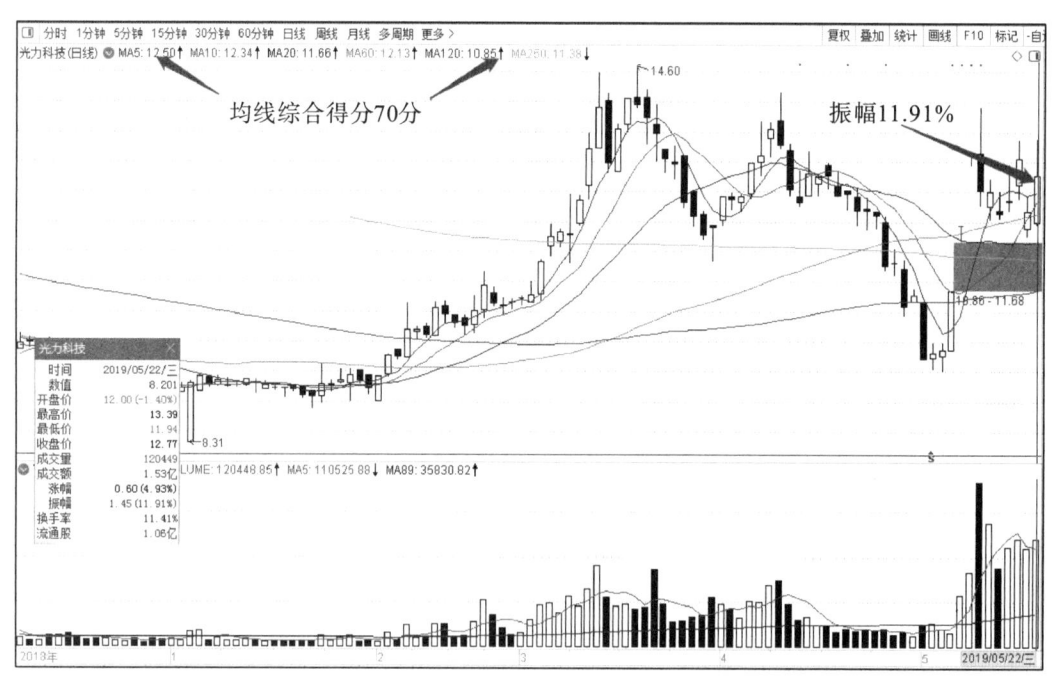

图8—32 光力科技（股票代码300480）

线、10日均线、20日均线、60日均线、120日均线后面箭头方向都向上，股票的均线综合得分为70分，符合强势股的特征。

如图8-33所示，次日股价便以涨停板报收，连续走出了5个交易日4个涨停板的暴涨行情。

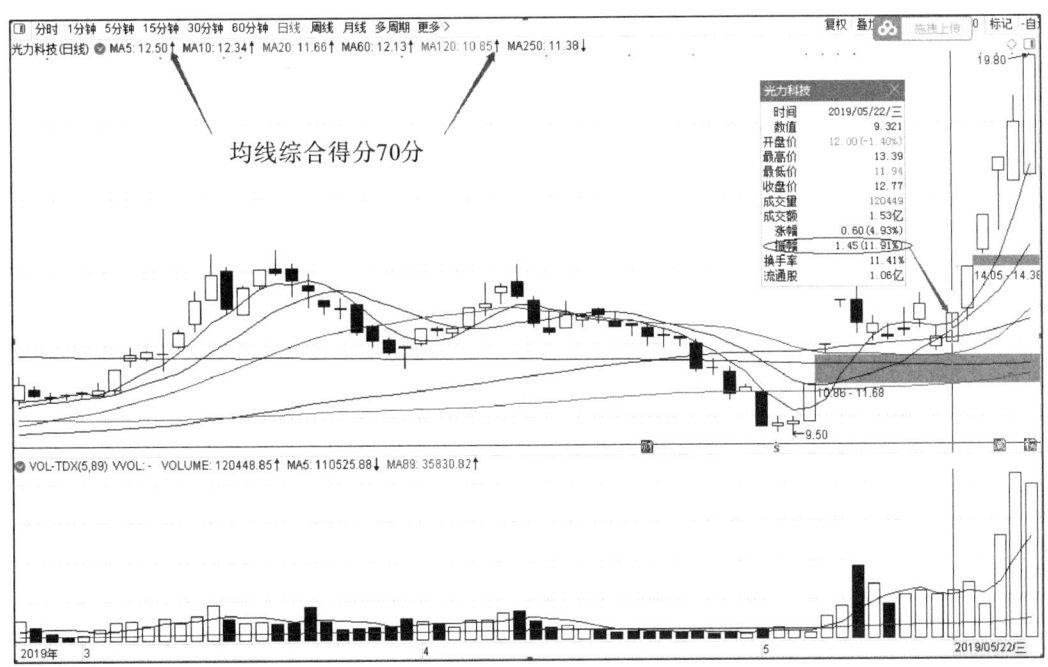

图8-33　光力科技（股票代码300480）

以上案例通过振幅榜靠前选出的股票大涨，那么有没有振幅低的股票也大涨的实战案例呢？

实战案例三　如图8-34所示唐人神（股票代码002567）2019年2月14日，通过振幅榜复盘，知道主力连续3个交易日在用振幅很低的十字星线横盘震荡。三天振幅中两天低于3%，可见主力已经高度控盘。

同时当天的5日均线、10日均线、20日均线、60日均线、120日均线后面箭头方向都向上，股票的均线综合得分为70分，符合强势股的特征。如图8-35所示，次日股价便以涨停板报收，随后短短20个交易日，股价便走出了4个翻倍的暴涨行情。

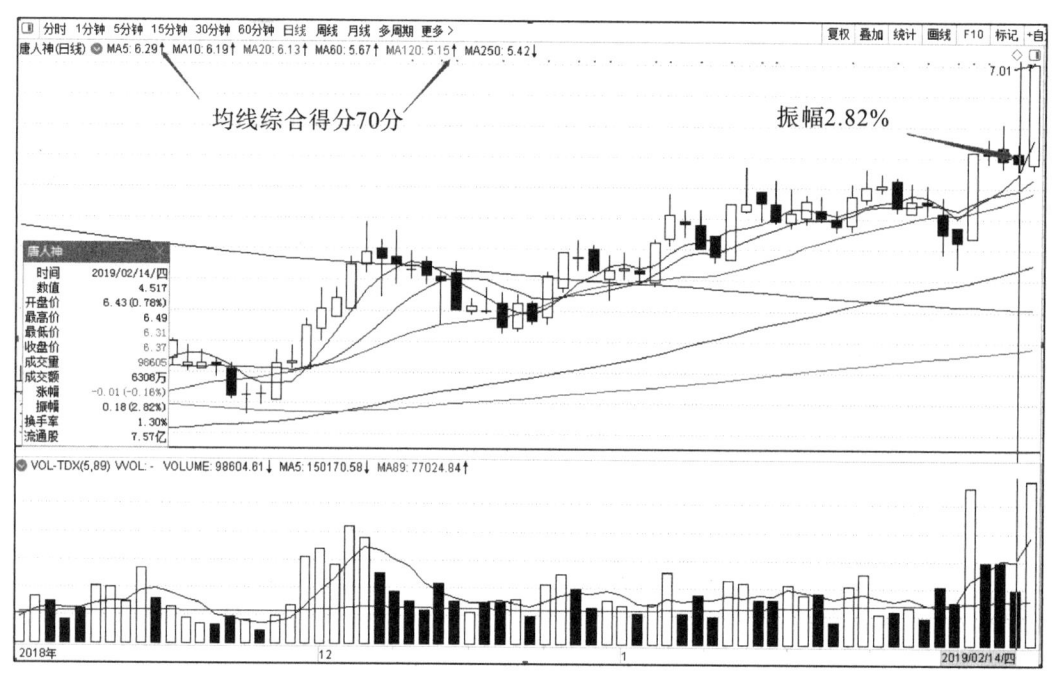

图 8—34 唐人神（股票代码 002567）

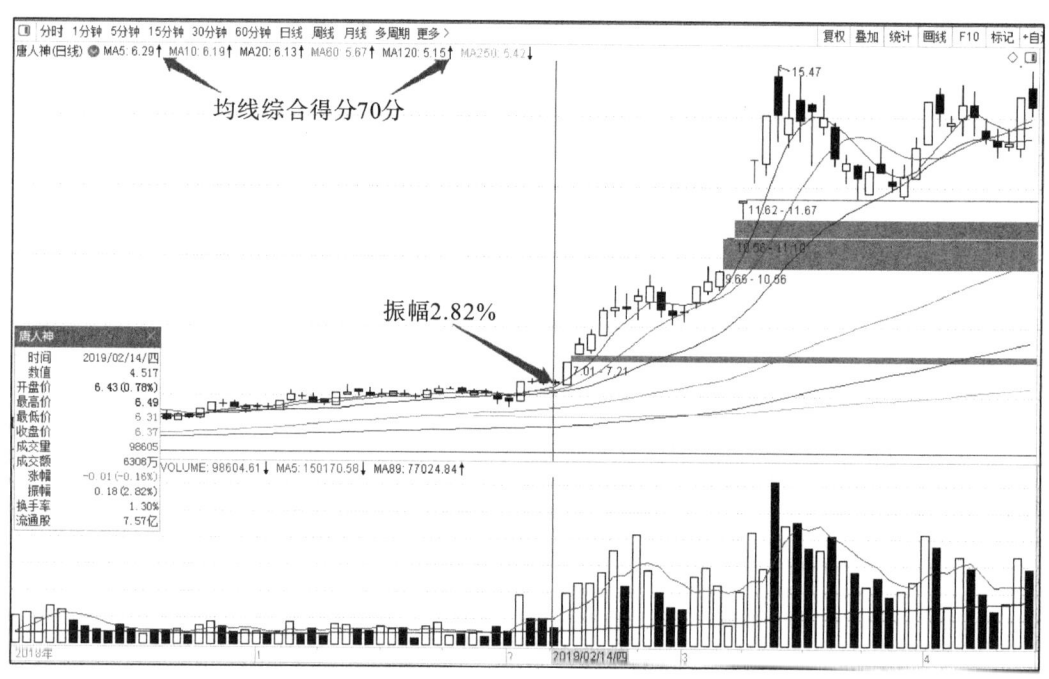

图 8—35 唐人神（股票代码 002567）

实战案例四 如图8-36所示海大集团（股票代码002311）2019年1月16日，通过振幅榜复盘，知道主力用振幅低至1.22%的小阴线洗盘。虽然收了阴线，但是股价稳稳地站在了5日均线之上，可见主力已经高度控盘。同时当天的5日均线、60日均线、

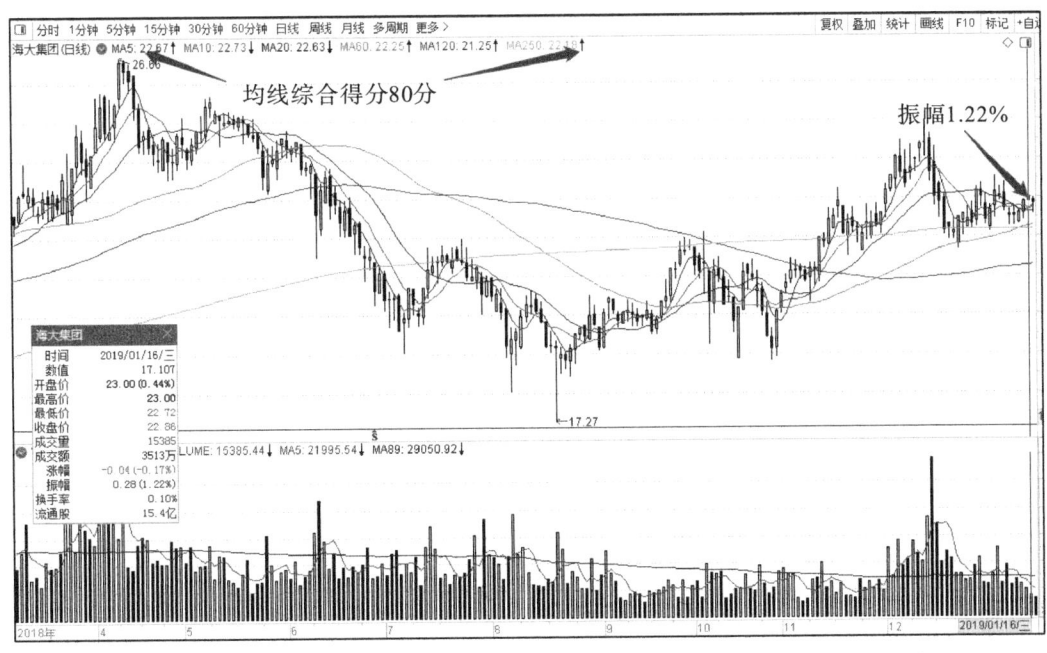

图8-36 海大集团（股票代码002311）

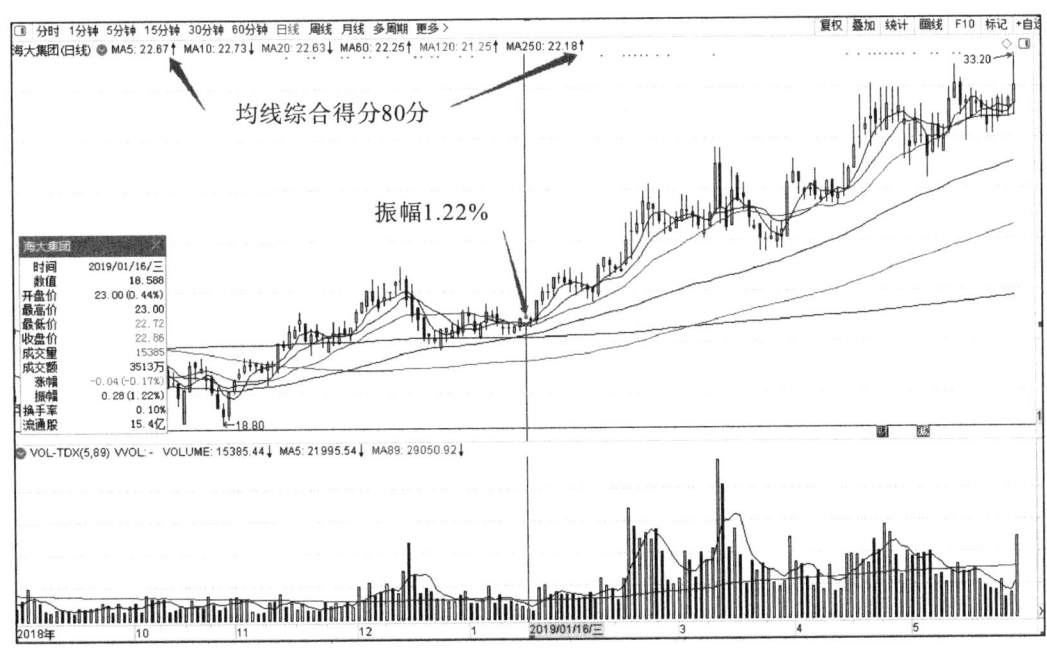

图8-37 海大集团（股票代码002311）

120日均线、250日均线后面箭头方向向上,股票的均线综合得分为80分,符合强势股的特征。如图8-37所示,以后股价便一路攀升。

通过以上案例得出结论,无论振幅高低都能走出大牛股,那实盘操作如何界定呢?其实很好辨认,以上个股均有一个共同特征,就是它们的均线综合得分都大于50分。

五、换手榜

新手在研判个股走势时,往往执迷于技术指标或热衷于打听各种消息,而忽略了股市中最常见、最实用、最具参考意义的一个数据——换手率。换手率对判断个股各个方面的实用性、准确性都非常有价值,那么今天在这里给大家具体分析下换手率的作用以及如何用换手率选股的方法。

换手率是指一段时间内市场中股票转手买卖的频率,是反映股票流通性强弱的指标之一。其数值越大,不仅说明交投的活跃,还表明交易者之间换手的充分程度。而主力只能引导换手率,不能决定换手率,所以换手率是对资金的真实反映。

换手率在市场中是很重要的买卖参考,远比技术指标和技术图形来得更加可靠。因而,研判成交量乃至换手率对于判断一只股票的未来发展乃至从中区分出换手率高是因为主力要出货还是主力准备拉抬是很重要的。

实战案例一 如图8-38所示永和智控(股票代码002795)2018年5月2日通过

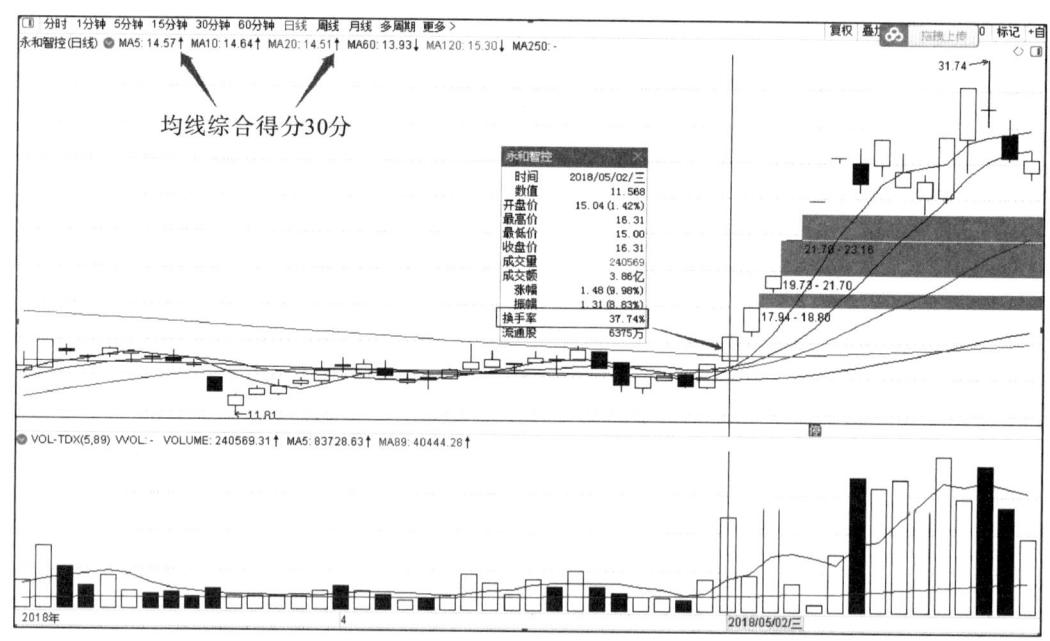

图8-38 永和智控(股票代码002795)

换手榜复盘，知道当天的换手率高达37.74%，说明当天有超过三分之一的新资金入场抢筹，其实从前一个交易日的涨停板同时强势穿过包括60日均线在内的四条均线，就可以看出端倪，均线综合得分由4月26日的10分变成了30分，连续2个涨停板也符合强势股的特征。

如图8-39所示，5月3日股价再以涨停板报收，随后短短9个交易日，股价便走出了8个涨停板的暴涨行情。

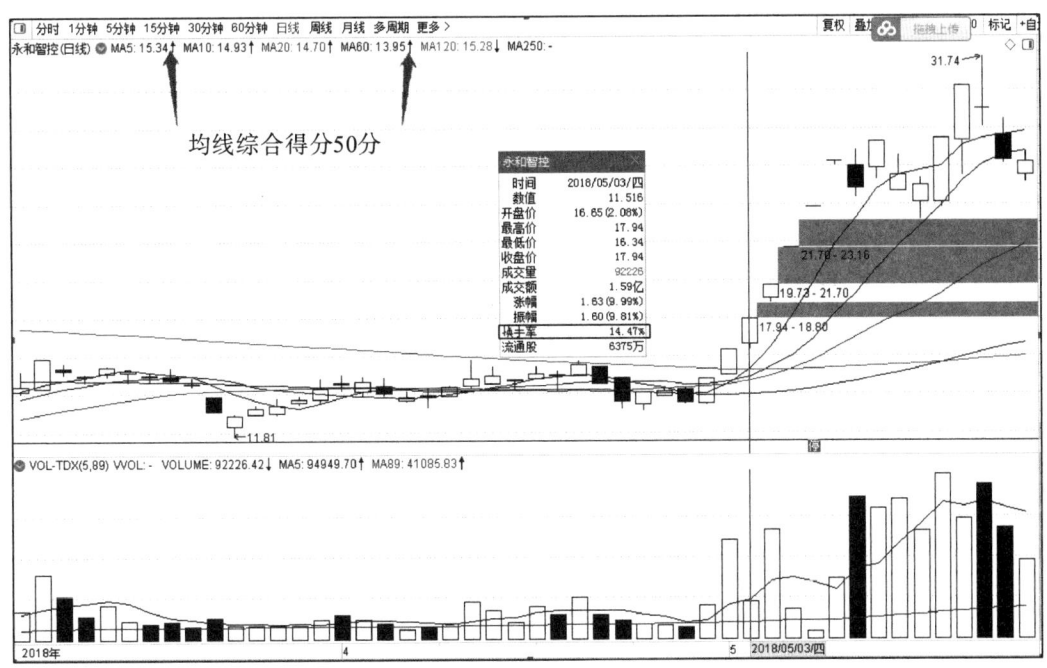

图8-39 永和智控（股票代码002795）

实战案例二 如图8-40所示锋龙股份（股票代码002931）2018年9月27日，通过换手榜复盘，知道当天的换手率高达29.69%，说明当天有近三分之一的新资金入场抢筹，其实从前几个交易日窄幅震荡，从低振幅榜也可以看出端倪，同时用涨停板封死了前面的跳空缺口，主力做多意愿明显。

如图8-41所示，次日股价再以涨停板报收，从此一发不可收拾，随后短短5个交易日，走出了4个涨停板的暴涨行情。

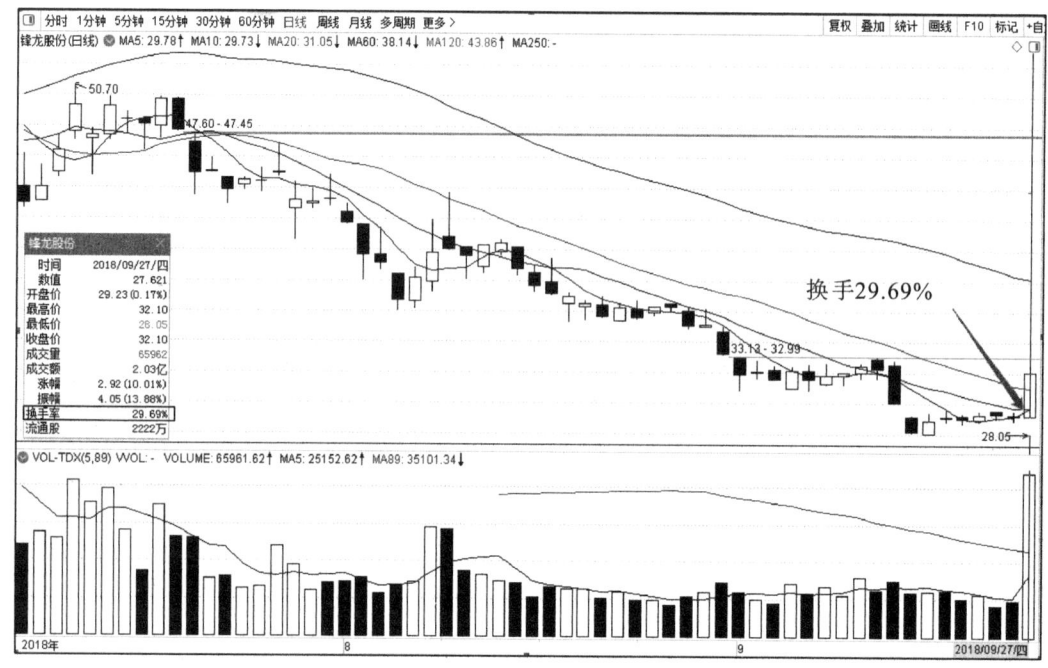

图 8—40 锋龙股份（股票代码002931）

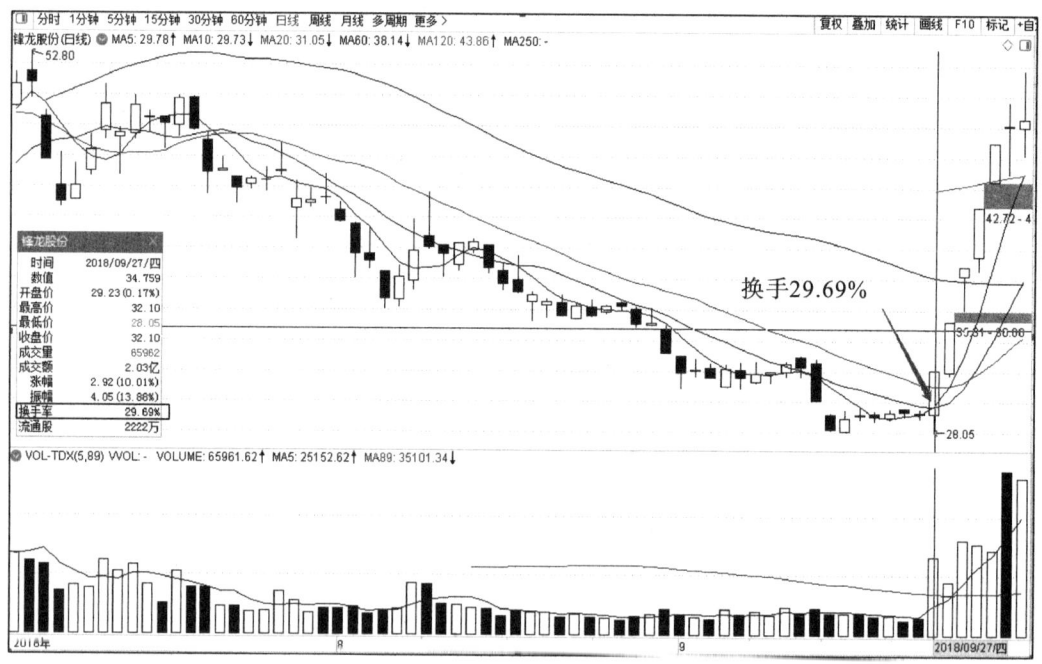

图 8—41 锋龙股份（股票代码002931）

换手高的股票会走出暴涨行情,那么换手低的又如何呢?

实战案例三 如图8-42所示思维列控(股票代码603508)2019年4月29日,通过换手榜复盘,知道当天的换手率仅仅为3.56%,说明当天只有少量新资金入场抢筹,

图8-42 思维列控(股票代码603508)

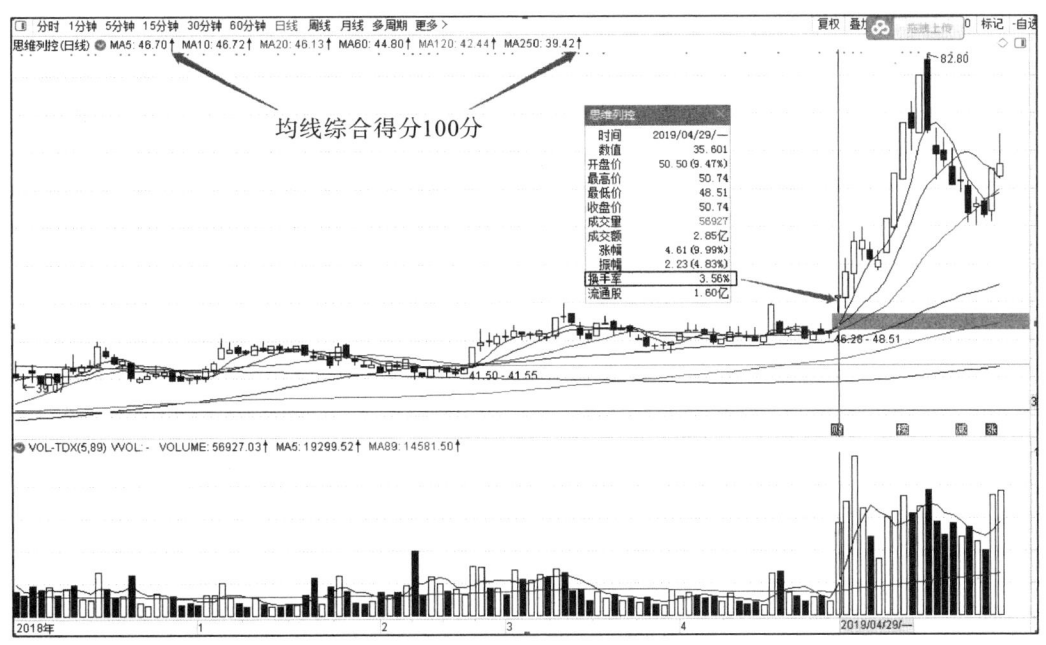

图8-43 思维列控(股票代码603508)

其实 4 月 17 日的大阳线创出新高就可以看出端倪，4 月 29 日主力用跳空涨停板再创新高，主力做多意愿明显。同时当天的 5 日均线、10 日均线、20 日均线、60 日均线、120 日均线、250 日均线后面箭头方向都向上，股票的均线综合得分为满分 100 分，符合强势股的特征。如图 8－43 所示，次日股价再以大阳线报收，从此便一发不可收拾，随后短短 11 个交易日，走出了 60% 的暴涨行情。

实战案例四 如图 8－44 所示大北农（股票代码 002385）2019 年 3 月 5 日，通过换手榜复盘，知道当天的换手率仅仅为 5.20%，说明当天只有少量新资金入场抢筹，但是当天便强势突破了 250 日均线的重要压力位，股价稳稳地站在了所有均线之上，证明 250 个交易日内参与的所有投资者均是获利的。

同时当天的 5 日均线、10 日均线、20 日均线、60 日均线、120 日均线后面箭头方向都向上，股票的均线综合得分为 70 分，符合强势股的特征。

如图 8－45 所示，次日股价再以涨停板报收，从此便一发不可收拾，随后不到 2 个月的时间，走出了翻倍的暴涨行情。

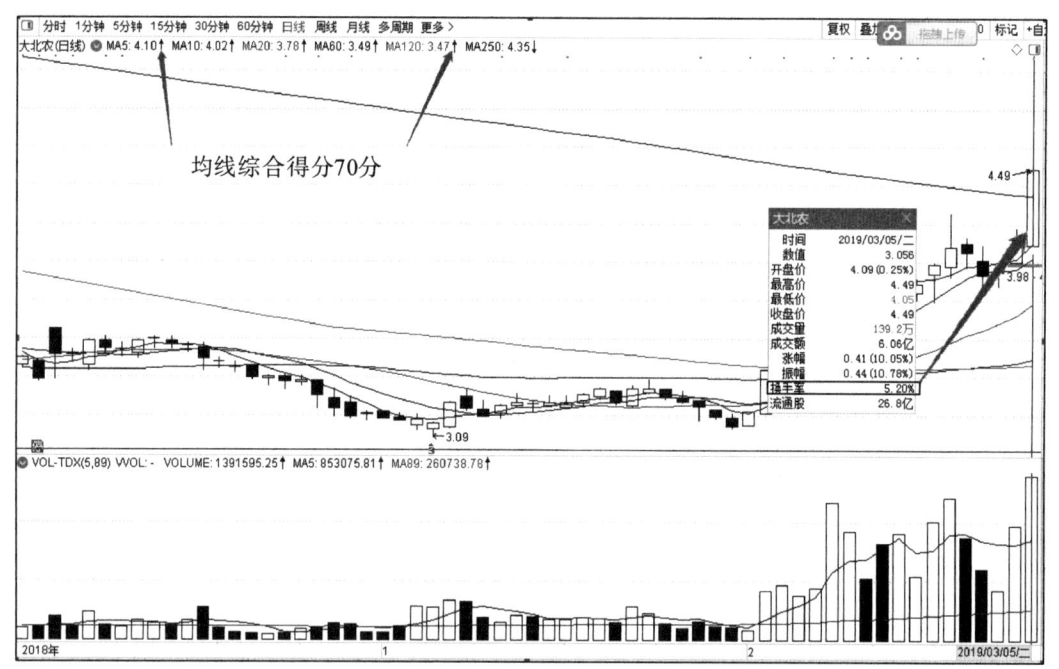

图 8－44 大北农（股票代码 002385）

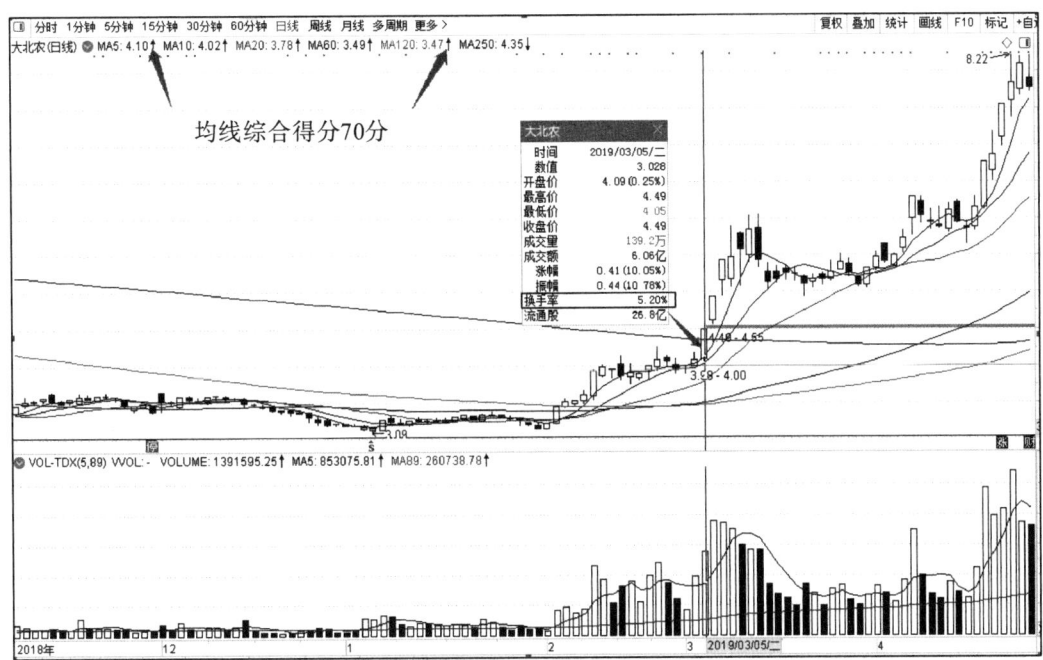

图 8—45 大北农（股票代码002385）

综合以上案例，换手率大小都可以让股价暴涨，换手率大的是短期主力青睐的品种，而换手率小的个股大涨是长期主力高度控盘所致。

后　记

　　终于交稿了,心中五味杂陈,十二年的股市生涯,说长不长,说短也不短,期间经历过牛市的股价狂欢,也经历过熊市的阴雨绵绵,经历过"千股跌停、千股涨停、千股跌停到涨停",也经历过千股停牌,还经历过半小时就下班的股市熔断,目睹过一字涨停板的登天云梯,也看遍了股价"飞流直下三千尺"。尝遍了股市的酸甜苦辣咸后,略有一些心得,集结成书,以飨读者。

　　恰逢2019年元旦,新年伊始,万象更新,那天开始动笔,当时还觉得心有余而力不足,但是写作期间得到了许许多多股友、网友、亲朋好友的鼎力支持,于是才有了"均线为王"系列丛书的面市。在此书即将出版之际,向广大支持我的朋友致以最诚挚的谢意。

　　感谢四川人民出版社何朝霞老师的知遇之恩,是她给了我这个素昧平生的作者以极大的信心和勇气,以及那种长辈的耐心指导,才使得该书得以顺利出版。

　　感谢四川人民出版社的张东升老师和薛玉茹老师,是他们细致入微的精心审稿和敬业精神让此书快速面市。

　　感谢股市前辈们提供的素材、心得以及经验,本书部分引用来源于网络。

　　感谢我的爱人,是她无怨无悔,默默地在后方支持,只有付出,没有抱怨。她的宽容、理解和奉献使我们一起走过黎明前的黑暗,终于"守得云开见月明"。

　　由于本书写作时间仓促,虽然尽力了,但本人水平有限,还是不免有瑕疵和遗漏,希望广大读者给予批评指正,本人将不胜感激。

　　作者唯一电子邮箱:1621354499@qq.com

　　QQ昵称:均线上的舞者　QQ号码:1621354499

　　QQ学习群:83396724(北京均线为王股票群)

　　微信号:GP768109596

均线上的舞者
2019年10月于北京